Entwicklung und Wandel in der Gesundheitspolitik

# ALLOKATION IM MARKTWIRTSCHAFTLICHEN SYSTEM

Herausgegeben von
Heinz König (†), Hans-Heinrich Nachtkamp (†),
Ulrich Schlieper, Eberhard Wille

Band 72

Eberhard Wille (Hrsg.)

# ENTWICKLUNG UND WANDEL IN DER GESUNDHEITSPOLITIK

20. Bad Orber Gespräche über kontroverse Themen im Gesundheitswesen

**Bibliografische Information der Deutschen Nationalbibliothek**
Die Deutsche Nationalbibliothek verzeichnet diese Publikation
in der Deutschen Nationalbibliografie; detaillierte bibliografische
Daten sind im Internet über http://dnb.d-nb.de abrufbar.

ISSN 0939-7728
ISBN 978-3-631-69587-6 (Print)
E-ISBN 978-3-631-69650-7 (E-PDF)
E-ISBN 978-3-631-69651-4 (EPUB)
E-ISBN 978-3-631-69652-1 (MOBI)
DOI 10.3726/978-3-631-69650-7

© Peter Lang GmbH
Internationaler Verlag der Wissenschaften
Frankfurt am Main 2016
Alle Rechte vorbehalten.
PL Academic Research ist ein Imprint der Peter Lang GmbH.

Peter Lang – Frankfurt am Main · Bern · Bruxelles · New York ·
Oxford · Warszawa · Wien

Das Werk einschließlich aller seiner Teile ist urheberrechtlich
geschützt. Jede Verwertung außerhalb der engen Grenzen des
Urheberrechtsgesetzes ist ohne Zustimmung des Verlages
unzulässig und strafbar. Das gilt insbesondere für
Vervielfältigungen, Übersetzungen, Mikroverfilmungen und die
Einspeicherung und Verarbeitung in elektronischen Systemen.

Diese Publikation wurde begutachtet.

www.peterlang.com

# Inhaltsverzeichnis

*Frank Schöning*
Begrüßungsansprache „Bad Orber Gespräche 2015".............................................7

*Sabine Dittmar*
Ambulante und stationäre Versorgung im Blick: eine Bestandsaufnahme.........13

*Franz Knieps*
Gesundheitspolitik zwischen Wettbewerb, Selbstverwaltung und staatlicher
Steuerung – Versuch einer Bilanz der Gesundheitsreformen seit 1989 ..............25

*Josef Hecken*
Der Innovationsfonds und der Innovationsausschuss beim
Gemeinsamen Bundesausschuss ............................................................................37

*Herbert Rebscher*
Die Idee der Solidarischen Wettbewerbsordnung – Ausgangspunkt
und Entwicklung ......................................................................................................47

*Dominik von Stillfried*
Gibt es einen Entwicklungspfad für die ambulante Versorgung? .......................67

*Michael Hennrich*
Der Zugang zu Arzneimittel zwischen gesellschaftlichem
Anspruch und gesetzlichem Auftrag......................................................................99

*Johann-Magnus von Stackelberg und Anja Tebinka-Olbrich*
AMNOG: Preisinstrument und/oder Instrument
der Verordnungssteuerung.................................................................................... 109

*Siegfried Throm*
Herausforderungen für die AMNOG-Nutzenbewertung
durch neue Therapiekonzepte............................................................................... 123

*Dieter Cassel und Volker Ulrich*
Das AMNOG auf dem gesundheitsökonomischen Prüfstand .................. 131

*Sibylle Steiner*
Steuerung der Arzneimittelversorgung aus Sicht
der Kassenärztlichen Bundesvereinigung ........................................... 153

*Gerhard Schulte*
Vier Jahre AMNOG-Schiedsstelle – ein kritischer Überblick ................ 161

Verzeichnis der Autoren ................................................................... 183

Frank Schöning

# Begrüßungsansprache „Bad Orber Gespräche 2015"

Meine sehr geehrten Damen und Herren, liebe Gäste,

es ist mir eine große Freude, Sie heute im Namen von Bayer HealthCare Deutschland zu den mittlerweile 20. Bad Orber Gesprächen begrüßen zu dürfen. Ich möchte mich vorab ganz herzlich bei all den hochkarätigen Referenten bedanken, die interessante Vorträge und spannende Diskussionen in der traditionell offenen „Bad Orber" Atmosphäre erwarten lassen. Ein ganz besonderer Dank gilt wieder einmal Herrn Prof. Wille, der es auch und gerade zum 20. Geburtstag dieser Traditions- und heutigen Jubiläumsveranstaltung geschafft hat, einen hochprozentigen Mix aus nachdenkenswerter inhaltlicher Rückschau und weiser gesundheitspolitischer Vorausschau zusammenzustellen. Wie immer wird Herr Prof. Wille in bewährter Form auch die Gesamtmoderation der Veranstaltung übernehmen. Auch dafür meinen ganz herzlichen Dank!

20 Jahre „Bad Orber Gespräche" heißt: 20 Jahre aktive und engagierte Diskussion der gesundheitspolitischen Entwicklung in Deutschland und nicht selten auch wegweisende Begleitarbeit für gesetzgeberisches Handeln. Nicht ohne Grund verstehen sich daher jedenfalls die Gründungsväter der „Bad Orber Gespräche" als eine Art „Think Tank" für die gesundheitspolitische Debatte in Deutschland. So mancher Gedanke, der hier diskutiert wurde, fand später Eingang in die Gesetzesblätter – eine durchaus bemerkenswerte Leistung!

Ein kleiner Rückblick sei heute erlaubt: Es war 1995, die Zeit einer Schwarz-Gelben Koalition, die Zeit eines Gesundheitsministers Seehofer, der sich mit einem gesundheitspolitischen Sprecher namens Möllemann auf Seiten der FDP unterhaltsame Scharmützel lieferte, als die Gruppe „Bad Orb" zum ersten Mal zusammentraf. Unsere Bundeskanzlerin war damals noch Bundesumweltministerin unter Kanzler Kohl und Bundesarbeitsminister Blüm hatte gerade die Pflegeversicherung auf den parlamentarischen Weg gebracht. Es war die Zeit des Gesundheitsstrukturgesetzes GSG, auch als „Lahnstein-Kompromiss" mittlerweile in die gesundheitspolitischen Geschichtsbücher eingegangen, die Zeit des SPD-Urgesteins Rudolf Dreßler und die Zeit des Beitragsentlastungsgesetzes und der GKV-Neuordnungsgesetze.

Lang, lang ist's her, vieles hat sich seitdem in unserem Gesundheitswesen verändert, aber so manches ist auch unverändert geblieben. Denn schon 1995 bemerkte

Gesundheitsminister Seehofer in einer parlamentarischen Debatte, rückschauend auf die letzten 20 Jahre, mithin zurückblickend bis ins Jahr 1975 (ich zitiere):
„Nach 20 Jahren permanenter Gesundheitsreform mit fast 50 Gesetzen und 6800 Einzelbestimmungen müssen wir endlich eine dauerhafte Stabilisierung des deutschen Gesundheitswesens erreichen. Wir können es weder den Patienten noch den Beteiligten am Gesundheitswesen zumuten, dass wir uns in einer permanenten Reformdiskussion über das deutsche Gesundheitswesen befinden."

Ein Blick in Ihre Gesichter verrät mir „Schmunzeln": Ja, heute wissen wir, dass sich die Hoffnungen von Herrn Seehofer nicht erfüllt haben und mittlerweile würde wohl auch kein Gesundheitsminister mehr mit dem Anspruch antreten, mit einer Art „Jahrhundertreform" alle Herausforderungen und Probleme des Gesundheitswesens mit einem Schlag lösen zu wollen. Dafür ist die Thematik – wie wir alle wissen – viel zu komplex, das deutsche Gesundheitswesen wird heute vielmehr als eine Art Großbaustelle verstanden, in der permanent nachjustiert, ggf. hier und da auch neu angebaut werden muss, gewissermaßen ein ongoing process, wie man solche Vorgänge heute auf neudeutsch bezeichnet.

Nichts ist somit beständiger als der Wandel. So verhält es sich auch im deutschen Arzneimittelmarkt – das wird thematischer Schwerpunkt des morgigen Tages sein – und selbstverständlich auch bei Bayer selbst. Unsere mittlerweile 150-jährige Geschichte mit vielen bahnbrechenden Innovationen konnte nur auf der Grundlage einer Tradition gelingen, die eine starke Innovationskultur in unserem Unternehmen verankerte und immer wieder die Suche nach dem Besseren honorierte. Man kann auch sagen: Innovation steckt in den „Genen" unseres Unternehmens.

Sie haben es sicherlich mitbekommen: Bayer hat vor kurzem nach der wirtschaftlichen und rechtlichen Trennung von Covestro die Weichen für eine erfolgreiche Entwicklung als Life-Science-Unternehmen gestellt.

Bereits in den letzten 15 Jahren hat sich Bayer zunehmend auf seine Aktivitäten in den Life Sciences konzentriert. Vor allem mit der Trennung von Basischemikalien und der Ausgliederung von Lanxess im Jahr 2004, der Integration von Schering im Jahr 2006, der Integration des Geschäfts mit rezeptfreien Arzneimitteln von Merck und der Entscheidung, die Kunststoff-Sparte, Bayer Material Science, abzuspalten, hat Bayer eine beständige Entwicklung hin zu einem Life-Science-Unternehmen vollzogen. Bayer hat sich dafür entschieden, da das Unternehmen sowohl die Fähigkeit als auch die Motivation besitzt, schwerpunktmäßig mit seinen Produkten an Lösungen in Gesundheit und Ernährung mitzuwirken.

Die Stärkung von Bayers Life-Science-Profil ist damit eine logische Konsequenz der 150 jährigen Unternehmenstradition. Die wissenschaftliche und unternehmerische Konzentration auf Life Science wird Handlungsspielräume schaffen – für Bayer aber auch für die Gesellschaft.

Damit wir dabei erfolgreich sein können, kommt es ganz entscheidend auf ein Umfeld an, das Innovationen als etwas Positives anerkennt und ihnen eine angemessene Wertschätzung zukommen lässt. Aufgrund der langen Entwicklungszyklen bei der Erforschung und Entwicklung neuer Arzneimittel brauchen wir mehr denn je Planbarkeit und Planungssicherheit.

Dabei sind wir natürlich auch auf die Erwirtschaftung eines entsprechenden „Returns" angewiesen, der die finanziellen Risiken zumindest teilweise abdeckt. Es geht dabei – wohlgemerkt – nicht um maximale Profitoptimierung, wie in öffentlichen und politischen Diskussionen nicht selten behauptet, sondern um die Suche nach der richtigen Balance.

Preisexzesse durch Hegdefonds, wie sie kürzlich in den USA diskutiert wurden und auch Eingang in die öffentliche Berichterstattung bei uns fanden, können für alle verantwortlich Handelnden in Deutschland kein Vorbild sein, das möchte ich ausdrücklich betonen. Selbstverständlich unterliegen wir als wertvollstes DAX-Unternehmen im deutschen Aktienmarkt den bisweilen durchaus kühnen Erwartungen der Anleger und somit auch den Rahmenbedingungen der Kapitalmärkte – kein Zweifel. Gleichzeitig aber wissen wir auch, dass wir eine gesellschaftspolitisch nachhaltige Verpflichtung übernommen haben, durch F&E neue Arzneimittel zu angemessenen Preisen zur Verfügung zu stellen, die helfen sollen, bisher unbehandelbare Krankheiten zu bekämpfen, Leiden von Patienten zu lindern oder ihre Lebensqualität zu erhöhen. Und selbstverständlich wissen wir auch, dass diese Leistung im Wesentlichen innerhalb eines solidarisch finanzierten Gesundheitssystems erbracht wird, das mit den zur Verfügung gestellten Beitrags- und Finanzmitteln wirtschaftlich umzugehen hat.

Die Kunst besteht darin, die richtige Balance im Interesse eines Ausgleichs der z. T. unterschiedlichen Ansprüche unserer Stakeholder zu finden. Dies ist unser Bemühen jeden Tag, und dabei mag es durchaus sein, dass wir bisher nicht jeden Tag erfolgreich gewesen sind. Aber wir geben unsere Bemühungen deswegen keineswegs auf, ganz im Gegenteil.

Als verantwortlicher Geschäftsführer von Bayer in Deutschland muss ich allerdings auch feststellen, dass diese Bemühungen bisweilen nicht oder noch nicht in ausreichendem Maße wahrgenommen, geschweige denn gewürdigt werden. Das mag teils auch an uns selbst liegen, vielleicht aber auch an mangelndem Willen oder überkommenen Vorurteilen. Wir werden jedenfalls in unseren Bemühungen, diese Balance immer wieder neu zu suchen und zu finden, nicht nachlassen.

Als verantwortlicher Geschäftsführer stelle ich ebenso fest, dass die Erwirtschaftung eines entsprechenden „Returns" in Deutschland deutlich schwieriger geworden ist. Viele Reglementierungen und auch Bürokratie hemmen den für unser Gesundheitswesen so notwendigen Wettbewerb. Und auch das AMNOG ist leider kein Programmpaket zur Stärkung wettbewerblicher Elemente.

Dieses Gesetz erfordert seit fast 5 Jahren unsere allerhöchste Aufmerksamkeit. Eins steht fest: unsere Planungssicherheit wurde – weiß Gott nicht – dadurch erleichtert. Es war ein Paradigmenwechsel der besonderen Art, eine Art Neubau auf der Großbaustelle Gesundheitswesen, von ebenso gewaltiger wie historischer Bedeutung.

Sie wissen, dass wir als Industrie auf dieser Baustelle aktiv mitarbeiten (müssen), wir haben uns nicht grundsätzlich gegen diesen Neubau ausgesprochen. Aber die Bauaufsicht kann unseres Erachtens die Hände noch längst nicht in den Schoß legen, die Statik des Neubaus ist nach unserer festen Überzeugung bisher deutlich misslungen. Und das liegt weniger am falschen Bauplan, sondern mehr an der falschen Ausführung, „Pfusch am Bau" – wenn Sie so wollen. Nicht ohne Grund haben die Verbände der pharmazeutischen Industrie kürzlich entschieden, Verhandlungen über wichtige Inhalte der Rahmenvereinbarung mit dem GKV-SV neu aufzunehmen. Dabei wäre es für die Industrie wünschenswert, hier auch ausreichenden politischen Rückenwind zu verspüren.

Entscheidend nämlich ist die Umsetzung des AMNOG und wie wir die Regeln im wohlverstandenen gemeinsamen Interesse interpretieren und damit umgehen. Ich will der Diskussion von morgen nicht vorgreifen, aber lassen Sie mich bitte gleichwohl eines hervorheben:

Es ist gut, dass alle Beteiligten das AMNOG als lernendes System ansehen und Fehlentwicklungen korrigieren wollen. Auch der mittlerweile seit einigen Monaten etablierte Pharma-Dialog mit der Bundesregierung sorgt dafür, dass das gegenseitige Verständnis gestärkt wird, dies ist ein deutlicher Fortschritt.

Ich weiß nicht, ob das AMNOG schon zum Bermuda-Dreieck der GKV-Arzneimittelversorgung geworden ist, wie zwei renommierte Professoren, die heute und morgen auch unter uns weilen, in einem kürzlich erschienenen Aufsatz vermuteten. Aber die Signale, die von den AMNOG-Ergebnissen ausgehen, sind in der Tat alles andere als beruhigend. Ich darf nur an die zunehmende Zahl von Arzneimitteln erinnern, die erst gar nicht auf den deutschen Markt gelangen oder nach dem AMNOG-Prozess wieder vom Markt verschwinden oder am Ende zu einem Preis in Deutschland erstattet werden, der in der Mehrzahl der Fälle deutlich unter EU-Niveau liegt.

Wir sind fest davon überzeugt, dass diese Probleme häufig durch einen anderen Umgang mit der generischen Vergleichstherapie lösbar wären. Die große Mehrzahl der festgesetzten Vergleichstherapien im AMNOG-Verfahren ist nun einmal generisch, strahlt aber gleichzeitig als Preisanker auf die Preisverhandlungen in geradezu dramatischer Weise aus. Dieser Automatismus muss durchbrochen werden, denn es liegt doch auf der Hand, dass eine generische „Billigtherapie" nicht der preisliche Maßstab für ein innovatives, aufwendig entwickeltes Arzneimittel sein kann.

Ich will Ihnen den Schluss des Aufsatzes der beiden soeben erwähnten Professoren nicht vorenthalten, es handelt sich übrigens um die Herrn Professoren Cassel und Ulrich: „Sofern sich das AMNOG als Markteintrittsbarriere, Marktaustrittsmotiv und Versorgungshürde fest etablieren sollte, wird es bald an Grenzen stoßen, die gesundheitspolitisch die Frage nach geeigneten Korrekturen aufwerfen. Dieser Handlungsbedarf wird erst vereinzelt wahrgenommen und im GKV-System vielfach noch euphemistisch geleugnet, hat aber das Zeug für eine reformpolitische Großbaustelle."

Ich kann mir also durchaus vorstellen, dass die morgige Diskussion lebhaft, vielleicht sogar mitunter „hitzig" verlaufen wird.

Meine sehr geehrte Damen und Herren, lassen Sie mich zum Abschluss betonen: wir alle haben Verantwortung dafür,

- dass innovative Arzneimittel auch weiterhin in Deutschland ohne Verzögerungen zum Patienten gelangen können,
- dass unsere mit hohen Risiken behafteten Ausgaben für Forschung und Entwicklung weiterhin eine faire Chance auf angemessene Refinanzierung erhalten und
- dass die Interessen der Patienten, der Krankenkassen, aber auch der Industrie in einem harmonischen Dreiklang zu einem wirklich fairen Ausgleich gebracht werden.

Wenn ich einen Wunsch äußern darf, dann ist es der, dass wir uns bei solchen Veranstaltungen wie der heutigen einen unvoreingenommenen Blick auf die Realität und die mit dem AMNOG verbundenen Konsequenzen erlauben und dass die „Bad Orber Gespräche" dabei ihrem Ruf als „Think Tank" für dringend notwendige und sinnvolle Anpassungen im deutschen Gesundheitswesen gerecht werden.

Ich wünsche uns allen eine interessante und erkenntnisreiche Veranstaltung, fruchtbare Gespräche und hoffe besonders, dass das gegenseitige Verständnis dabei gestärkt wird.

Herzlichen Dank für Ihre Aufmerksamkeit.

Sabine Dittmar

# Ambulante und stationäre Versorgung im Blick: eine Bestandsaufnahme

Sehr geehrte Damen und Herren,

es ist mir eine Freude, dass ich heute zur Eröffnung der 20. Bad Orber Gespräche erneut als Referentin zu Ihnen sprechen darf.

„Kontroverse Themen im Gesundheitswesen"- so der Titel der Veranstaltung. Mit Blick auf das parlamentarische Geschehen in der laufenden Woche hätten Sie den Titel kaum treffender wählen können.

Begonnen haben wir gestern mit der regulären Sitzung des Gesundheitsausschusses. Im Anschluss daran haben wir eine öffentliche Anhörung zum E- Health-Gesetz durchgeführt. Heute Morgen haben wir im Deutschen Bundestag bereits das Gesetz zur Verbesserung der Hospiz- und Palliativversorgung verabschiedet.

Und am Nachmittag steht das umfangreiche Krankenhausstrukturgesetz mit den diversen Änderungsanträgen auf der Agenda.

Und da die Arbeitswoche dann ja noch einen Tag hat, werden wir am Freitagmorgen einen wahren Abstimmungsmarathon über die Anträge zur Sterbehilfe absolvieren, bevor wir am Nachmittag über einen Antrag über die Krankenversicherungsbeiträge für Direktversicherungen diskutieren. Sie sehen also, es gibt diese Woche aus gesundheitspolitischer Sicht mehr als genug zu tun.

Ich wurde gebeten, über die Versorgung im ambulanten und stationären Sektor zu referieren. Mit Blick auf die in dieser Legislaturperiode bereits verabschiedeten Gesetze und die soeben erwähnten laufenden Gesetzgebungsprozesse hoffe ich, dass Sie bequem sitzen – da gibt es nämlich allerhand zu berichten. Aber keine Sorge, ich werde mich auf die Knackpunkte konzentrieren.

## 1. Das Finanzstruktur- und Qualitätsweiterentwicklungsgesetz

Lassen Sie mich also beim Finanzstruktur- und Qualitäts-Weiterentwicklungsgesetz (FQWG) beginnen, bevor ich auf das Versorgungsstärkungsgesetz (VSG) zu sprechen komme. Für beide Gesetze war ich für die SPD-Bundestagsfraktion die zuständige Berichterstatterin.

Beim FQWG ging es um die Weiterentwicklung der Finanzierungsgrundlage, die für den Versicherten mit geänderten Beitragssätzen sichtbar wurde.

Vor wenigen Tagen hat der Schätzerkreis seine neusten Berechnungen bekannt gegeben, wonach der durchschnittliche Zusatzbeitrag um 0,2 % steigen wird. Demnach werden sich die Kassen künftig an der Marke von 1,1 % orientieren. Abzuwarten bleibt, wo sich die einzelnen Kassen einpendeln.

Mit Blick auf den harten Wettbewerb erhoffen sich einige Kassenvertreter, dass wir die Verpflichtung zurücknehmen, dass die Kassen ihre Mitglieder über die Änderungen des kassenindividuellen Zusatzbeitrages schriftlich informieren und vor allem auch auf preisgünstigere Kassen hinweisen müssen.

Ich kann diese Forderung aus Kassensicht durchaus nachvollziehen und könnte mir persönlich hier auch unbürokratischere Lösungen vorstellen. Denn ich halte die Sorge, dass der von uns gewünschte Wettbewerb um eine qualitativ hochwertige Versorgung einem Preiswettbewerb zum Opfer fällt, für nicht unbegründet.

Die wiederaufgeflammte Diskussion über die Beitragsentwicklung liefert erheblichen politischen Zündstoff. Und ich sage in aller Deutlichkeit: Es darf nicht sein, dass die steigenden Gesundheitsausgaben allein zu Lasten der Arbeitnehmerinnen und Arbeitnehmer gehen und die Beiträge der Arbeitgeberseite bis zum „St. Nimmerleinstag" bei 7,3% festgeschrieben sind.

Die Beitragszahler werden schon ab dem kommenden Jahr tiefer in die Tasche greifen müssen, während die Arbeitgeberseite sich entspannt zurücklehnt. Das ist nicht gerecht!

Die SPD wird sich daher vehement für eine Wiedereinführung der paritätischen Finanzierung und die Bürgerversicherung einsetzen. Und die Union wird daher früher oder später Farbe bekennen müssen, was sie bereit ist, den GKV-Mitgliedern dauerhaft zuzumuten.

Beim FQWG beschäftigte uns darüber hinaus die Frage, ob die Zuweisungen für Krankengeld, Auslandsversicherte, Verstorbene und der Morbi-RSA (morbiditätsorientierter Risikostrukturausgleich) überarbeitet werden müssten.

Um gegebenenfalls zielorientiertere Methoden zu entwickeln, werden bis Mai nächsten Jahres explorative Studien unternommen und dabei untersucht, wie sich die verschiedenen Merkmale und Parameter auf die Zielgenauigkeit auswirken. Wenn man bedenkt, zu wie vielen RSA-Veranstaltungen die Kassen in den letzten Wochen eingeladen haben, so könnte man meinen, dass einige Kassenarten erhebliche Angst vor den Ergebnissen der Gutachten haben. Wir werden nächstes Jahr an dieser Stelle sicherlich über den RSA reden, wenn die entsprechenden Gutachten vorliegen.

Neben den Beitragssätzen und der Verbesserung der Qualität gab es im FQWG diverse Aspekte, die Auswirkungen auf unsere Versorgungslandschaft haben.

## 1.1 Hebammenversorgung

Der damalige Aufreger war zweifelsohne die sehr emotionale und wenig faktenbasierte Diskussion über die Zukunft der Hebammenversorgung. Dabei wurden und werden in der Öffentlichkeit die Vor- und Nachsorge und die freiberufliche Betreuung von Geburten in einen Topf geworfen.

Politisch haben wir mit der Einführung von Sicherstellungszuschlägen für freiberuflich tätige Hebammen reagiert als Ausgleich für die steigenden Versicherungsprämien. Diese wurden jedoch an verbindliche Qualitätskriterien für Hausgeburten geknüpft, was ich auch für sehr vernünftig halte.

Was damals des Rätsels Lösung erschien, hat uns noch viele Monate beschäftigt und einen weiteren Änderungsantrag nach sich gebracht. Es folgte nämlich noch die Regressfreistellung im Versorgungsstärkungsgesetz. Freiberuflich tätige Hebammen sind nunmehr haftungsbefreit, es sei denn, der Schaden wurde vorsätzlich oder grob fahrlässig verursacht.

Damit wurde erstmals eine gravierende System-Änderung vollzogen. Abzuwarten bleibt, wie sich die Regressfreistellung auf die Höhe der Versicherungsprämie auswirkt. Nach den Gesprächen mit der Versicherungswirtschaft bin ich ehrlich gesagt wenig optimistisch, ob wir mit der Regressfreistellung nicht mehr verloren als gewonnen haben.

Wie Sie vielleicht verfolgt haben, hat die Schiedsstelle im Dauerstreit zwischen dem Spitzenverband der GKV und den Hebammenverbänden Ende September eine Entscheidung getroffen zum Ausgleich der Haftpflichtprämie und den Qualitätskriterien. Abzuwarten bleibt, ob der Schiedsspruch von allen Beteiligten akzeptiert wird oder ob sich die Justiz der Fragen annehmen muss. Die Hebammenversorgung war und ist aus öffentlicher Sicht auf jeden Fall eine zentrale Versorgungsfrage, die landauf landab diskutiert wird.

## 1.2 Impfstoffe

Ein anderer versorgungsrelevanter Aspekt des FQWG, der jetzt zur Grippezeit wieder in den Fokus rückt und der mir als Impfbefürworterin sehr am Herzen liegt, ist die Versorgung mit Impfstoffen. Um eine rechtzeitige und bedarfsgerechte Versorgung besser zu gewährleisten, wurden die Krankenkassen verpflichtet, Verträge über die Versorgung mit Impfstoffen mit mindestens zwei Herstellern zu schließen. Dadurch sollte verhindert werden, dass Lieferengpässe einzelner Hersteller zu generellen Versorgungsschwierigkeiten führen. Nichts desto trotz müssen wir immer wieder Lieferengpässe beklagen.

Die Impfstoffherstellung ist nun mal ein komplexes Verfahren, welches immer wieder Unwägbarkeiten mit sich bringt. Wenn eine Charge ausfällt, kann es zu Engpässen kommen. Es gab gute Gründe, warum die Impfstoffe bei der Einführung von Rabattverträgen unter Ulla Schmidt explizit ausgeklammert waren. Die Ausdehnung der Rabattverträge auf Impfstoffe unter schwarz gelb hielt ich noch nie für sachgerecht und bin sehr dafür, wieder zu alten Rechtslage zurückzukehren.

Ein Thema, das mir als Berichterstatterin für das darauffolgende Versorgungsstärkungsgesetz besonders am Herzen liegt, ist die Bedarfsplanung. Ich denke es ist unstrittig, dass wir eine Bedarfsplanung benötigen, die die tatsächlichen Versorgungsnotwendigkeiten real abbildet. Das heißt, dass nicht nur Faktoren wie Demographie, sondern in verstärktem Maße auch Morbidität und die Sozialstruktur einer Region berücksichtigt werden müssen.

Im FQWG hatten wir uns bereits darauf verständigt, Regionalkennziffern zu erfassen, um eine evidenzbasierte Versorgungsforschung zu ermöglichen. Durch das Versorgungsstärkungsgesetz (VSG) wurde der Gemeinsame Bundesausschuss (G-BA) beauftragt, bis Ende 2016 neue Bedarfsplanungsrichtlinien vorzulegen. Diese werden dann nicht nur kleinräumiger und fachgruppenspezifischer sein. Sie sollen zudem auch die sozialen Gegebenheiten vor Ort berücksichtigen. Damit wird endlich eine realistische Bewertung von Über- und Unterversorgung möglich.

Mittel- bis langfristig muss unser Ziel natürlich eine sektorenübergreifende Bedarfsplanung sein. Ich weiß sehr wohl, dass das Zukunftsmusik ist und wir uns diesem Ziel bei den Verantwortlichkeiten, so wie sie nun mal verteilt sind, nur in kleinen Schritten nähern.

Es wäre wünschenswert, wenn die Landesgremien nach § 90 a, die explizit Empfehlungen für die sektorenübergreifende Versorgung abgeben sollen, hier etwas mehr Leben eingehaucht bekämen. Hier würde ich mir mehr Engagement und Initiativen wünschen.

Chancen für neue Modelle der sektorenübergreifenden Versorgung bietet auch der im Versorgungsstärkungsgesetz gegründete Innovationsfond. Hier bin ich wirklich auf die Förderprojekte gespannt, die zum Zuge kommen werden. Ich hoffe sehr, dass es uns noch gelingt, einen Webfehler beim Innovationsfond zu beseitigen. Sowohl die Nichtübertragbarkeit der Mittel als auch die Befristung halte ich für falsch.

## 1.3 Sektorenübergreifende Versorgung

Ein bereits vorhandener Baustein zur Förderung der sektorenübergreifenden Versorgung ist die Ambulante Spezialfachärztliche Versorgung (ASV). Auch hier ist es uns im VSG gelungen, einen Konstruktionsfehler zu korrigieren. Mir war es sehr wichtig, dass die schweren Verlaufsformen bei onkologischen und rheumatischen Erkrankungen gestrichen wurden. Ich erwarte jetzt, dass die vorhandenen Richtlinien zum einen schnell angepasst und die Richtlinien für neue Krankheitsbilder zügig erarbeitetet werden.

Mir ist bewusst, dass es nach wie vor bürokratische Hemmnisse gibt wie beispielsweise den unterschiedlichen Umgang der erweiterten Landesausschüsse mit dem Genehmigungsverfahren beziehungsweise der Interpretation der Anzeigepflicht. Aber letztendlich ist die ASV eine große Chance, bei komplexen Krankheitsbildern sektorenübergreifend und strukturiert interdisziplinär zusammenzuarbeiten. Und ich bin mir sicher, dass dies von großen Nutzen für die betroffenen Patienten ist.

Eine Chance zur sektorenübergreifenden Versorgung wäre auch die Versorgung im Notfall und im Notdienst. Hier haben wir drei Standbeine:

1. Notarzt und Rettungswagen für den lebensbedrohlichen Notfall,
2. den kassenärztlichen Bereitschaftsdienst zur sprechstundenfreien Zeit und
3. die Krankenhausambulanz, die für stationär zu behandelnde Notfälle und für ambulante Notfälle, die zur sprechstundenfreien Zeit einer sofortigen weiteren Diagnostik (z. B. Röntgen, Notfalllabor) bedürfen. Diese Dreiteilung wird bedauerlicherweise nicht nur von Laien ständig vermengt.

Wir erleben bei der Versorgung drastische Verschiebungen. Es ist nicht zu leugnen, dass die Krankenhausambulanzen zunehmend sowohl in sprechstundenfreier als auch zur normalen Präsenszeit Fälle behandeln, die eindeutig dem ambulanten Sektor zuzuordnen sind.

Die Gründe hierfür mögen vielfältig sein: vergrößerte Bereitschaftsdienstbereiche der Krankenversicherungen, Selbsteinweiser, die aus forensischen oder Marketinggründen von den Krankenhausambulanzen nicht abgewiesen werden, oder generell mangelnde Möglichkeiten der Patientensteuerung.

Aber auch – und das kann ich hier sagen, weil ich es selbst schon häufiger erlebt habe – der allzu schnelle Verweis des KV-Arztes bei unbequemen Zeiten am Freitagnachmittag oder spätabends auf die Krankenhausambulanz.

Das Krankenhausstrukturgesetz versucht sich dieser Problematik in einigen Änderungsanträgen anzunehmen. Ich halte es für richtig, dass wir die Forderung aus dem Versorgungsstärkungsgesetz zu mehr Kooperation zwischen Krankenversicherungs-Ärzten und Krankenhaus im Notdienst in Form von Bereitschaftspraxen nun konkretisieren. Ich kann in meinem ehemaligen Dienstbereich beispielsweise eine deutliche Entlastung der Krankenhausambulanz durch die angegliederte Bereitschaftspraxis erkennen.

Und natürlich muss in manchen Fällen im Notdienst auch die diagnostische und therapeutische Kompetenz der Krankenhausambulanz genutzt werden. Diese Tätigkeit muss selbstverständlich auch entsprechend und rentierlich honoriert werden.

Dies soll nun durch eine differenzierte Notfall-EBM-Bewertung (EBM: Einheitlicher Bewertungsmaßstab), die dann für den ambulanten und stationären Bereich gilt, geschehen.

Das ist für mich auch in Ordnung. Was ich allerdings kritisiere ist die künftige Honorarregelung. Ich will Ihnen das anhand zweier Kritikpunkte begründen.

Erstens: Es wird ausgeführt, dass es krankenhausspezifische, fachspezifische und allgemeine Notfälle gibt. Es wird wohl in der EBM-Differenzierung darauf hinauslaufen, dass krankenhausspezifische und fachspezifische Notfälle deutlich höher honoriert werden und dieser Teil in die Krankenhausambulanz fließt. Das sei ihnen auch gegönnt.

Was ich aber nicht nachvollziehen kann, ist die Tatsache, dass dieses Honorarplus komplett aus der Morbiditätsorientierten Gesamtvergütung der Vertragsärzte gezahlt werden muss. Es bedarf hierfür nach meinem Dafürhalten einen Extratopf. Andernfalls sind die Auswirkungen auf das Regelhonorar der Haus- und Fachärzte und hier vor allem der Grundversorger nicht kalkulierbar und würden die ganzen Maßnahmen, die wir zur Stärkung der grundversorgenden Medizin eingeführt haben, ein Stück weit ad absurdum führen.

Mein zweiter Kritikpunkt sind die interpretationsanfälligen Aussagen zur Mengenbegrenzung:

In der Vergangenheit war es so, dass Behandlungen zur sprechstundenfreien Zeit immer ohne Mengenbegrenzung und Abzug sowohl den Vertragsärzten als auch den Krankenhäusern honoriert wurden. Leistungen, die innerhalb der Sprechstundenzeiten anfielen, unterlagen bei den Vertragsärzten in der Regel dem Regelleistungsvolumen und wurden im Krankenhaus quotiert. Die offene Formulierung im Änderungsantrag lässt nun verschiedene Interpretationen zu. Dort heißt es sinngemäß: „Für Leistungen im Notfall und Notdienst dürfen im Verteilungsmaßstab keine Maßnahmen zur Begrenzung oder Minderung des Honorars angewandt werden" (vgl. BR-Drucksache 518/15 vom 6.11.2015).

Nachdem der Notfall sowohl in der sprechstundenfreien Zeit als auch innerhalb der Sprechstundenzeit auftreten kann, ist für mich die erste unbeantwortete Frage: Wird der Notfall innerhalb der Sprechstundenzeit sowohl in der Krankenhausambulanz als auch in der KV-Praxis unbegrenzt vergütet? Wenn ja, wird auch dies gravierende Auswirkungen auf den verbleibenden Honorartopf haben.

Sollte es aber so sein, dass die Behandlung des Notfalls innerhalb der Sprechstundenzeit durch die KV-Praxis weiterhin im Rahmen des Regelleistungsvolumens beziehungsweise des Einheitlichen Bewertungsmaßstabs (EBM) zu vergüten ist – so zumindest die Interpretation des Bundesministeriums für Gesundheit – und gleichzeitig die Behandlung innerhalb der Sprechstundenzeit in der Krankenhausambulanz mit den höheren Notfall-EBM ohne Abzüge bezahlt wird, führt dies zu einer eklatanten Ungleichbehandlung der Sektoren. Das würde die Prämisse „ambulant vor stationär" vollkommen konterkarieren.

Ich glaube nicht, dass eine solche Regelung vor Gericht Bestand hat. Im umgekehrten Fall hat das Bundessozialgericht die Kassenärztliche Vereinigung nämlich schon mal in die Schranken gewiesen, als im niedergelassenen Bereich höhere Bereitschaftspauschalen gezahlt wurden.

Ich halte den Änderungsantrag insgesamt für nicht ausreichend durchdacht und werde ihn daher in einer persönlichen Erklärung bei der Abstimmung über das Krankenhausstrukturgesetz ablehnen.

Damit nun aber zurück zum Versorgungsstärkungsgesetz, in dem wir ein ganzes Bündel von Maßnahmen gestrickt haben, um eine gute, bedarfsgerechte und flächendeckende Versorgung der Patientinnen und Patienten zu ermöglichen.

Beispielsweise ist es jetzt möglich, arztgruppengleiche Medizinische Versorgungszentren zu gründen. Und auch Kommunen können zum Träger eines Medizinischen Versorgungszentrums (MVZ) werden. Gerade für den hausärztlichen Nachwuchs bietet die Tätigkeit in einem MVZ die Möglichkeit, teamorientiert und familienfreundlich zu arbeiten. Damit wurde der Tatsache Rechnung getragen, dass das Bild vom alteingesessenen Hausarzt, der Tag und Nacht zur Verfügung steht, wenig attraktiv ist für Berufseinsteigerinnen, die Beruf und Familie unter einen Hut bekommen wollen.

## 1.4 Hausärztemangel

Lassen Sie mich an dieser Stelle etwas zum viel zitierten Hausärztemangel sagen. An unseren Hochschulen bilden wir jedes Jahr etwa 10.000 Medizinerinnen und Mediziner aus. Der Großteil davon arbeitet in der Versorgung oder in der Wissenschaft. Wir haben daher genau genommen keinen Ärztemangel, sondern ein Ärzte-Verteilungsproblem. Dies gilt gleichermaßen für die Verteilung zwischen Stadt und Land und die Verteilung zwischen den Arztgruppen.

Ich bin gespannt, welche Lösungsvorschläge im Rahmen des „Masterplan Medizinstudium 2020" erarbeitet werden, um die Allgemeinmedizin zu stärken und die Praxisnähe schon im Studium zu verbessern.

Wenn es unserer politischer Wille ist, den primärärztlichen Sektor ernsthaft zu fördern, so darf es keine Denkverbote geben. Ich weiß sehr wohl, dass die anderen medizinischen Fachbereiche große Bedenken haben, das Praktische Jahr zu reformieren. Gegen alle Bedenken, aus denen sich teilweise auch Besitzstandswahrung herauslesen lässt, überwiegen aus meiner Sicht allerdings die Vorteile, das Praktische Jahr in Quartale aufzuteilen und davon ein Quartal im allgemeinmedizinischen Bereich oder zumindest im ambulanten Bereich einzuführen und die Allgemeinmedizin zum Prüfungspflichtfach zu machen. Zunächst bleibt jedoch abzuwarten, mit welchen Vorschlägen die Arbeitsgruppe im nächsten Jahr aufwarten wird.

Bei den Verhandlungen über das Versorgungsstärkungsgesetz (VSG) gab es von den Krankenversicherungen viel Wirbel wegen der Terminservicestellen. Ich habe nie einen Hehl daraus gemacht, dass ich die im VSG getroffenen Maßnahmen für nicht sehr praxistauglich halte. Ich hätte mir ein A, B, C Überweisungswesen mit dem Hausarzt als Lotsen sehr viel besser vorstellen können. Es gibt hier ja auch schon erfolgreiche Modelle.

Ich bin nun äußerst gespannt auf den Bundesmantelvertrag, der die nähere Ausgestaltung regeln soll. Besonders neugierig bin ich auf die notwendige Abgrenzung von Akutfällen und Bagatellerkrankungen.

Ein wichtiger Punkt zur Verzahnung von stationärer und ambulanter Versorgung war die Weiterentwicklung des Entlassmanagement im VSG. Da nunmehr Krankenhäuser oder Reha-Einrichtungen Leistungen für bis zu sieben Tage verordnen oder eine Arbeitsunfähigkeitsbescheinigung ausstellen können, ist der Übergang alltagstauglicher. Damit haben wir eine Lücke in der Versorgung geschlossen, die bislang im Leistungsübergang bestand.

Lassen Sie uns nun einen Blick auf aktuelle Gesetzgebungsverfahren werfen. Ich hatte zu Beginn erwähnt, dass wir heute Morgen das Gesetz zur Verbesserung der Hospiz- und Palliativversorgung verabschiedet haben. Unsere Intention war es, die ambulanten und stationären Hospize in ihrem Bestand zu fördern und Lücken im Palliativbereich zu schließen. Ich behaupte, das ist uns mit dem heute Vormittag verabschiedeten Gesetz auch gut gelungen. Natürlich gibt es nichts, was nicht noch besser werden kann. Aber mit dem heutigen Tag wird die Versorgung von unheilbar Kranken und Sterbenden deutlich verbessert.

Und dann gibt es eine echte Großbaustelle: das Krankenhausstrukturgesetz. Glauben Sie mir, es war kein leichtes Unterfangen, dieses Gesetz mit allen Beteiligten abzustimmen. Bund und Länder verfolgten dabei zum Teil unterschiedliche Ansätze und Interessen. Nicht zu vergessen, dass es die Deutsche Krankenhausgesellschaft (DKG) verstanden hat, groß mobil zu machen.

Nach vielen Monaten, unzähligen Arbeitsgruppen- und Abstimmungsgesprächen liegt nun der Gesetzentwurf mit den Änderungsanträgen zur Verabschiedung vor.

Ein wichtiges Anliegen war der SPD die Stärkung der stationären Pflege. Deshalb wandeln wir – zusätzlich zum ohnehin vereinbarten Pflegestellenförderprogramm in Höhe von 600 Mio. Euro – nun auch noch den Versorgungszuschlag in einen Pflegezuschlag um. Damit fließen nochmals 500 Mio. Euro in die Pflege, und zwar unbefristet.

Mit dem Förderprogramm und dem Zuschlag schaffen wir Anreize, die Pflege aufzuwerten und nicht – wie leider in der Vergangenheit – an der Pflege am Bett zu sparen. Profitieren werden in erster Linie die Patientinnen und Patienten. Aber auch die Pflegekräfte, die derzeit unter erheblichen Druck arbeiten, werden hoffentlich zeitnah eine Entlastung durch zusätzliches Personal spüren.

## 2. Das Krankenhausstrukturgesetz (KHSG)

Das Krankenhausstrukturgesetz ist ein umfangreiches Vorhaben, über das man lange reden könnte. Ich möchte aber zumindest einige Knackpunkte erwähnen:

Durch das KHSG werden wir bis 2020 den Krankenhäusern rund 9 Mrd. Euro an zusätzlichen Mitteln zur Verfügung stellen. Die Stabilisierung der Betriebs- und Behandlungskosten, strukturelle Veränderungen und eine qualitativ hochwertige Versorgung sind das Ziel.

Der Aspekt der Qualität war zunächst heiß umstritten, da Länder und Krankenhäuser einen Eingriff in die Planungshoheit befürchteten.

Mit dem KHSG werden die Qualitätsberichte künftig transparenter. Gute Qualität wird entsprechend honoriert und unzureichende Qualität endlich sanktioniert bis hin zum Vergütungsausschluss, beziehungsweise der Herausnahme aus dem Krankenhausplan.

Der Gemeinsame Bundesausschuss (G-BA) wird Kriterien dazu erarbeiten. Dass dies nicht ganz einfach wird, gestehe ich zu. Und ich teile auch einen Teil der in der Anhörung geäußerten Bedenken zu den Qualitätsverträgen und zu der Maßgabe, Qualität als Planungskriterium heranzuziehen.

Richtig wäre es, zuerst eine bedarfsgerechte Krankenhausplanung zu machen und dann für gute Qualität in den entsprechenden Häusern zu sorgen. Aber wir können nun einmal nicht einfach zurück auf null, sondern müssen die vorhandenen Strukturen weiterentwickeln.

Fakt ist, dass wir in Deutschland mit fast 2.000 Krankenhäusern und rund 500.000 Betten erhebliche Überkapazitäten haben. In Nordrhein-Westfalen gibt es beispielsweise mehr Krankenhäuser als in den ganzen Niederlanden. Da kann selbst beim besten Willen nicht jede Einrichtung versorgungsrelevant sein!

Über den Strukturfond, für den aus der Liquiditätsreserve einmalig 500 Mio. Euro zur Verfügung stehen, sollen daher Umstrukturierungsprozesse gefördert werden, sofern sich die Länder ebenbürtig beteiligen. Das Ziel ist es, Überkapazitäten abzubauen und die Umwandlung von Krankenhäusern in andere nicht akutstationäre lokale Versorgungseinrichtungen zu unterstützen.

Im parlamentarischen Verfahren wurden zudem ein erleichterter Zugang zum Strukturfond und die Beteiligung an Schließungskosten konkretisiert, das wichtige Hygieneförderprogramm wird verlängert und Defizite in der Betriebskostenfinanzierung geglättet. So werden beispielsweise die künftigen Tariflohnsteigerungen sehr viel besser refinanziert. Und beim Landesbasisfallwert wird die die doppelte Degression komplett abgeschafft.

Doch Wermutstropfen bleiben immer: Leider konnten wir – mangels Zuständigkeit – bei den Verhandlungen das Problem der unzureichenden Investitionskostenfinanzierung durch die Länder nicht lösen.

Nach langen und teils zähen Verhandlungen können wir insgesamt aber sehr zufrieden sein mit dem Krankenhausstrukturgesetz.

## 2.1 Elektronische Gesundheitskarte

Damit komme ich zu einem weiteren gesundheitspolitischen Dauerthema: der elektronischen Gesundheitskarte und dem nun laufenden Versuch, dieser wenn schon nicht Leben so zumindest etwas mehr Inhalt zu geben. Die gestrige Anhörung zum E-Health-Gesetz hat gezeigt, dass es noch einigen Klärungsbedarf gibt. Wie und vor allem wann lassen sich die technischen Anforderungen tatsächlich umsetzen, damit die elektronisch Gesundheitskarte mehr wird als ein Kärtchen mit Bild?

Die Speicherung von Notfalldaten, einem Medikationsplan und elektronischen Behandlungsbriefen klingen eigentlich nicht nach technologischer Zukunftsmusik. Ich hoffe, dass wir mit den im E-Health Gesetz verankerten Fristen, Sanktionen und Belohnungsmechanismen die notwendigen Impulse für eine zügige Umsetzung setzen. Allerdings müssen wir in den weiteren Beratungen nochmals darüber reden, ob einige Fristen so gesetzt werden, dass sich auch tatsächlich erfüllbar sind.

## 2.2 Sterbehilfe

Mit Blick auf die Versorgung im ambulanten und stationären Bereich möchte ich schließlich auch noch auf das Thema Sterbehilfe zu sprechen kommen. Morgen werden wir im Deutschen Bundestag über die vorliegenden Anträge zu entscheiden haben. Die Bandbreite der Anträge reicht von Regelungen zum ärztlich assistierten Suizid bis hin zu einem Strafrechtstatbestand bei der geschäftsmäßigen Förderung der Selbsttötung.

Nach intensiven Debatten im Plenum und den Fraktionen kann ich als Hausärztin dennoch keinen der Gruppenanträge vollumfänglich unterstützen und werde deshalb alle ablehnen.

Natürlich ist auch mir das Treiben bestimmter Vereine, die Sterbehilfe außerhalb des etablierten medizinischen Betriebes leisten wollen, ein Dorn im Auge. Ich kann das Unwohlsein vieler nachvollziehen. Der Wunsch, diese kommerzielle Sterbehilfe zu verbieten, ist verständlich – aber leider nicht so einfach.

Der Brand/Griese – Entwurf (vgl. BT-Drucksache 18/5373 vom 1.7.2015) zielt auf das Verbot der Geschäftsmäßigkeit, was eine auf Wiederholung angelegte Tätigkeit voraussetzt. Hiermit wird auch die auf Gewinn ausgelegte Suizidbeihilfe erfasst – aber leider eben nicht nur diese. Das Problem ist, dass dadurch auch das Tun von Palliativmedizinern erfasst zu werden droht oder zumindest in eine strafrechtliche Grauzone gerückt wird. Dies wurde nicht nur in einem Aufruf von über 140 Strafrechtsprofessoren thematisiert, sondern bei der Anhörung sowohl von Juristen als auch von Medizinern bestätigt.

Allerdings kann ich auch dem Entwurf von Hintze/Lauterbach/Reimann (vgl. BT-Drucksache 18/5374 vom 30.6.2015) mit der Kriterienvorgabe für ärztlich assistierten Suizid nichts abgewinnen.

„Die Aufgabe des Arztes ist es, Leben zur erhalten, Leid zu lindern sowie Sterbenden Beistand zu leisten. Die Mitwirkung des Arztes bei der Selbsttötung ist keine ärztliche Aufgabe." Diese Grundsätze der BÄK gaben hinreichend Orientierung und haben gleichzeitig der Ärzteschaft den notwendigen Entscheidungsspielraum gelassen, um in Grenzsituationen eine eigene, sorgsam überlegte Entscheidung treffen zu können. Durch die im Sommer 2011 verabschiedete explizite Verbotsregelung in der Musterberufsordnung der Bundesärztekammer wurde dieser Handlungsspielraum allerdings unterbunden.

Seitdem haben wir in Deutschland in den 17 Landesärztekammern unterschiedliche Regelungen zur Sterbebegleitung. Meine Haltung ist, anstelle eines neuen Straftatbestandes sollte vielmehr das ärztliche Standesrecht für Klarstellung sorgen und Umfang und Grenzen des ärztlichen Tuns aufzeigen, ohne dabei die Gewissensentscheidung des Einzelnen einzuschränken.

Seit 1871 haben wir die liberale Rechtslage, dass Suizid straffrei ist und somit auch die Beihilfe zum freiverantwortlichen Suizid. Einen Dammbruch, einen gesellschaftlichen Verfall wie er von den Verbotsbefürworten heraufbeschworen wird, haben wir nicht erlebt. Dass das bestehende Strafrecht kein stumpfes Schwert ist und dass bei Verdacht auf einen nicht freiverantworteten Suizid gehandelt und ermittelt wird, zeigen die laufenden Verfahren.

Deshalb: Es bedarf keiner gesetzlichen Klarstellung, sondern vielmehr einheitlicher und klarer Regelungen für die Ärzteschaft durch die Kammern.

Damit komme ich mit meiner Bestandsaufnahme über Versorgungsaspekte im ambulanten und stationären Bereich zunächst einmal zu Ende.

Herzlichen Dank für Ihre Aufmerksamkeit.

## Literaturverzeichnis

Grundsätze der Bundesärztekammer zur ärztlichen Sterbebegleitung in: Deutsches Ärzteblatt, Jg. 108, Heft 7, S. 346–348.

BR-Drucksache 518/15 (2015): Drucksache des Bundesrats 518/15 vom 6.11.2015: Gesetz zur Reform der Strukturen der Krankenhausversorgung, https://www.bundesrat.de/SharedDocs/drucksachen/2015/0501-0600/518-15.pdf?__blob=publicationFile&v=1, abgerufen am 14.12.2015.

BT-Drucksache 18/5373 (2015): Drucksache des Deutschen Bundestages 18/5373 vom 1.7.2015: Entwurf eines Gesetzes zur Strafbarkeit der geschäftsmäßigen Förderung der Selbsttötung, http://dip21.bundestag.de/dip21/btd/18/053/1805373.pdf, abgerufen am 14.12.2015.

BT-Drucksache 18/5374: Drucksache des Deutschen Bundestages 18/5374 vom 30.6.2015: Entwurf eines Gesetzes zur Regelung der ärztlich begleiteten Lebensbeendigung (Suizidhilfegesetz), http://dip21.bundestag.de/dip21/btd/18/053/1805374.pdf, abgerufen am 14.12.2015.

Franz Knieps

# Gesundheitspolitik zwischen Wettbewerb, Selbstverwaltung und staatlicher Steuerung – Versuch einer Bilanz der Gesundheitsreformen seit 1989[1]

## 1. Reformgeschichte der Nachkriegszeit im Überblick – Die wichtigsten Gesetze

Das zwanzigjährige Bestehen der Bad Orber Gespräche über kontroverse Themen im Gesundheitswesen ist ein treffender Anlass, den Versuch einer Bilanzierung der Gesundheitsreformen seit der Inkorporation der sozialen Krankenversicherung in ein modernes Sozialgesetzbuch durch die Blümsche Reform zu wagen. Dabei kann man sich trefflich streiten, ob das Gesundheits-Reformgesetz (GRG) von 1988 zum Ausgangspunkt der Betrachtungen gewählt werden sollte, oder ob das aus dem Kompromiss von Lahnstein hervorgegangene Gesundheits-Strukturgesetz (GSG) aus dem Jahr 1992 nicht den Wendepunkt zu strukturellen Reformen im Gesundheitswesen markiert. In jedem Fall lässt sich feststellen, dass in der Nachkriegszeit bis zum historischen Jahr 1989 keine grundlegenden Veränderungen im rechtlichen Gefüge der seit 1911 geltenden Reichsversicherungsordnung (RVO) die Krankenversicherung bewegten. Vielmehr stand die Restaurierung der alten Ordnung nach den Barbareien des Naziregimes im Vordergrund. Beispielhaft sei hier nur auf das Gesetz zur Wiederherstellung des Kassenarztrechts aus dem Jahr 1955 verwiesen. Zwei Anläufe des christdemokratischen Arbeitsministers Theodor Blank zur umfassenden Reform des deutschen Gesundheitswesens scheiterten am geschlossenen Widerstand fast aller Interessengruppen und zementierten den Einfluss des organisierten Lobbyismus. In Zeiten eines Jahrzehnte andauernden Wirtschaftsaufschwungs standen vielmehr die Ausweitung des versicherten Personenkreises und die Ausdehnung des Leistungskatalogs im Mittelpunkt der gesetzgeberischen Aktivitäten. Daran war nicht nur der Gesetzgeber maßgeblich beteiligt; auch die Rechtsprechung betrieb aktiv Rechtsfortbildung. So wurde

---

1  Der Beitrag gibt die persönliche Auffassung des Verfassers wieder. Die Vortragsform wurde weitgehend beibehalten. Hinweise zur weiterführenden Literatur finden sich am Schluss des Beitrags.

beispielsweise der Zahnersatz durch Entscheidungen des Bundessozialgerichts in den Leistungskatalog der GKV übernommen.

Diese Expansion fand ein jähes Ende im Gefolge der Ölkrise Mitte der siebziger Jahre. Das Ende der automatischen wirtschaftlichen Zuwächse markierte den Beginn der Kostendämpfung und der (finanziellen) Konsolidierung der Sozialversicherung, die mit einer Legitimationskrise des Sozialstaats einherging. Kritiker wie Verteidiger des deutschen Wegs zur Sozialstaatlichkeit forderten eine Neuordnung der Strukturen und eine Optimierung der Ressourcenallokation. Zugleich stand eine umfassende Neukodifizierung mit der Integration in das Sozialgesetzbuch an.

Auch wenn sich die Idee Norbert Blüms von der „großen Reform aus einem Guss" schnell als Illusion entpuppen sollte und der ehrgeizige Minister im Laufe des langwierigen Beratungsprozesses Abstriche an den Reformzielen hinnehmen musste, war mit dem GRG ein neues Kapitel in der Geschichte der Gesundheitspolitik eröffnet. Exemplarisch für die Innovationskraft des Gesetzes seien nur die Festbeträge für Arznei-, Verband- und Hilfsmittel genannt und die Bedeutung der neuen Leistungen bei Schwerpflegebedürftigkeit hervorgehoben, die als Startrampe für die Schaffung einer eigenständigen Pflegeversicherung als fünfte Säule der Sozialversicherung angesehen werden können. Mit dem gleichen Gesetz wurden Leistungen gestrichen und Zuzahlungen erhöht, so dass sich der öffentliche Beifall für diese Reform in engen Grenzen hielt. Von einer nachhaltigen finanziellen Wirkung dieser sog. „Jahrhundertreform" war bereits drei Jahre später nichts mehr zu spüren. Allerdings hatten die Querelen um das GRG insofern Konsequenzen, als Bundeskanzler Helmut Kohl nach der Bundestagswahl 1991 Norbert Blüm die Zuständigkeit für die Krankenversicherung entzog und erst Gerda Hasselfeldt und später Horst Seehofer mit dem Amt des Bundesgesundheitsministers betraute.

Da strukturelle Reformen im Gesundheitswesen in der Regel nur mit Zustimmung des Bundesrats zu erreichen sind, war es nur konsequent, dass Seehofer Kontakt zur oppositionellen SPD aufnahm, die im Bundesrat über eine Mehrheit der Stimmen verfügte. Im beschaulichen Städtchen Lahnstein am Mittelrhein trafen sich Gesundheitspolitiker aus Bund und Ländern, um hinter verschlossenen Türen bisher Unverhandelbares zu diskutieren und den gordischen Knoten einer Organisationsreform der gesetzlichen Krankenversicherung zu durchschlagen. Die Teilnehmer, die einen „Hauch von Sozialgeschichte" (Hartmut Reiners) spürten, verständigten sich, die berufsständische Gliederung durch ein System von Wahlfreiheit und Wettbewerb abzulösen und einen kassenartenübergreifenden Risikostrukturausgleich zur Gewährleistung von Chancengleichheit der Krankenkassen im Wettbewerb und zur Minderung von Risikoselektion einzuführen. Gleichzeitig wurden die innere Verfassung der Krankenkassen neu geordnet,

Selbstverwaltungsorgane gestrafft und ein hauptamtlicher Vorstand eingeführt, der die Krankenkasse nach innen und außen vertritt. Die Grundentscheidung für ein wettbewerblich orientiertes Gesundheitswesen durch das GSG im Jahr 1992 sollte die weiteren Reformschritte bis weit ins neue Jahrtausend prägen.

Davon noch weitgehend unberührt blieb die Einführung der Pflegeversicherung im Jahr 1993. Das SGB XI knüpft zwar an die Strukturen der gesetzlichen Krankenversicherung an, verbannt aber den Wettbewerb weitgehend aus dem neuen Sozialversicherungszweig, der sich sogar in den Bereich der privaten Versicherung erstreckt. Allerdings blieben die Finanztöpfe von gesetzlicher und privater Pflegeversicherung getrennt – eine Entscheidung, die bis heute periodisch für politische Kontroversen sorgt, zumal sich die ursprüngliche Annahme des Gesetzgebers, das Pflegerisiko sei gleichmäßig über die Versicherungssysteme verteilt, als fehlerhaft erwiesen hat.

Nach überraschenden Erfolgen der FDP in drei Landtagswahlen 1996 kam es zu keinen weiteren gemeinsamen Gesetzesinitiativen von schwarz-gelber Koalition und Sozialdemokratie, auch wenn die Fachleute beider Seiten bereits entsprechende Gesetzentwürfe (GSG II bzw. GKV-Weiterentwicklungsgesetz) erarbeitet hatten. Stattdessen setzte die Koalition mit zustimmungsfreien GKV-Neuordnungsgesetzen 1996 und 1997 höchst kontroverse Regelungen wie ein Krankenhaus-Notopfer von 20 DM, die Anbindung der Zuzahlungshöhe an Beitragserhöhungen oder die Ausdünnung des Leistungskatalogs über sog. Gestaltungsleistungen durch. Diese Änderungen entfremdete selbst treue Anhänger der Koalition und beförderten den politzischen Zynismus beim zuständigen Minister. Horst Seehofer, der anfangs seine befohlene Tatenlosigkeit als „Beitrag zur Humanisierung des Arbeitslebens" kommentiert hatte, prognostizierte die kommende Wahlniederlage mit der Feststellung, mit Gesundheitspolitik könne man keine Wahl gewinnen, aber jede Wahl verlieren.

Die neue rot-grüne Koalition machte die kontroversen Punkte der Vorgängerregierung sofort rückgängig, ehe sie sich an angekündigte strukturelle Veränderungen wagte. Der grünen Ministerin Andrea Fischer gebührt das Verdienst, mit den Disease-Management-Programmen für chronisch Kranke (DMP), der integrierten Versorgung zur besseren Verzahnung der Versorgungssektoren (IV) und den diagnosebezogenen Fallpauschalen zur Finanzierung stationärer Leistungen (DRG) im GKV-Reformgesetz 2000 gleich drei Neuerungen einzuführen, die wesentlich durch die Erfahrungen in ausländischen Gesundheitssystemen geprägt waren. Selbstverständlich stießen auch diese neuen Instrumente auf den Widerstand der etablierten Akteure. Aber sie ließen sich nicht grundsätzlich verhindern, sondern sollten erheblichen Einfluss auf die Steuerung des Versorgungsgeschehens in den nächsten Jahren nehmen.

Unter der sozialdemokratischen Ministerin Ulla Schmidt sollten nach zwei speziell auf die Arzneimittelversorgung fokussierten Gesetzen die Modernisierung der Institutionen und die Implementierung einer patientenorientierten Prozesssteuerung weiter forciert werden. Mit dem Gesundheits-Modernisierungsgesetz (GMG) aus dem Jahr 2002 wurde der Gemeinsame Bundesausschuss als zentrale Steuerungsinstitution der gemeinsamen Selbstverwaltung geschaffen, ein wissenschaftlich unabhängiges Institut für Qualität und Wirtschaftlichkeit im Gesundheitswesen (IQWiG) eingerichtet und Medizinische Versorgungszentren (MVZ) mit der Möglichkeit, angestellte Ärzte zu beschäftigen, in ganz Deutschland zugelassen. Die Patientenbeteiligung wurde auf kollektive Entscheidungsprozesse ausgeweitet. Selektivverträge wurden auf neue Versorgungsgebiete, insbesondere auf die hausarztzentrierte Versorgung ausgeweitet. Für Integrationsverträge wurde eine auf fünf Jahre befristete Anschubfinanzierung geschaffen. Um Leistungsausschlüsse – diskutiert wurden Zahnersatz oder Krankengeld – zu vermeiden, wurden ein Sonderbeitrag der Versicherten in Höhe von 0,9 Beitragssatzpunkten eingeführt und die Arbeitgeber zugleich um 0,45 Beitragssatzpunkte entlastet, was letztere nicht hinderte, den Zusatzbeitrag als Lohnzusatzkosten zu qualifizieren. Man muss nicht betonen, dass die Interessengruppen auch diesmal den Untergang des deutschen Gesundheitswesens prophezeiten und die Medien im Gefolge der neu eingeführten Zuzahlung zur ambulanten ärztlichen Versorgung die ersten Toten der Gesundheitsreform Ulla Schmidt anlasteten. Die ließ sich davon ebenso wenig beeindrucken wie von andauernder Kritik aus der Ärzteschaft. Dabei wurde 2003 im Konsens mit der Kassenärztlichen Bundesvereinigung ein Vertragsarztrechtsänderungsgesetz (VÄG) verabschiedet, das eine weitgehende Flexibilisierung der Organisations- und Betriebsformen in der ambulanten Versorgung ermöglichte, Gemeinschaftspraxen sowie Arztnetze und Verbünde förderte und Anstellungsmöglichkeiten für Ärzte erweiterte.

Hitler und Honnecker wurden bemüht, als Ulla Schmidt mit dem GKV-Wettbewerbsstärkungsgesetz (GKV-WSG) erneut in das Institutionengefüge des Gesundheitswesens eingriff und Verantwortungsbereiche neu ordnete. Die Einführung der allgemeinen Versicherungspflicht für die gesamte Bevölkerung und die Schaffung eines PKV-Basistarifs wurden von der privaten Assekuranz vergeblich in Karlsruhe beklagt. Dies war erneut ein Beleg dafür, dass die achtspurige Autobahn nach Karlsruhe auf dem Rückweg in aller Regel zu einem steinigen Feldweg mutiert. Bis dorthin schafften es die Verbände der Krankenkassen nicht, die ihres Körperschaftsstatus „beraubt" und deren hoheitliche Kompetenzen an den neu geschaffenen GKV-Spitzenverband übertragen wurden. Vollends zur Schnappatmung auf der Kassenseite führte die Etablierung eines bundesweiten Gesundheitsfonds mit einheitlichem paritätischem Beitragssatz und flexiblen versichertenbezogenen Zusatzbeiträgen. Dabei war der Fonds alles andere als ein „bürokratischer Monster", sondern nur die Hülle für den vom Bundesversicherungsamt durchgeführten morbiditätsorientierten Risikostrukturausgleich. Doch nicht nur Kassenfunktionäre läuteten das Totenglöcklein im Dauereinsatz, sondern auch die Vertragsärzte liefen gegen die von der KBV wesentlich mit geprägte Honorarreform Sturm und setzten die Grundregeln der Mathematik außer Kraft, als sie pauschal die mit rund 3,5 Mrd. Mehrausgaben für die ambulante Versorgung kalkulierte Reform als Todesurteil für die niedergelassenen Ärzte quali- und quantifizierten. Das letzte größere Reformvorhaben der längstdienenden Gesundheitsministerin Ulla Schmidt war das Pflege-Weiterentwicklungsgesetz 2008. Es führte Pflegeberatung und Pflegestützpunkte ein und unternahm erste Schritte zur Einbeziehung Demenzkranker in die Pflegeversicherung – ein Verdienst, dessen sich später zu Unrecht Daniel Bahr rühmen sollte.

Die von vielen Akteure des Gesundheitswesens erwünschte und von den Massenmedien wahrhaft herbei geschriebene konservativ-liberale Koalition vermochte zwar nicht den angekündigten fundamentalen Kurswechsel zu vollziehen, sorgte aber für eine unerwartete Volte in der Arzneimittelpolitik, die die gesamte pharmazeutische Industrie auf dem falschen Fuß erwischte. Mit dem Gesetz zur Neuordnung des Arzneimittelmarktes (AMNOG) aus dem Jahr 2010 verordnete ausgerechnet der liberale Gesundheitsminister Philipp Rösler der Branche sowohl einen scharfen Sparkurs (Erhöhung des Zwangsrabatts und Einführung eines unbefristeten Preismoratoriums) als auch eine Preisregulierung für neu eingeführte Produkte. Die frühe Nutzenbewertung durch den Gemeinsamen Bundesausschuss wurde die Grundlage für Preisverhandlungen zwischen Herstellern und GKV-Spitzenverband einschließlich einer Konfliktlösung über eine Schiedsstelle. Das hätte niemand von dieser Koalition und diesem Minister erwartet, selbst wenn der Satz „Only Nixon went to China" auch deutschen Politikbeobachtern bekannt sein sollte.

Weitgehend profillos blieb Röslers Nachfolger Daniel Bahr, der zwar mit einem „Omnibusgesetz" 2011 viele Restanten aus der ambulanten Versorgung abarbeitete, die von Ärzten wie Versicherten ungeliebte Praxisgebühr abschaffte und die überkomplexe ambulante spezialfachärztliche Versorgung (ASV) zumindest auf dem Papier aus der Taufe hob, jenseits dieses Versorgungsstrukturgesetzes (VSG) kaum Akzente setzte. Allerdings darf dieses Gesetz durchaus als ein typisches

Vorhaben zur Anpassung des Gesundheitswesens an demografische, soziale und ökonomische Veränderungen angesehen werden.

Der Gesundheitsminister in der nunmehr dritten Großen Koalition Herrmann Gröhe konnte sich über Arbeitsmangel nicht beklagen, hatten doch die Unterhändler im Koalitionsvertrag 2014 präzise Vorgaben ausgehandelt, die in den Folgejahren eine wahre Flut von Gesetzesvorlagen auslösten. Den Startschuss gab das GKV-Finanzstruktur- und Qualitäts-Weiterentwicklungsgesetz (FQWG) im gleichen Jahr. Es korrigierte Fehlentwicklungen im Finanzierungssystem, gab den Kassen Spielräume für die Kalkulation des prozentualen Zusatzbeitrages zurück und etablierte das Institut für Qualität und Transparenz im Gesundheitswesen (IQTiG). Ihm folgte Ende des Jahres das Versorgungsstärkungsgesetz (VStG), das vor allem darauf abzielte, dem Ärztemangel auf dem Land abzuhelfen. Instrument hierfür sollte vor allem die Neuordnung der Bedarfsplanung sein. Außerdem soll die Innovationsfähigkeit des Gesundheitswesens einschließlich der Versorgungsforschung durch ein Sonderbudget von 300 Mio. € im Jahr gestärkt werden. Mit zwei Pflegestärkungsgesetzen (PSG I und II) wurden 2014 und 2015 Leistungen ausgeweitet und dynamisiert, Anspruchsvoraussetzungen für viele Leistungen erweitert und der bereits unter Ulla Schmidt konzipierte neue Pflegebedürftigkeitsbegriff endlich schrittweise eingeführt. Ein weiteres Vorhaben, das in der zweiten Großen Koalition stecken blieb und es auch unter Schwarz-Gelb nicht ins Bundesgesetzblatt schaffte, nahm 2015 die parlamentarischen Hürden; endlich wurde ein Präventionsgesetz (PrävG) verabschiedet, in dem sich der Bund ungeniert an Beitragsmitteln bedient, um Staatsaufgaben – konkret der Bundeszentrale für gesundheitliche Aufklärung zu erfüllen. Bund und Länder erarbeiteten in einer Gemeinschaftsaktion 2015 ein Krankenhausstrukturgesetz (KHSG), dessen Kernelemente eine qualitätsorientierte Zugangssteuerung über die Bedarfsplanung und ein steuer- und beitragsfinanzierter Strukturfonds für Um- und Abbau nicht bedarfsnotwendiger stationärer Kapazitäten sein sollten, das aber durch Milliardenspritzen für die stationäre Versorgung wiederum den Reformdruck in diesem Sektor minderte. Das KHSG ist ein typisches Beispiel dafür, wie strategisch gut ausgerichtete Reformansätze vom Kartell der Krankenhauslobby, die von Kommunen über Länder, Kirchen, Sozialverbände bis zu Gewerkschaften und privaten Konzernen ausgreift, zunichte gemacht werden.

Weitere Vorhaben, die zum Teil im Jahr 2016 zu Ende gebracht wurden, umfassen die Förderung von E-Health (einschließlich der Beendigung des Trauerspiels um die elektronische Gesundheitskarte), die Verbesserung von Hospiz- und Palliativversorgung sowie die Vereinheitlichung der Ausbildung von Kranken- und Altenpflege. Außerdem steht zu erwarten, dass im Gefolge des sog. Pharmadialogs zwischen Bundesregierung und Industrie (kleinere) Korrekturen am AMNOG erfolgen und gegebenenfalls Regelungen zur Versorgung und Integration von Flüchtlingen getroffen werden. Weitgehend spekulativ ist zu Beginn des Jahres 2016 die Frage zu beantworten, ob die großzügige Ausgabenpolitik der Großen Koalition noch in der laufenden Legislaturperiode Korrekturen am Finanzierungssystem der Krankenkassen erwarten lassen. Die Rückkehr zur vollen Parität dürfte vor der nächsten Bundestagswahl wohl an ideologischen Streitfragen scheitern. Demgegenüber wären eine Entnahme aus den Rücklagen des Gesundheitsfonds zur Vermeidung eines weiteren Anstiegs der Zusatzbeiträge im Wahljahr 2017 ebenso denkbar wie (begrenzte) Korrekturen von Fehlentwicklungen im Risikostrukturausgleich, wie etwa der Verzicht auf Surrogatparameter zur indirekten Abbildung von Morbidität im Fall der Erwerbsminderung. Weitere Vorhaben dürften in Zukunft unter strengerem Finanzierungsvorbehalt stehen, denn ein Blick auf die GKV-Finanzen zeigt: Die fetten Jahre sind vorbei.

## 2. Metathemen und Handlungsfelder

Zusammenfassend lassen sich in der Gesundheitspolitik der Nachkriegszeit folgende Trends und Metathemen erkennen:

- Restauration der alten Ordnung und Scheitern umfassender Reformen
- Öffnung des versicherten Personenkreises und Ausweitung des Leistungskatalogs
- Finanzielle Konsolidierung und Kostendämpfung
- Neuordnung der Strukturen und Integration in das Sozialgesetzbuch
- Ausweitung von Wahlmöglichkeiten und Wettbewerb
- Modernisierung der Institutionen und Implementierung einer patientenorientierten Prozesssteuerung
- Überwindung der Sektorengrenzen und Schnittstellenmanagement
- Anpassung an demografische, soziale und ökonomische Veränderungen

Dabei sind nur selten scharfe Brüche zu erkennen, sondern gehen Trends ineinander über, zeigen sich gegenläufige Entwicklungen und Brüche, die gegebenenfalls zu einem späteren Zeitpunkt wieder geheilt werden.

Inhaltlich lassen sich bei vielen Reformschritten folgende Handlungsfelder und Schwerpunkte identifizieren:

- Finanzierung der GKV und Organisation der Krankenkassen einschließlich des Verhältnisses zur PKV
- Strukturen der Leistungserbringung

- Prozessmanagement der gesundheitlichen Versorgung einschließlich Innovations- und Qualitätsmanagement
- Honorierungs- und Preissysteme für gesundheitliche Leistungen und Produkte
- Bestimmung des Leistungskatalogs
- Patientenbeteiligung und Verbraucherschutz

## 3. Die Ausbalancierung von Zielkonflikten und die Diskussion um Steuerung im Gesundheitswesen

Im Kern vieler Reformen geht es darum, das komplexe Gesundheitswesen als System steuerungsfähig zu machen, um politische Ziele, die gegebenenfalls konfliktär einander gegenüberstehen, zu erreichen und Zielkonflikte auszubalancieren. Ohne Anspruch auf Vollständigkeit seien genannt:

- Gerechtigkeit (Zugang, Leistung, Verteilung, Belastung)
- Gleichheit (Chancen, Ergebnisse)
- Solidarität
- Qualität
- Effektivität
- Effizienz
- Finanzierbarkeit (Beitragssatzstabilität, Parität…)
- Innovationsfähigkeit
- Transparenz

Erhebliche Defizite bei bestimmten Zielen entfachen immer wieder neue Reformdebatten. So waren ungleiche Wahlrechte von Arbeitern und Angestellte sowie erhebliche Beitragssatzunterschiede zwischen den Kassen (und weniger die ideologisch aufgeladene Debatte um Wettbewerb als Steuerungsinstrument) der Auslöser des Kompromisses von Lahnstein. Erkennbare Qualitätsdefizite und unerklärliche Varianzen bei der Versorgung chronisch Kranker waren der Auslöser von Disease-Management-Programmen. Das Nebeneinander von Über-, Unter- und Fehlversorgung soll unter anderem mit Veränderungen in der Kapazitätsplanung und erweiterten Selektivverträgen behoben werden. Auf die Beharrungskräfte des Systems reagierte die Politik mit Anschubfinanzierung und Innovationsbudgets.

Die grundsätzlichen ordnungspolitischen Alternativen zur Steuerung im Gesundheitswesen, nämlich

- Markt und Wettbewerb – Steuerung über (frei) ausgehandelte Verträge,
- Korporatismus und Selbstverwaltung – Steuerung durch untergesetzliche Normsetzung und Kollektivverträge,
- Regulierung und Administration – Steuerung durch unmittelbare gesetzliche Vorgaben und administrative Verwaltungsakte,

finden sich nie in Reinkultur und werden auf der Basis der Erkenntnis, dass Gesundheitspolitik die Steuerung einer großen komplexen Wirtschaftsbranche anzusehen ist, zu einem Mix unterschiedlicher Ansätze verwoben. Die ideologische Überfrachtung, wie sie exemplarisch beim mantrahaft vorgetragenen Mythos vom Systemwettbewerb zwischen GKV und PKV deutlich wird, verliert an Glanz. Da sich die Forderung nach einer „großen Reform aus einem Guss" als illusionär erwiesen hat, konvergieren die Chancen auf einen allgemeinen Systemwechsel gegen Null. Vielmehr geht der Trend zu inkrementellen Reformschritten mit der bewussten oder unbewussten Platzierung von „Reformviren". Dabei lässt sich durchaus eine rote Linie entlang einer Pfadabhängigkeit beobachten. Häufig erfolgt die Gesetzgebung im Dreierschritt Vorschaltgesetz – Reformgesetz – Feinjustierung.

Während der achtziger und neunziger Jahre standen allgemein Regulierungen unter Generalverdacht. Der ehemalige Verfassungsrichter Dieter Grimm konstatierte wachsende Staatsaufgaben bei einer sinkenden Steuerungsfähigkeit des Rechts. Später gerieten dann die Selbstverwaltung und der Korporatismus in die Kritik. Heute scheint die Politik eher von wettbewerblichen Ansätzen enttäuscht zu sein und setzt wieder stärker auf direkten oder indirekten Einfluss der staatlichen Administration. Exemplarisch sei auf die Besetzung des Innovationsausschusses beim Gemeinsamen Bundesausschuss verwiesen, wo Vertreter der Bundesregierung direkt über die Verwendung von Beitragsmitteln zur Förderung von Innovationen (mit)entscheiden. Generell wächst die Einsicht, dass Regulierung zu jeder Steuerungsform gehört und vom Staat über Selbstverwaltung zum Wettbewerb an Tiefe und Dichte zunimmt. Inhaltlich wandelt sich das Gesundheitsrecht vom klassischen Sozialrecht mit Ausgleich und Verteilung zu einem spezifischen Wirtschaftsverwaltungsrecht mit Bezügen zum Wettbewerbs-, Kartell-, Vergabe-, Datenschutz- und Verbraucherrecht. Dabei steigt die Bedeutung des normativen Grundgerüsts (Ethik, professionelle Standards, Grundrechte) und der sozialen Beziehungen, speziell mittels (digitaler) Kommunikation. Folglich werden neben regulativen Vorgaben und pretialer Lenkung die Ethik der Professionen und die Kommunikation durch Überzeugung zu zentralen Elementen einer Steuerungsphilosophie, die angesichts der Komplexität auch das (partielle) Scheitern von Steuerungsbemühungen mit einkalkuliert.

## 4. Der Blick in die Zukunft – Herausforderungen, Probleme, Reformansätze

Der Blick in die Historie ist kein Selbstzweck, sondern soll die Fähigkeit verbessern, einen Ausblick in die Zukunft zu wagen, der an dieser Stelle nur kursorisch ausfallen kann.

Die wesentlichen Herausforderungen an moderne Gesundheitssysteme sind bekannt. Der sozio-demografische Wandel erfasst nicht nur die allgemeine Bevölkerung, sondern auch die Gesundheitsberufe. Migration schafft und löst möglicherweise einen Teil dieser Probleme. Bei den Gesundheitsberufen sind unter anderem eine Konzentration in den urbanen Ballungsgebieten, eine zunehmende Spezialisierung und eine Feminisierung zu beobachten. Das Krankheitspanorama wandelt sich von Akuterkrankungen zu chronischen Erkrankungen mit degenerativem Verlauf und Multimorbidität. Der medizinische, technische und pharmakologische Fortschritt führt zur Ambulantisierung und Individualisierung der Versorgung. Die Digitalisierung der Kommunikation verändert Berufsbilder und Nutzerverhalten. Die Debatte um ethische und soziale Grenzen des medizinisch Möglichen hält ebenso an wie die Diskussion um eine nachhaltige Finanzierung.

Auch wenn das deutsche Gesundheitswesen internationale Vergleiche nicht zu scheuen braucht, lassen sich viele ungelöste Probleme identifizieren, wie folgende kurze Übersicht ohne Anspruch auf Vollständigkeit zeigt:

- Inkongruenz von Gesundheitszielen, volkswirtschaftlichem Nutzen und betriebswirtschaftlichen Rationalitäten
- Finanzierung und Ressourcenallokation
- Fokus auf Akutversorgung und Arztzentrierung
- Über-, Unter- und Fehlversorgung,
- Varianzen bei Qualität und Outcomes
- Ungleichheiten bei Mortalität und Morbidität
- Sektordenken und Bürokratisierung
- Abrechnungsgesteuerte Versorgung („Ökonomisierung")

Hieraus lassen sich die Schwerpunkte künftiger Reformschritte destillieren. Die Konvergenz der dualen Versicherungssysteme wird sich beschleunigen. Zur Finanzierung werden neue Finanzquellen herangezogen bzw. bestehende erweitert werden. Zur Sicherstellung einer flächendeckenden Versorgung sind neue Instrumente erforderlich, die auch außerhalb des Gesundheitswesens (Telekommunikation, Mobilität) gefunden werden können. Das Verhältnis von Kollektiv- und Selektivverträgen muss neu bestimmt werden. Die Transparenz über Angebote,

Prozesse und Ergebnisse muss verbessert werden. Ziel- und Nutzenorientierung müssen konsequent vom Patienten her ausgebaut werden.
Konkret lassen sich hier vor allem zwei Schwerpunkte ausmachen:

1) Die Schaffung eines einheitlichen Versicherungsmarktes mit gleichen Rahmenbedingungen für alle Versicherungsträger, der Berücksichtigung der gesamten Leistungsfähigkeit der Beitragszahler auf der Einnahmenseite und der Intensivierung des Wettbewerbs um Qualität und Effizienz auf der Ausgabenseite.

2) Die Schaffung eines integrierten, patientenorientierten Versorgungssystems zur Überwindung der Sektorengrenzen, insbesondere bei Kapazitätssteuerung, Honorierung und Qualitätssteuerung. Den Kern bilden dabei eine integrierte Bedarfsplanung und die Entwicklung eines Honorarsystems für ärztliche Leistungen, das Multimorbidität besser abbildet, Qualität berücksichtigt und Anreize zu schonender Medizin und gegen Mengenausweitung bietet. Prävention, Rehabilitation und Pflege müssen ebenso aufgewertet werden wie die Anerkennung, Arbeit und Bezahlung der einzelnen Gesundheitsberufe.

## 5. Fazit – Was lehrt uns das?

Reformen im Gesundheitswesen lassen keinen Systemwechsel befürchten, sondern initiieren, verstärken oder bremsen langfristige Veränderungen. Sie folgen gesellschaftspolitischen Trends und sind stark abhängig von der Finanz- und Beschäftigungslage. Sie sind stets anfällig gegen interessenpolitisch oder ideologisch motivierte Beeinflussungen. Aber insgesamt erweisen sich die Grundprinzipien eines solidarischen Gesundheitswesens als erstaunlich stabil, die einzelnen Steuerungsinstrumente als erstaunlich flexibel. Daher ist für die Zukunft kein „Big Bang" zu erwarten, sondern weitere Anpassungsschritte, um die Herausforderungen zu meistern und die Probleme zu lösen.

Am besten lässt sich dies mit einem Zitat umschreiben, das der alte Fürst in Giuseppe di Tomasi Lampedusas Roman „Der Leopard" als Resümee seines Lebens zieht: „Wenn wir wollen, dass alles so bleibt, wie es ist, dann ist es nötig, dass sich alles verändert."

## Hinweise auf weiterführende Literatur

Butterwegge, Krise und Zukunft des Sozialstaats, 5. Auflage, Wiesbaden 2014.
Cassel/Jacobs u.a.(Hrsg.), Solidarische Wettbewerbsordnung – Genese, Umsetzung und Perspektive einer Konzeption zur wettbewerblichen Gestaltung der Gesetzlichen Krankenversicherung, Heidelberg 2014.

Ebsen (Hrsg.), Handbuch Gesundheitsrecht, Bern 2015.

Ebsen, Krankenversicherungsrecht, in: von Maydell/Ruland/Becker (Hrsg.), Sozialrechtshandbuch (SRH), 5. Auflage, Baden-Baden 2012, 723 ff.

Grimm (Hrsg.), Wachsende Staatsaufgaben – sinkende Steuerungsfähigkeit durch Recht, Baden-Baden 1999.

Knieps/Reiners, Gesundheitsreformen in Deutschland – Geschichte, Intentionen, Kontroversen, Bern 2015.

KomPart-Verlag (Hrsg.), Die Reformfibel – Handbuch der Gesundheitsreformen, Berlin 2012.

von Maydell (Hrsg.), Probleme sozialpolitischer Gesetzgebung am Bespiel des Gesundheitsreformgesetzes St. Augustin 1991.

Perschke-Hartmann, Die doppelte Reform – Gesundheitspolitik von Blüm zu Seehofer, Opladen 1994.

Reiners, Mythen in der Gesundheitspolitik, 2. Auflage, Bern 2011.

Reiners, Gesundheitspolitik als Implantation von „Reformviren", GGW 3/2009, 7 ff.

Reiners, Das Gesundheitsstrukturgesetz – Ein Hauch von Sozialgeschichte, WZB-Veröffentlichung, Berlin 1993.

Reiners, Ordnungspolitik im Gesundheitswesen, Bonn 1987.

Rixen, Sozialrecht als öffentliches Wirtschaftsrecht, Tübingen 2009.

Rosewitz/Webber, Reformversuche und Reformblockaden im deutschen Gesundheitswesen, Frankfurt/Main New York 1990.

Schmehl/Wallrabenstein (Hrsg.), Steuerungsinstrumente im Recht des Gesundheitswesens, 3 Bände, Tübingen 2005–2007.

Schröder/Paquet (Hrsg.), Gesundheitsreform 2007 – Nach der Reform ist vor der Reform, Wiesbaden 2007.

Wallrabenstein (Hrsg.), Braucht das Gesundheitswesen ein eigenes Regulierungsrecht?, Frankfurt/Main 2012.

Josef Hecken

# Der Innovationsfonds und der Innovationsausschuss beim Gemeinsamen Bundesausschuss

## 1. Einleitung und gesetzliche Grundlage

Mit dem GKV-Versorgungsstärkungsgesetz erhielt der Gemeinsame Bundesausschuss (G-BA) den Auftrag, neue Versorgungsformen, die über die bisherige Regelversorgung hinausgehen, und Versorgungsforschungsprojekte, die auf einen Erkenntnisgewinn zur Verbesserung der bestehenden Versorgung in der gesetzlichen Krankenversicherung ausgerichtet sind, zu fördern. Übergeordnetes Ziel des Innovationsfonds ist eine qualitative Weiterentwicklung der Versorgung in der gesetzlichen Krankenversicherung in Deutschland.

Die Bundesregierung hat zu diesem Zweck einen Innovationsfonds aufgelegt. Die zur Verfügung stehende Fördersumme beträgt in den Jahren 2016 bis 2019 jeweils 300 Millionen Euro jährlich. Hierbei sind 225 Millionen Euro für die Förderung neuer Versorgungsformen und 75 Millionen Euro für die Versorgungsforschung vorgesehen (vgl. Abb. 1).

*Abbildung 1: Zusammensetzung des Fördervolumens*

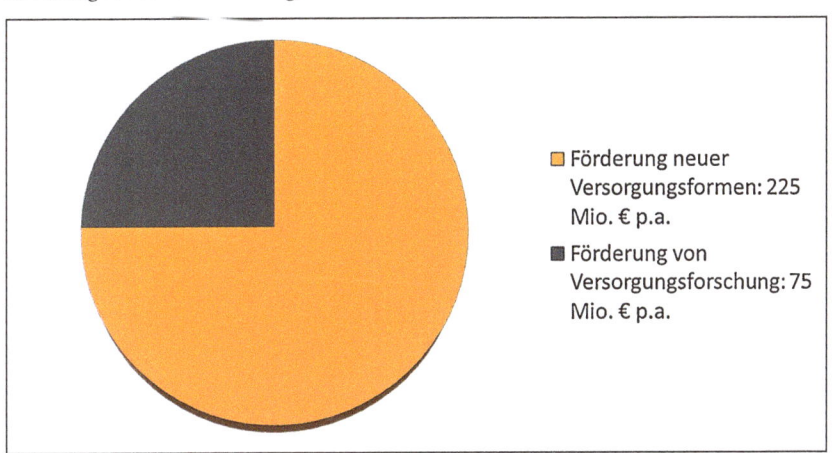

Die Mittel für den Fonds werden von den gesetzlichen Krankenkassen und aus dem Gesundheitsfonds getragen. Das Bundesversicherungsamt hat die Aufgabe, die Finanzmittel des Innovationsfonds zu verwalten.

Rechtsgrundlage für die Arbeit des beim G-BA eingerichteten Innovationsausschusses sind die §§ 92a und 92b Fünftes Buch Sozialgesetzbuch (SGB V).

## 2. Die Entscheidungen des Innovationsausschusses

Zusammensetzung:

Entscheidungsgremium für die im Rahmen der anstehenden Förderentscheidungen des Innovationsfonds ist der Innovationsausschuss. Dieser setzt sich zusammen aus einem unparteiischen Vorsitzenden, drei Mitgliedern des GKV-Spitzenverbandes, einem Mitglied der Kassenärztlichen Bundesvereinigung, einem Mitglied der Kassenzahnärztlichen Bundesvereinigung, einem Mitglied der Deutschen Krankenhausgesellschaft, zwei Mitgliedern des Bundesministeriums für Gesundheit, einem Mitglied des Bundesministeriums und drei Mitgliedern der Patientenvertretung. Die Patientenvertretung hat kein Stimmrecht, sondern nur Mitberatungsrecht (s. Abbildung. 2).

Die Entscheidungen des Innovationsausschusses bedürfen einer Mehrheit von sieben Stimmen.

Zur Vorbereitung von Förderungen ist vorgesehen, dass der Innovationsausschuss zunächst Förderbekanntmachungen beschließt, die die Antragsthemen und Antragsbedingungen konkretisieren. Auf Basis dieser Förderbekanntmachungen können dann Anträge zur Förderung eingereicht werden, die im Rahmen eines Auswahlprozesses unter Beteiligung eines Expertenbeirats in die Förderungsentscheidung durch den Innovationsausschuss münden.

*Abbildung 2: Zusammensetzung des Innovationsausschusses*

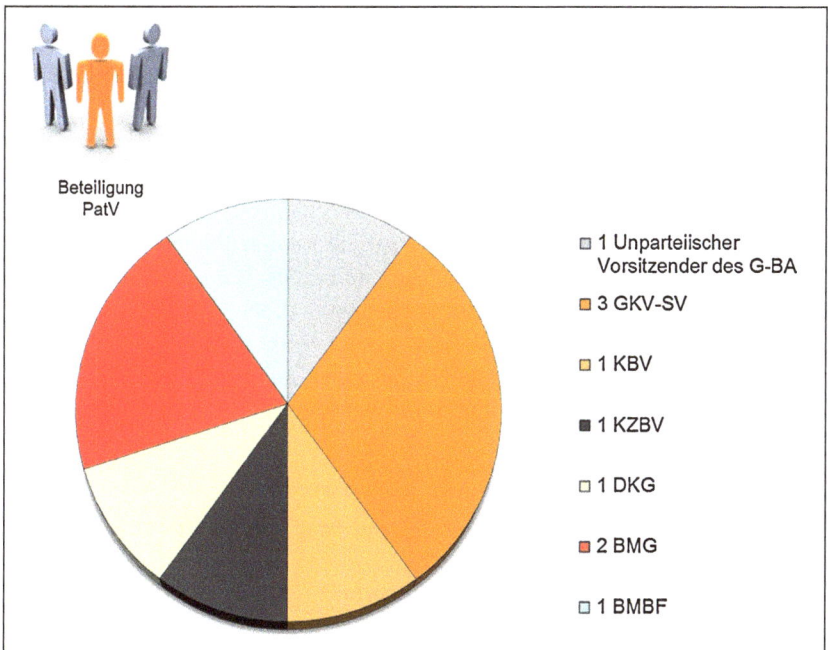

## 3. Die zu fördernden Bereiche

Nach den Regelungen des Gesetzes teilt sich das Fördervolumen von 300 Mio. Euro/Jahr in zwei Bereiche auf, die im Verhältnis 75 zu 25 zueinander stehen. Der größere Teil der mit 225 Mio. Euro/Jahr zu Buche schlägt, ist für die Förderung neuer Versorgungsformen vorgesehen, der kleinere Teil i. H. v. 75 Mio. Euro/Jahr dient der Förderung der Versorgungsforschung. Hierzu zählen die Förderung von Versorgungsforschungsprojekten, aber auch die Förderung von Evaluationsvorhaben für Verträge nach den §§ 73c und 140a SGB V in der am 22. Juli 2015 geltenden Fassung (§ 92a Abs. 2 S. 3 SGB V) sowie die Evaluation von Richtlinien des Gemeinsamen Bundesausschusses.

### 3.1 Förderung innovativer sektorenübergreifender Versorgungsformen

In diesem Bereich werden insbesondere Vorhaben gefördert, die eine Verbesserung der sektorenübergreifenden Versorgung und ein Umsetzungspotenzial aufweisen. Vorhaben, die auf eine dauerhafte Weiterentwicklung der selektivvertraglichen Versorgung abzielen, können ebenfalls gefördert werden. Die Vorhaben müssen auf geltender Rechtsgrundlage (insbesondere aufgrund von Selektivverträgen) erbracht werden. Produktinnovationen können nicht gefördert werden.

Die Förderung setzt voraus, dass eine wissenschaftliche Begleitung und Auswertung (Evaluation) erfolgt. Aus dem Evaluationskonzept muss sich ergeben, dass die Ergebnisse des Vorhabens und dessen Effekte für die Versorgung im Hinblick auf eine Prüfung der dauerhaften Übernahme in die Versorgung auf valider und gesicherter Datengrundlage beurteilt werden können.

Antragsberechtigt sind alle rechtsfähigen und unbeschränkt geschäftsfähigen Personen und Personengesellschaften. Bei der Antragstellung ist in der Regel eine Krankenkasse zu beteiligen.

Um die Anforderungen für eine Förderung zu erfüllen, wurden im Gesetz sowie in der Geschäftsordnung (GO) und Verfahrensordnung (VerfO) bereits erste Förderkriterien festgelegt.

Diese sind:

- Verbesserung der Versorgungsqualität und Versorgungseffizienz,
- Behebung von Versorgungsdefiziten,
- Optimierung der Zusammenarbeit innerhalb und zwischen verschiedenen Versorgungsbereichen, Versorgungseinrichtungen und Berufsgruppen,
- interdisziplinäre und fachübergreifende Versorgungsmodelle,
- Übertragbarkeit der Erkenntnisse, insbesondere auf andere Regionen oder Indikationen,
- Verhältnismäßigkeit von Implementierungskosten und Nutzen,
- Evaluierbarkeit,
- Umsetzbarkeit.

**Welche Kosten sind förderfähig?**
Förderfähig sind nur diejenigen Kosten, die dem Grunde nach nicht von den Vergütungssystemen der Regelversorgung umfasst sind. Dies sind neben Kosten für gesundheitliche Versorgungsleistungen, die über die Regelversorgung hinausgehen, insbesondere Projektmanagementkosten, Koordinierungskosten und Evaluationskosten.

Investitionskosten und projektbegleitende Entwicklungskosten können gefördert werden, soweit sie unmittelbar für die Umsetzung des medizinischen Konzeptes unabdingbar und wirtschaftlich im Verhältnis zu dem geförderten Versorgungsprojekt sind.

## 3.2 Förderung der Versorgungsforschung

Förderfähig aus dem Bereich der Versorgungsforschung sind Forschungsvorhaben, die auf einen Erkenntnisgewinn zur Verbesserung der bestehenden Versorgung in der gesetzlichen Krankenversicherung ausgerichtet sind (§ 92a Abs. 2 S. 1 SGB V). Ebenso Evaluationsvorhaben für Verträge nach den §§ 73c und 140a SGB V in der am 22. Juli 2015 geltenden Fassung (§ 92a Abs. 2 S. 3 SGB V) sowie Forschungsvorhaben zur Weiterentwicklung und insbesondere Evaluation von Richtlinien des G-BA (§ 92a Abs. 2 S. 5 SGB V).

**Förderkriterien für den Bereich der Versorgungsforschung sind insbesondere**

- Relevanz für die Versorgungsqualität und Versorgungseffizienz; Behebung von Versorgungsdefiziten in der gesetzlichen Krankenversicherung,
- wissenschaftliche und methodische Qualität,
- Qualifikation und Vorerfahrungen der Antragstellenden,
- Verwertungspotenzial,
- Angemessenheit der Ressourcen- und der Finanzplanung.

Antragsberechtigt für eine Förderung für den Bereich der Forschungsvorhaben sind insbesondere universitäre und nichtuniversitäre Forschungseinrichtungen.

Antragsberechtigt für eine Förderung von Evaluationsvorhaben für Verträge nach den §§ 73c und 140a SGB V sind die Vertragsparteien der Versorgungsverträge.

**Förderfähige Kosten für Versorgungsforschung**
Förderfähig ist der vorhabenbedingte Mehraufwand wie Personal- und Sachmittel (u. a. Verbrauchs- und Reisemittel) sowie Investitionen, die nicht der Grundausstattung des Antragstellers zuzurechnen sind, sowie weitere Kosten, soweit sie unmittelbar für die Umsetzung des Forschungsvorhabens unabdingbar und wirtschaftlich im Verhältnis zu dem geförderten Versorgungsforschungsprojekt sind.

## 4. Expertenbeirat

Zur Einbringung wissenschaftlichen und versorgungspraktischen Sachverstands in die Beratungsverfahren des Innovationsausschusses wurde ein Expertenbeirat gegründet.

Der Expertenbeirat besteht aus zehn – vom Bundesministerium für Gesundheit – berufenen Mitgliedern aus Wissenschaft und Versorgungspraxis mit versorgungswissenschaftlicher, klinischer und methodischer Expertise.

Aufgabe des Expertenbeirats ist es, den Innovationsausschuss in wissenschaftlicher und versorgungspraktischer Hinsicht zu beraten.

Er unterstützt den Innovationsausschuss, indem er Empfehlungen zu den Entwürfen der Förderbekanntmachungen abgibt. Weiterhin begutachtet er die eingegangenen Förderanträge und gibt Empfehlungen zu Förderentscheidungen und bewertet dabei auch, ob das beantragte Vorhaben die gesetzlichen Förderkriterien sowie die Kriterien und Anforderungen aus der Förderbekanntmachung trifft und ggf. in welchem Umfang.

Elemente der Kurzbegutachtung können dabei beispielsweise sein, ob

- der Antrag eine hinreichend exakte und den Förderkriterien entsprechende Fragestellung aufwirft,
- das Evaluationskonzept wissenschaftlichen Standards entspricht und voraussichtlich zu wissenschaftlich validen Ergebnissen führen wird,
- der Antrag ausreichende Relevanz für die Patientenversorgung hat,
- der Antrag methodische Qualität besitzt,
- die Umsetzbarkeit des Projektes nachvollziehbar darlegt und
- die Antragsteller ausreichende Qualifikation und Vorerfahrungen nachweisen.

## 5. Das Verfahren der Antragsbewertung und Förderentscheidung

Die Anträge sind gemäß den Anforderungen der Förderbekanntmachung einzureichen. Nach Prüfung auf Vollständigkeit erfolgen die Kurzbegutachtungen des Expertenbeirates und die Erstellung eines Kurzgutachtens mit Empfehlung zur Förderentscheidung.

Der Innovationsausschuss entscheidet über die Förderung eines Antrags auf Grundlage der in der Förderbekanntmachung dargelegten Förderkriterien und Anforderungen und unter Berücksichtigung der Empfehlungen des Expertenbeirats.

Für den Fall eines zweistufigen Antragsverfahrens wird analog dem o. a. die Bewertung einer Projektskizzierung vorgeschaltet. In der zweiten Verfahrensstufe werden die Interessenten bei positiv bewerteten Projektskizzierungen unter Angabe eines Termins aufgefordert, einen förmlichen Förderantrag vorzulegen. Vorgegebene Fristen können dort entsprechend angepasst werden.

## 5.1 Welches Verfahren ist zu empfehlen – einstufiges oder zweistufiges Verfahren?

**Für ein einstufiges Verfahren spricht:**

- Schnellerer Verfahrenslauf,
- umfassende Anträge zur intensiveren Beurteilung,
- Steigerung des Anreizes für ausgefeilte Konzepte,
- Schutz vor Antragsinflation.

**Gegen ein einstufiges Verfahren spricht:**

- Gefahr des Misserfolges durch z. B. formale Mängel
- hohe Antragskosten der Interessenten.

**Für ein zweistufiges Verfahren spricht:**

- Geringerer Aufwand für Antragsteller bei Erstbewerbung,
- frühe Klarheit über evtl. Ausschluss,
- erweitere Möglichkeiten der zielspezifischen Antragsgestaltung nach Runde eins.

**Gegen ein zweistufiges Verfahren spricht:**

- Längerer Verfahrenslauf,
- Gefahr der Antragsinflation.

Die jeweiligen Vorteile der einzelnen Modelle greifen nach derzeitigem Stand in den verschiedenen Bereichen (222/75) unterschiedlich stark. Es spricht aber aktuell vieles dafür, den Bereich der neuen Versorgungsformen zunächst einstufig zu gestalten und den Bereich der Versorgungsforschung zweistufig.

## 6. Förderschwerpunkte

Zur Vorbereitung der ersten Förderbekanntmachung hat der Innovationsausschuss im Rahmen einer Pressemitteilung die hierfür vorgesehenen Förderschwerpunkte veröffentlicht.

Sowohl für die neuen Versorgungsformen als auch für die Versorgungsforschung hat er für die erste Förderwelle im Jahr 2016 jeweils einen themenoffenen und mehrere themenspezifische Förderschwerpunkte definiert.

In den themenoffenen Förderschwerpunkten können Projekte unabhängig von ihrer thematischen Ausrichtung gefördert werden, soweit sie den Förderkriterien entsprechen.

## 6.1 Neue Versorgungsformen – themensepzifische Förderschwerpunkte

*Abbildung 3:*

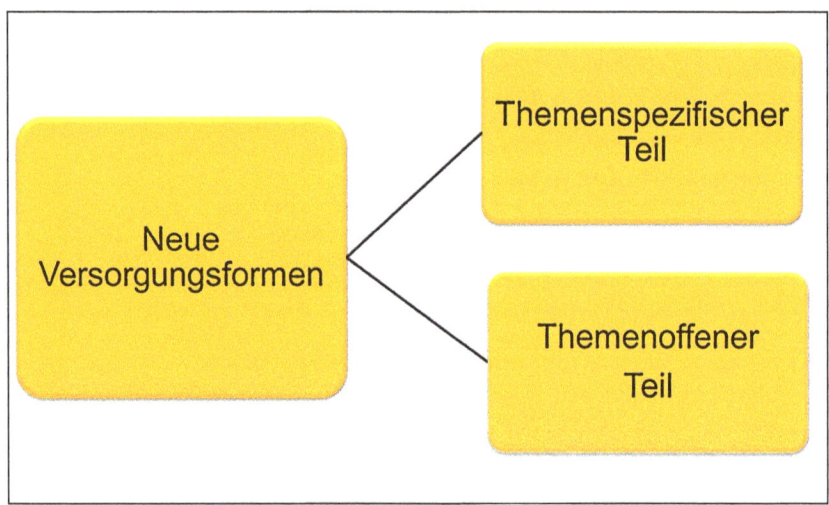

Der themenspezifische Teil des Förderbereichs „neue Versorgungsformen" enthält folgende Förderschwerpunkte:

- Versorgungsmodelle in strukturschwachen oder ländlichen Gebieten,
- Modellprojekte zur Arzneimitteltherapie sowie Arzneimitteltherapiesicherheit,
- Versorgungsmodelle unter Nutzung von Telemedizin, Telematik und E- Health,
- Versorgungsmodelle für spezielle Patientengruppen:
  - ältere Menschen,
  - Menschen mit psychischen Erkrankungen,
  - pflegebedürftige Menschen,
  - Kinder und Jugendliche,
  - Menschen mit seltenen Erkrankungen.

## 6.2 Versorgungsforschung – themenspezifische Förderschwerpunkte

Abbildung 4:

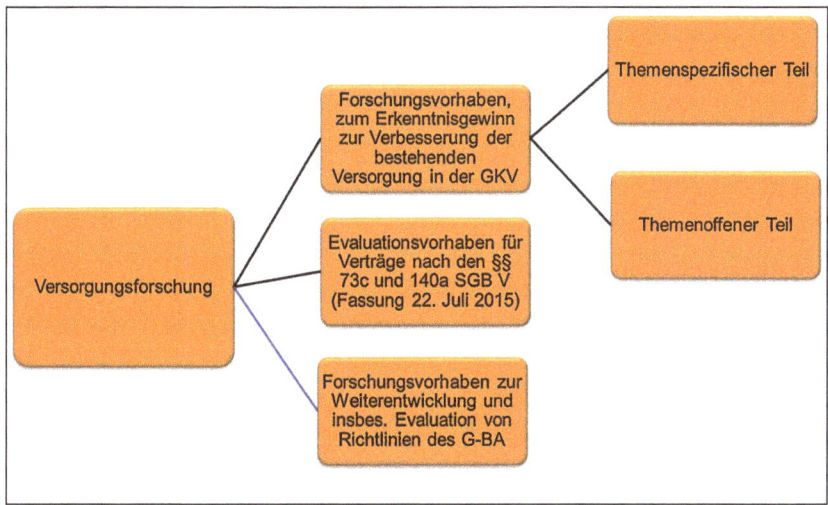

Der themenspezifische Teil des Förderbereichs „Versorgungsforschung" enthält folgende Förderschwerpunkte:

- Weiterentwicklung der Qualitätssicherung und Patientensicherheit in der Versorgung,
- Verbesserung von Instrumenten zur Messung von Lebensqualität für bestimmte Patientengruppen,
- Innovative Konzepte patientenorientierter Pflege unter besonderer Berücksichtigung der Arbeitsteilung und der Schnittstellen sowie der Integration ausländischer anerkannter Pflegefachkräfte in den Versorgungsalltag,
- Verbesserung der Bedarfsgerechtigkeit und Wirtschaftlichkeit der GKV-Versorgung,
- Ursachen, Umfang und Auswirkungen administrativer und bürokratischer Anforderungen im Gesundheitswesen auf die Patientenversorgung sowie Entwicklung geeigneter Lösungsansätze,
- Einsatz und Verknüpfung von Routinedaten zur Verbesserung der Versorgung.

Antragsteller können sich nach Veröffentlichung der Förderbekanntmachungen entweder auf einen themenspezifischen oder auf einen themenoffenen Förderschwerpunkt bewerben.

Eine Konkretisierung der Förderkriterien sowie der weiteren Anforderungen an die Projekte und die Anträge erfolgt im Rahmen der Förderbekanntmachungen, die auf den Internetseiten des Innovationsausschusses beim G-BA sowie im Bundesanzeiger veröffentlicht werden.

Eine Antragstellung ist erst nach Veröffentlichung einer Förderbekanntmachung möglich. Rechtlich verbindlich sind die Festlegungen in den künftigen Förderbekanntmachungen.

## 7. Fazit

Die Darstellung der bisher festgelegten Regularien und die binnen kürzester Zeit weitgehend offengelegten thematischen Festlegungen machen deutlich, dass alle am Prozess Beteiligten ein hohes Interesse an einer zügigen Umsetzung der durch den Gesetzgeber neu geschaffenen Möglichkeiten für eine Verbesserung der Versorgung der Patientinnen und Patienten hat.

Ich bin zuversichtlich, dass auf Grundlage qualitativ hochwertiger Projektanträge mit diesem Instrument ein zukunftsweisender Beitrag geleistet werden kann, der im Rahmen von Erprobungen erstmalig die Möglichkeit gibt, innovative Konzepte so auszugestalten, dass auf der Grundlage der sich daran anknüpfenden Evaluationen im Bereich der neuen Versorgungsformen tragfähige Weiterentwicklungen insbesondere für die Regelversorgung ableiten lassen.

Mit der Förderung von Projekten im Rahmen der Versorgungsforschung werden Konzeptionierungen entwickelt werden können, die Defizite analysieren und darauf aufbauend Methoden entwickeln, diese Defizite abzubauen. Daneben können mit der Förderung von Projekten im Rahmen der Versorgungsforschung aber auch weitergehende Denkansätze geschaffen werden, die nicht direkt auf ein Defizit aber auf die Verbesserung der prozessualen Strukturen ausgerichtet sind.

Insofern sich diese Erwartungen erfüllen lassen, wird der Innovationsausschuss eine entscheidenden Beitrag zur Weiterentwicklung des deutschen Gesundheitswesens leisten können, der hoffentlich dazu führt, dass in wenigen Jahren jegliche Zweifel an der Sinnhaftigkeit eines so gewählten Vorgehens ausgeräumt werden.

Herbert Rebscher

# Die Idee der Solidarischen Wettbewerbsordnung – Ausgangspunkt und Entwicklung

## 1. Der Prozess der zunehmenden ökonomischen Durchdringung des Sozialrechtssystems GKV

Parallel zu einer dichten Abfolge sozialrechtlicher Reformen seit Beginn der 70er Jahre bis heute (der Beitrag von Franz Knieps beschreibt diesen Prozess differenziert) entwickelte sich Schritt für Schritt eine zunehmende ökonomisch-analytische Durchdringung des Systems Gesundheitsversorgung in der gesetzlichen Krankenversicherung (GKV). Generell war das Motiv der Reformen die ökonomische Stabilisierung und/oder die Neujustierung von finanziellen Verantwortlichkeiten, wie zum Beispiel die große Krankenhausreform im Jahre 1972.

Als Ausgangspunkt dieser Entwicklung darf die 1966 von Philipp Herder-Dorneich vorgelegte Habilitationsschrift „Sozialökonomischer Grundriss der GKV" gelten, die doch an verschiedenen deutschen Universitäten zu einer ökonomischen Betrachtung dieses bisher rein sozialrechtlich analysierten Systems geführt hat. Das vom damaligen rheinlandpfälzischen Gesundheitsminister Heiner Geißler vorgelegte Krankenversicherungsbudget 1980, das eine Vorausschätzung der Ausgabendynamik der gesetzlichen Krankenversicherung für die Jahre 1975 bis 1980 beinhaltete, spitzte die Debatte politisch zu. Die darin prognostizierte Beitragssatzentwicklung war die Initialzündung für eine breite politische, aber zum Glück auch wissenschaftliche Beschäftigung mit dieser Thematik.

Es war der Verdienst der Robert-Bosch-Stiftung, diese Entwicklung aufzugreifen und in zwei groß angelegten Projekten die verstreut agierende wissenschaftliche Expertise zu identifizieren, zusammenzuführen und deren Ergebnisse breit zu publizieren. Dies war zum einen der große Studienauftrag an Fritz Beske, Kiel, der zu acht Bänden Strukturanalyse des Gesundheitswesens und damit auch zur Gründung des Instituts für Gesundheits-System-Forschung Kiel (igsf) führte. Eine über Jahre geführte und mit über 30 Bänden nachhaltig die Diskussion bestimmende Plattform für gesundheitsökonomische Debatten und auch zur Etablierung der Disziplin „Gesundheitsökonomie" war die von der Robert-Bosch-Stiftung initiierte und geleitete Reihe „Beiträge zur Gesundheitsökonomie" ab dem Jahre 1979.

Diese Strömung machte auch nicht Halt vor dem Verein für Socialpolitik, der – als die historisch und gegenwärtig bedeutendste Organisation deutschsprachiger Volkswirte – im entscheidenden Maße wissenschaftliche Entwicklungen vorbestimmt. Dass der Verein im Jahr 1985 die Jahrestagung in Saarbrücken dem Thema „Ökonomie des Gesundheitswesens" unter wissenschaftlicher Leitung von G. Gäfgen widmete, war quasi der „Ritterschlag" des sich gerade entwickelnden Faches Gesundheitsökonomie.

Mit Erlass vom Dezember 1985 durch den damaligen Bundesgesundheitsminister Norbert Blüm wurde die Gründung des Sachverständigenrates für die Konzertierte Aktion im Gesundheitswesen eingeleitet, der in Jahresgutachten und Sondergutachten (seit 2004 umbenannt in Sachverständigenrat zur Begutachtung der Entwicklung im Gesundheitswesen) nun auch schon seit 30 Jahren dem Diskurs die wissenschaftliche Fundierung gibt.

Die Einrichtung entsprechender Lehrstühle an deutschen Universitäten und Fachhochschulen und der durch Peter Oberender initiierte erste vollständige Studiengang „Gesundheitsökonomie" an der Universität in Bayreuth (1998) runden diese Aufbauphase der Gesundheitsökonomie in Deutschland ab. Im Jahre 2008 wurde die Deutsche Gesellschaft für Gesundheitsökonomie gegründet, die mit der Zeitschrift „Gesundheitsökonomie und Qualitätsmanagement" ihr wissenschaftliches Organ hat und 2014 mit dem Band „Solidarische Wettbewerbsordnung – Genese, Umsetzung und Perspektiven einer Konzeption zur wettbewerblichen Gestaltung der Gesetzlichen Krankenversicherung" (herausgegeben von Cassel/Jacobs/Vauth/Zerth) das Thema wieder auf die politische Tagesordnung gesetzt hat.

## Fünf Thesen zur Einordnung der Thematik in den gesellschaftspolitischen Diskurs

Die ökonomische Beschäftigung mit einem sozialrechtlichen, auf Solidarität und Teilhabegerechtigkeit gegründeten System bedarf der Klärung der gesellschaftspolitisch definierten und normativ bestimmten Rahmenbedingungen. Dies wird leider in vielen Analysen und Vorschlägen groberweise missachtet, so dass hier in fünf Thesen dieser gesellschaftspolitische Grundkonsens noch einmal betont werden soll.

> These 1: Ziel einer sozialen Krankenversicherung muss es sein, eine populationsorientierte, effiziente Gesundheitsversorgung zu gewährleisten.

Der Wettbewerb in einem solchen System dient deshalb der Verbesserung einer populationsorientierten und eben nicht einer exklusiven Versorgung. Die Vertreter der gesetzlichen Krankenversicherung haben gemeinsam dieses Ziel und die daraus folgende Konzeption einer Solidarischen Wettbewerbsordnung als Grundlage für eine zukunftsorientierte gesetzliche Krankenversicherung im September 1994 formuliert und über alle Interessengruppen und Kassenarten hinweg gemeinsam von Versicherten- und Arbeitgebervertretern dargelegt.

> These 2: Selektives Kontrahieren ist das wettbewerbliche Instrument, das in einem normativ auf Solidarität und Umverteilung gegründeten System zielführend Effizienz schaffen kann.

Hier wird der instrumentelle Charakter des Wettbewerbskonzeptes deutlich, das auf Versorgungseffizienz, d.h. Qualität und Wirtschaftlichkeit, gerichtet ist, und die Strukturprinzipien Solidarität und Umverteilung eben nicht durch wettbewerbliche Selektionsprozesse kontaminieren soll. Diese funktionale Orientierung mit der Rückbesinnung auf ihre versorgungspolitischen Ziele war zentraler Gegenstand der Publikation (Cassel u.a. 2014) der Deutschen Gesellschaft für Gesundheitsökonomie.

> These 3: Wettbewerb hat die ordnungspolitische Funktion des Suchprozesses durch Einzelne, dessen Ziel die Verbesserung der Versorgung aller bleibt. Er strebt eben keine dauerhafte Exklusivität des Angebots an.

Mit dieser These wird deutlich, dass wettbewerbliche Ungleichheit eine dem Suchprozess geschuldete Ungleichheit auf Zeit bedeutet, jedoch keine dauerhafte Exklusivität des Angebots für konkret definierte Personengruppen oder gar mit der Absicht dauerhafter Risikoselektion zu Gunsten bestimmter Kollektive. Dies hat Stefan Huster in seinem Buch „Soziale Gesundheitsgerechtigkeit" (Huster 2011) auf den Punkt gebracht: „Dass wir Gesundheit als ein Gut betrachten, für das soziale Ungleichheiten folgenlos sein soll, ist eine zivilisatorische Errungenschaft, die wir nicht leichter Hand aufgeben sollten."

> These 4: Wettbewerb fördert nicht per se Allokationseffizienz, sondern nur unter bestimmten Bedingungen. Dies gilt für alle Märkte (Stiglitz, Akerlof, Sandel, Krugman, Binswanger) und wurde lange vor der Finanzkrise diskutiert.

Die Volkswirtschaftslehre tut gut daran, gerade auch im Bereich der gesundheitlichen Versorgung der Bevölkerung, allzu triviale Wettbewerbsargumentationen

zu überwinden und den wettbewerblichen Suchprozess in den Dienst einer populationsorientierten Qualitätsverbesserung zu setzen. Dazu sind ganz bestimmte Rahmenbedingungen zu diskutieren und zu analysieren.
Nur dann gelingt es, die Provokation der These 5 zu überwinden.

> These 5: Die politische Debatte um allokative Effizienz von Wettbewerb im deutschen Gesundheitswesen ist oft von einer erhabenen Banalität und weitgehenden Nichtbeachtung von Bedingungen, Grenzen und Perspektiven gekennzeichnet. Diese zu versachlichen ist eine Aufgabe der Gesundheitsökonomie. Dies gilt angebots- und nachfrageseitig.

## 2. Das Konzept der Solidarischen Wettbewerbsordnung

In den letzten Jahren ist verstärkt zu beobachten, dass die Zahl staatlicher Eingriffe in das komplexe Gesundheitssystem zunimmt, obwohl die politische Rhetorik das Wort "Wettbewerb" geradezu inflationär verwendet. Jeder Eingriff proviziert weitere Regelungen und setzt letztlich eine Interventionsspirale in Gang. Eine konsequente ordnungspolitische Ausrichtung fehlt. So gerät zusehends das eigentliche Ziel einer sozialen Krankenversicherung aus dem Blick, nämlich eine populationsorientierte effiziente, also wirksame, qualitätsorientierte und gleichzeitig kostengünstige Gesundheitsversorgung zu gewährleisten. Gewährleistungsträger sind im Rahmen gesetzlich übertragener Aufgaben die Institutionen der gemeinsamen Selbstverwaltung. Das bedeutet Strukturverantwortung für ca. 90% der Bevölkerung (GKV-Versicherte) und implizit auch für die 10 % der Privatversicherten.

Das ordnungspolitische Konzept für die Zusammenarbeit der Akteure im Gesundheitswesen blieb in der alten Bundesrepublik jahrzehntelang fokussiert auf die kollektive Interessenvertretung aller (Zahn-)Ärzte durch Kassen(zahn) ärztliche Vereinigungen, den öffentlichen Versorgungsauftrag der Krankenhäuser (Krankenhausplanung / Investitionsfinanzierung der Länder) und das kollektive Handeln der gesetzlichen Krankenkassen insgesamt. Anfang der 1990er Jahre war das meist verwendete Begriffspaar der gesetzgeberischen Normierung „gemeinsam und einheitlich" und dies trotz der schrittweise eingeführten Wahlfreiheit für alle Versicherten.

Den strukturellen Ausgabenproblemen des Systems begegnete man einerseits durch eine gezielte Begrenzung des Leistungsrahmens oder durch Budgetvorgaben, andererseits durch die Schaffung neuer Finanzierungsinstrumente, wie etwa die Einführung von privaten Zuzahlungen. Beide Strategien machten Gesundheitspolitik zu einer extrem unpopulären Veranstaltung im politischen Prozess.

Der Gedanke, wettbewerbliche Suchprozesse zur Gestaltung des Leistungsangebotes, der Versorgungsprozesse, der Kapazitätssteuerung und der Vertragspartnerschaften zu nutzen, blieb dem sozialrechtlichen System fremd.

Genau in dieser Zeit – Anfang der 1990er Jahre – beschäftigten sich namenhafte Experten aus Wissenschaft und Verbänden mit der Frage, wie in einem solidarisch finanzierten Krankenversicherungssystem die Versorgung effizient, also auf hohem Qualitätsniveau und zugleich wirtschaftlich organisiert werden kann. Bereits damals wurde deutlich, dass Solidarität und Effizienz kein Widerspruch sind, sondern sich geradezu bedingen. Der damalige Diskussionsprozess innerhalb der GKV führte zu dem oben bereits angesprochenen gemeinsamen Grundsatzpapier „Solidarische Wettbewerbsordnung als Grundlage für eine zukunftsorientierte Krankenversicherung" (ARGE 1994). Es wurde von der Arbeitsgemeinschaft der Spitzenverbände der Krankenkassen einstimmig als Grundlage der gesundheitspolitischen Forderungen beschlossen.

Das Konzept der „Solidarischen Wettbewerbsordnung" (zum Begriff: Rebscher 1993) sollte zunächst das politische Dilemma überwinden, das Ausgabenproblem im Gesundheitswesen mit geradezu rituellen Forderungen nach Leistungsbegrenzungen bzw. Finanzschöpfung anzugehen. Die Grundlage dieses Konzepts war dagegen „Rationalisierung vor Rationierung" und „Solidarität durch Effizienz". Seitdem hat sich nicht nur die Politik – gleichgültig welcher Couleur – den Begriff der „Solidarischen Wettbewerbsordnung" zu eigen gemacht.

Die Erwartung, dass selektivvertraglicher Wettbewerb in größerem Ausmaß innovative Versorgungsformen hervorbringt, hat sich allerdings bislang nicht erfüllt. So zeigt sich, dass nach zwanzig Jahren ein Update der Solidarischen Wettbewerbsordnung notwendig ist. Was hat der Wettbewerb im Gesundheitswesen bisher gebracht? Wo taugt er? Wo stößt er an Grenzen? Angesichts des hochkomplexen Gesundheitswesens ist eine differenzierte Betrachtung notwendig.

Zu Beginn der Analyse ist festzuhalten, dass die Grundidee des Konzepts der Solidarischen Wettbewerbsordnung noch heute gilt: einen Suchprozess zur Lösung komplexer und selten eindeutig definierbarer Versorgungszusammenhänge zu etablieren. Das Streben nach Effizienz gefährdet in diesem Kontext nicht die normativ gesetzten Ziele (Solidarität, populationsorientierte Versorgung, gleicher Zugang), sondern stützt sie.

Wettbewerb hat die ordnungspolitische Funktion, einen Suchprozess durch Einzelne zu ermöglichen, um die Versorgung aller zu verbessern. Die Suche ist notwendig. Wir kennen eben nicht die optimale Versorgungslösung in komplexen Versorgungszusammenhängen, erst im Suchprozess kann sie sich herauskristallisieren. Aber: Wettbewerb im Gesundheitswesen darf nicht zu Risikoselektion oder

Mehrklassenmedizin und damit zunehmender Ungleichheit führen. Er strebt daher keine dauerhafte Exklusivität des Angebotes an. Dieser Spannungsbogen bleibt für gesundheitsökonomische Fragestellungen bestimmend. Es gilt die Bedingungen, Grenzen und Perspektiven konkret zu benennen. Aufgabe der Gesundheitsökonomie ist es, zur Versachlichung dieser Debatte beizutragen. Dies gilt ebenso angebots- wie nachfrageseitig. Dazu gehört es, die „kommerzielle Landnahme" (Hengsbach) zu verhindern und trotzdem die Innovationskraft zu erhalten.

## 3. Zum Bedingungsrahmen

### 3.1 Veränderung der Bedarfe und Strukturen

Die Bedarfe und Strukturen haben sich in den letzten Jahren deutlich verändert. Da ist zum einen der medizinische Bedarf. Durch die älter werdende Gesellschaft ist mit einer weiteren Zunahme langer chronischer Behandlungsverläufe und steigender Multimorbidität zu rechnen. Wohnortnahe Behandlungskonzepte müssen auf die individuellen komplexen Bedarfe abgestimmt werden (Stratifizierung). Es wird immer wichtiger, komplexe Versorgungszusammenhänge zu koordinieren. Gleichzeitig ist eine zunehmende Spezialisierung der Professionen auch in der Medizin zu beobachten. Das führt zu immer mehr Schnittstellen in den Versorgungsketten. Dies wiederum wirft Fragen nach den adäquaten Angeboten und Modellen sowie nach der Koordination der Versorgung im Wohnumfeld der Patienten auf (Abb. 1).

*Abbildung 1: Veränderung der Bedarfe und Strukturen*

## 3.2 Effizienz versus Preiswettbewerb – Das Problem der Marktspaltung

Ein grundlegender Sachverhalt wird häufig übersehen, nämlich die Tatsache, dass in jedem Krankenversicherungssystem (ob staatlich als Sozialversicherung oder privat) zwar alle Mitglieder Beiträge zahlen, aber nur wenige Versicherte Leistungen in einem nennenswerten Umfang in Anspruch nehmen. Empirische Untersuchungen belegen, dass 20 Prozent der Menschen 80 Prozent der Gesundheitsleistungen benötigen. Für die Ökonomie der Systemsteuerung ist allerdings der Umkehrschluss bedeutsam, dass nämlich 80 Prozent der Menschen lediglich 20 Prozent der Leistungen beanspruchen. Gerade dieses Verhältnis problematisiert die Aspekte Zahlungsbereitschaft, individuelle Nutzenkalküle und Präferenzäußerungen. Verschärfend kommt hinzu, dass es eine enorme Kompression der Ausgaben auf wenige Jahre vor dem Tod gibt.

Diese empirisch gut gesicherte Ausgangslage ist bei der Beurteilung gesundheitsökonomischer Instrumente von zentraler Bedeutung (Rebscher/Walzik 2011). Wenn nämlich 80 Prozent der Menschen keinen nennenswerten, aktuellen und konkreten Nutzen aus dem System ziehen, bleibt es eine zentrale Aufgabe, deren Zahlungsbereitschaft durch eine Beitragsverpflichtung zu erhalten. Individuelle, am persönlichen Nutzen orientierte Preismodelle (Zusatzprämien, Zusatzversicherungen, Wahltarife etc.) scheitern deshalb schon im Ansatz und schwächen perspektivisch die Finanzausstattung des Systems (Abb. 2).

*Abbildung 2: Effizienz vs. Wettbewerb*

Nimmt man diesen Tatbestand ernst, sind naive Preissteuerungsmodelle, wie die mit dem Gesundheitsfonds eingeführte und mittlerweile wieder abgeschaffte „kleine Prämie / pauschaler Zusatzbeitrag" (Richter 2005) kontraproduktiv. Denn Prämienmodelle richten sich ausschließlich an preisreagible Gesunde, die keine oder kaum Leistungen benötigen. Notwendig sind dagegen Reformansätze, die die Effizienz der Versorgung in den Vordergrund rücken, denn wirkliche Effizienz bei der Leistungserbringung zeigt sich vor allem im Bereich der aufwändigen gesundheitlichen Versorgung (80 Prozent) der wenigen erkrankten Versicherten (20 Prozent).

Ein durch Risikoselektion und Leistungsverweigerung erzieltes Prämiendumping für ausschließlich preisreagible gesunde Versicherte darf nicht als „effizient" interpretiert werden. Mit tatsächlicher Wirtschaftlichkeit oder Effizienz einer Krankenkasse hat dies nichts zu tun. Zudem widerspricht ein Wettbewerb um Prämienvermeidung jeder Idee von Wettbewerb als Suchprozess und behindert die Innovationsfähigkeit des Systems. Die individuelle Informationspflicht der Krankenkassen bei Beitragssatzsteigerungen und der geforderte explizite Hinweis auf billigere Krankenkassen sind daher ein wettbewerbsschädlicher Nachklapp eines längst gescheiterten Ansatzes. Die dadurch ausgelösten fehlleitenden ökonomischen Anreize zwingen alle Beteiligten zu einer kalten betriebswirtschaftlichen Logik, die Risikoselektion befördert. Ein Wettbewerb, der die Optimierung der Versorgung zum Ziel hat, wird damit grob diskriminiert. Zudem werden Krankenkassen zu harten Strategien der Ausgabenvermeidung gezwungen. Alles wird getan, um kurzfristig Zusatzbeiträge zu vermeiden. Es gibt keinen Anreiz für einen Wettbewerb um effizientere, an den Versorgungsnotwendigkeiten orientierte Abläufe. Kurzfristig attraktive Angebote werden gezwungenermaßen auf betriebswirtschaftlich attraktive Zielgruppen ausgerichtet (Junge und Gesunde) statt auf langfristige Versorgungsstrategien (kranke, chronisch kranke, multimorbide Patienten).

Als Zwischenfazit ist daher festzuhalten, dass die veränderten Bedarfe und Strukturen sowie das Problem der Marktspaltung die methodischen Probleme der Gestaltung von Wettbewerbsbedingungen um Koordinations- und Organisationsfragen komplexer Produktionszusammenhänge erhöhen.

## 4. Herausforderungen für ein Konzept des selektiven Kontrahierens

### 4.1 Messung von Qualität und Effizienz

Das Konzept des „selektiven Kontrahierens" ist nur dann zielführend zu administrieren, wenn eine hinreichend sichere Verständigung über die Verwendung des Begriffs der Effizienz erfolgt, und zwar „Effizienz" in Bezug auf ihre allokativen und distributiven Ziele und Wirkungen. Gerade wenn im Ansatz des „selektiven Kontrahierens" ökonomische Vorteile vermutet werden, muss umso sorgfältiger auf die konkreten Bedingungen, die Messbarkeit der Effekte und die sichere Beurteilbarkeit der Ergebnisse Wert gelegt werden. Viele politische und wissenschaftliche Beiträge erschöpfen sich in der Hoffnung, dass selektive Verträge quasi von sich aus Effizienz produzieren und für Qualität und Innovation sorgen, ohne mitzudenken und vorzulegen, was die inhaltliche Dimension ist, die eine effiziente und qualitätsgesicherte Versorgung ausmacht, und wie man dies in Abgrenzung unterschiedlicher Anbieter und deren Leistungsversprechen messen und beurteilen kann.

So müssen angebotsseitig z. B. die Fragen der Effizienzmessung, der risikoadjustierten Qualitätsvergleiche und der Umgang mit komplexen Interventionen beantwortet werden. Nachfrageseitig ist zu klären, wie die Versorgungsorientierung verbessert und der Patientennutzen stärker berücksichtigt werden kann. Versicherungsseitig ist vor allem darauf zu achten, dass keine Anreize zur Risikoselektion gesetzt werden. Dazu gehört es auch, den Risikostrukturausgleich weiterzuentwickeln.

### 4.2 Weiterentwicklung des Risikostrukturausgleichs

Solidarprinzip und Wettbewerb gleichzeitig zu ermöglichen, ist Aufgabe des Risikostrukturausgleichs. Durch ihn soll gewährleistet werden, dass Krankenkassen für alle Versicherten – unabhängig von deren Einkommen und Morbidität – eine risikoäquivalente Zuweisung erhalten. Gleichzeitig wird so die Voraussetzung für einen fairen Wettbewerb geschaffen. Der Beitragssatz soll nicht ausdrücken, dass eine Krankenkasse zufällig gesündere Versicherte oder besser verdienende Mitglieder als eine andere hat, vielmehr soll er Ausdruck der Qualität und Wirtschaftlichkeit der Versorgung sein. Der Ausgleich der Risikostrukturen schafft so eine idealtypische Form individueller risikoäquivalenter Finanzzuweisung bei der einzelnen Krankenkasse, und zwar genauer als im realen privaten Versicherungsmodell. Wegen dieser systematischen Portabilität bietet der Risikostrukturausgleich die Grundlage einer umfassenden Wahlfreiheit der einzelnen Versicherten

(Wettbewerb). Der Risikostrukturausgleich ist somit entscheidende Voraussetzung und zugleich Mindestbedingung für Wettbewerb im Solidarmodell der GKV.

## 5. Das Wettbewerbskonzept

### 5.1 Ziele des Wettbewerbs

Die ökonomische Perspektive ist eine wichtige, aber nicht die einzige bei der Beurteilung konkreter Versorgungskonzepte. Die Perspektiven der Versicherten, der betroffenen Patienten, der Leistungserbringer, der beteiligten Institutionen, der Politik, der Medizin, des Sozialrechts etc. sind ebenso rational begründbar und legitim. Selektives Kontrahieren gegen die Interessenlagen und die Perspektiven der Beteiligten zu richten, wird scheitern. Vor diesem Hintergrund verfolgt der Wettbewerb folgende Zielsetzungen:

- Orientierung des Leistungsangebotes an den Präferenzen der Versicherten,
- Lenkung der Gesundheitsleistungen zum Bedarf,
- effektive Zielerreichung durch Verbesserung der gesundheitlichen Outcomes, d.h. durch Erhöhung von Lebenserwartung und Lebensqualität,
- effiziente Leistungserstellung durch optimale bzw. kostengünstige Produktion sowie
- Entlohnung nach erbrachter Leistungsqualität durch eine leistungsbezogene Vergütung der Produktionsfaktoren.

### 5.2 Funktionen des Ordnungsrahmens

Die Innovationsfähigkeit des Systems muss gesichert bzw. gefördert werden. Sie ist abhängig von der Investitionsfähigkeit seiner Akteure. Dazu gehört zentral ein Finanzierungs- und Honorierungssystem, in dem die Innovationsperspektiven in ihrer zeitlichen Dimension mit den Investitionsperspektiven harmonieren. Eine kurzfristige Preisreagibilität (etwa durch Zusatzprämien) zerstört diesen Zusammenhang und ist deshalb innovationsfeindlich.

Es muss möglich sein, Innovationen rechtzeitig zu bewerten und für das Versorgungssystem verfügbar zu machen. Eine Kultur des Nachweises durch gute klinische Studien (Fokus: Evidenz) und einer integrierten Versorgungsforschung (Fokus: patientenorientierte Outcomes) sind zwingende Bedingungen einer Innovationsstrategie. Zudem ist ein verlässliches internes und externes Qualitätsmanagement zu implementieren, das mit entsprechenden Qualitätsindikatoren und Verfahren zur Risikoadjustierung zu einem vertrauensstiftenden und fairen Unterscheidungsmodell entwickelt wird.

Eine experimentelle Kultur, die den jeweils aktuellen Versorgungszusammenhang kritisch hinterfragt und alternative Problemlösungsszenarien ermöglicht, ist zu etablieren und zu fördern. Dies ist mit einer Evaluationskultur zu verbinden, die den neu gefundenen Versorgungszusammenhang beurteilbar und damit das System durch Benchmarks lernfähig macht. Last but not least ist ein unterstützendes liberales Vertragsrecht als Ergänzung zur kollektivvertraglichen Grundstruktur des Systems notwendig, um die Suchprozesse Einzelner zum Zwecke der Optimierung für Alle dienstbar zu machen. Dabei ist darauf zu achten, dass es weder durch staatliche Instanzen, noch Krankenkassen oder Leistungserbringer zu einem monopolistischen Marktmissbrauch kommen kann.

## 5.3 Funktion des Wettbewerbs in der GKV

Welche Aufgaben sollte der Wettbewerb in der GKV erfüllen? Welche Wirkungen entfaltet er tatsächlich? Wodurch sind Fehlentwicklungen entstanden und wie kann ihnen begegnet werden? Mit diesen Fragestellungen beschäftigt sich der in 2015 erschienene Band „Update: Solidarische Wettbewerbsordnung", ein Plädoyer für den Ausbau eines versorgungsorientierten Wettbewerbs (Rebscher u. a. 2015). Zentrales Element des Bandes ist ein in enger Zusammenarbeit zwischen der DAK-Gesundheit und dem IGES-Institut erstelltes Gutachten (Albrecht u. a. 2015), das in mehreren Workshops mit namenhaften Experten der Gesundheitsbranche diskutiert und entwickelt wurde. Das Ergebnis der Untersuchungen (siehe auch Abb. 3) lässt sich knapp in vier Thesen zusammenfassen:

*Abbildung 3: Selektivvertraglicher Innovationswettbewerb*

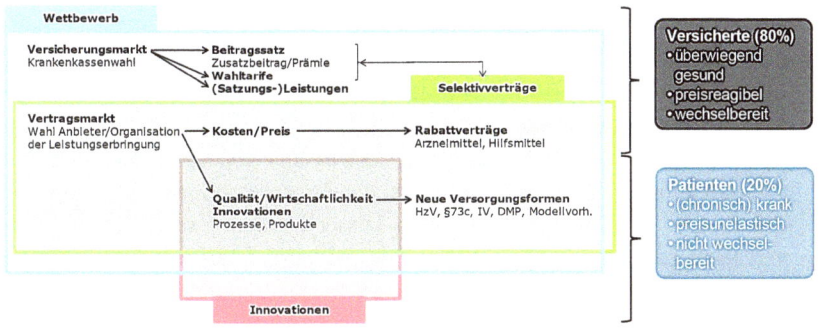

1. Wettbewerb in der gesetzlichen Krankenversicherung ist kein Selbstzweck. Er dient der Suche nach der besseren Versorgungslösung und ist daher vor allem ein Vertrags- und kein Preiswettbewerb. Ziel ist es, wie bereits beschrieben, den Wettbewerb als einen Suchprozess zu initiieren, bei dem die Erfahrung der Wenigen (Vertragspopulationen) zum Benchmark für die Verbesserung der Versorgung Aller (Gesamtpopulation) wird. Nur dieses Ziel legitimiert Wettbewerb in einer solidarischen Krankenversicherung.
2. Wie ebenfalls bereits konstatiert, wurden bei der Etablierung von Wettbewerbsmodellen bisher sowohl das Problem der Marktspaltung als auch das Problem der fehlenden Akzeptanz unterschätzt. Zum einen gilt es also, bei künftigen Analysen und Reformen stärker zu berücksichtigen, dass ein (reiner) Preiswettbewerb vor allem bei den 80 Prozent der zumeist gesunden, jungen Versicherten Anreize setzt, Geld zu sparen oder konsumnahe Angebote zu nutzen und somit das Solidarsystem der GKV finanziell zu schwächen. Preiswettbewerb für die preisreagible Klientel stellt damit einen zentraler Fehlanreiz dar. Zum anderen muss dem Problem der fehlenden Akzeptanz Rechnung getragen werden: So akzeptieren Versicherte z. B. nicht, dass der Zugang zu Ärzten oder Krankenhäusern von der gewählten Krankenkasse abhängt. Auch die Politik duldet keine für die Bürger dauerhaft unterschiedlichen Versorgungslösungen. Dauerhafte Exklusivität zerstört die Idee der GKV, deren Ziel die populationsorientierte Versorgung ist und „Wettbewerb" als Instrument für deren permanente Verbesserung nutzen will.
3. Wettbewerb um die bessere Versorgungslösung benötigt vor allem Anreize für Krankenkassen, deren Versicherte überproportional von Multimorbidität betroffen sind. Dies kann durch ein kassenindividuelles Forschungs- und Entwicklungsbudget geschehen. Damit würden nicht nur die „richtigen" versorgungsorientierten Anreize gesetzt, sondern auch eine wettbewerbskonforme Innovationsförderung installiert (im Gegensatz zum staatlichen Regulierungsmodell „Innovationsfonds").
4. Wettbewerbsmodelle haben einem Dreiklang aus Konzepteinreichung und -hinterlegung (statt Genehmigung) bei der Aufsicht, seriöse Evaluation und Publikation der Ergebnisse zu folgen. Dieser Dreiklang sorgt für ein strikt versorgungsorientiertes Engagement der Akteure, fokussiert auf ernsthafte Problemstellungen, schafft eine Kultur der Evaluation und macht Ergebnisse transparent. Nur so wird der Wettbewerb einzelner für die populationsorientierte Versorgung nutzbar.

## 5.4 Methodisches Rüstzeug

Zu den unterschätzten Faktoren des Konzepts der Selektivverträge zählen die Anforderungen an ein Methodenset und der Umgang mit der immanenten Begrenztheit aller Methoden (Abb. 4). Prädiktion, Evaluation, die Gestaltung geeigneter Klassifikationsmodelle zur Honorierung und die Transaktionskosten kleinteiliger Umsetzungen führen bei der Entwicklung selektiver Vertragsmodelle oft zum Stillstand oder – schlimmer – zu rein marketinggetriebenen Angeboten.

Bei der Implementierung wettbewerblicher Instrumente im regionalen Kontext mit seinen kleinteilig agierenden Akteuren wird die Veränderung gewachsener Versorgungszusammenhänge als Problem häufig unterschätzt. Gerade wenn „selektives Kontrahieren" eine gesundheitsökonomisch wünschenswerte Ergänzung der bestehenden korporatistischen Koordinationsordnung sein soll, gilt es bei einer seriösen Beurteilung die jeweiligen allokativen Stärken und Schwächen der alternativen Konzepte zu benennen und anhand überprüfbarer Kriterien zu gewichten.

*Abbildung 4: Haben wir das methodische Rüstzeug?*

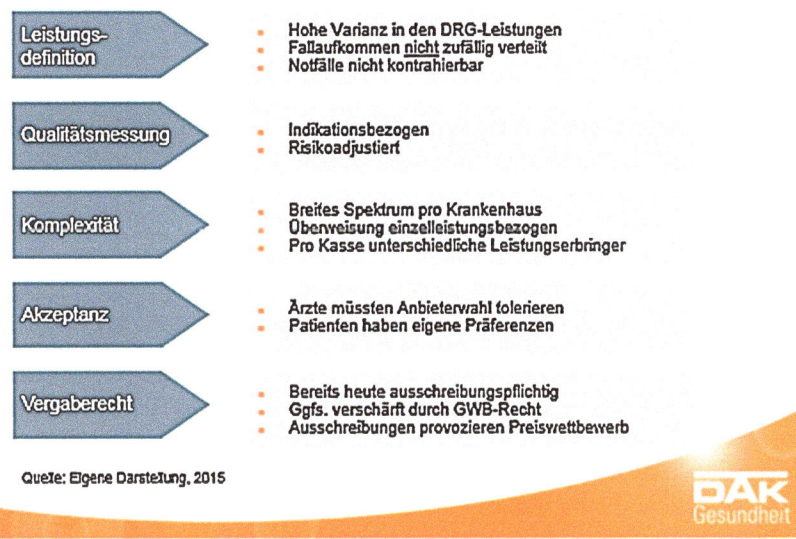

Am Beispiel der Krankenhausversorgung wird deutlich, dass man sehr genau die konkreten Bedingungen, die Messbarkeit der Effekte und die sichere Beurteilbarkeit der Ergebnisse im Blick haben muss. Da in der Krankenhausversorgung (wie auch bei der Wahlentscheidung zu Versicherungskollektiven) ausdrücklich keine Zufallsverteilung stattfindet, sondern sogar eine von Experten (in der Regel den niedergelassenen Fachärzten) ausgelöste Ein- und Zuweisung der Patienten, hat dies Konsequenzen: Die Zuweisung oder die gezielte Konzentration von einfachen „Routinefällen" innerhalb einer DRG auf bestimmte Einrichtungen im DRG-Ranking bildet eine hohe „Wirtschaftlichkeit" ab, während eine wegen ihrer besonderen Qualität oder ihrer optimierten sächlichen Ausstattung gezielt für komplexe Fälle gesuchte Einrichtung im Modell des DRG-Rankings eine „Unwirtschaftlichkeit" ausweist.

Daher sind für die DRG-Kalkulation hinreichende Regelungen für die Erfassung der Komplexität der Versorgung zu entwickeln und für die Qualitätsvergleiche robuste Verfahren der Risikoadjustierung vorzusehen. Erst beide Instrumente machen Vergleiche bezüglich Wirtschaftlichkeit (Effizienz) und Qualität möglich und sinnvoll.

Die Beurteilung der Qualität ist wiederum methodisch aufwendig und besitzt ihrerseits dringend vorab zu klärende Begrenzungen, z. B. auf die Zahl der Qualitätsparameter, deren Messbarkeit, deren Relevanz für die Versorgungsqualität und für den therapeutischen Nutzen beim Patienten. Als Grundlage für die Isolierung bestimmter Qualitätsziele und Kriterien dienen die jeweiligen Guidelines der entsprechenden nationalen oder internationalen Fachgesellschaften.

Auch ein einfacher Vergleich von Qualitätsindikatoren zwischen einzelnen Krankenhäusern wäre ohne eine Risikoadjustierung innerhalb der genannten Qualitätskriterien überaus fragwürdig. Ein fairer Vergleich, insbesondere von Ergebnisindikatoren, erfordert daher eine Adjustierung für die Risikosituation der Patienten. „Selektives Kontrahieren" setzt deshalb einen offenen und transparenten Umgang sowohl mit den ökonomischen Kennziffern, den Qualitätskennziffern und der Risikoadjustierung voraus.

## 5.5 Präzisierung des Konzepts der ergänzenden Selektivität

Was muss geschehen, damit Versorgungsinnovationen im Rahmen eines Krankenkassenwettbewerbs gefördert werden? Das war eine der zentralen Fragen des oben erwähnten Gutachtens „Update: Solidarische Krankenversicherung". Die Antwort auf diese Fragen liegt im Konzept der „ergänzenden Selektivität" (Abb. 5). Dieses nimmt die bisherigen Diskussionen auf, berücksichtigt unterschiedliche Perspektiven und vermeidet Akzeptanzprobleme. Die Ausgestaltung des Vertragskontextes – den Dreiklang „Konzept, Evaluation, Publikation" – harmonisiert wettbewerbliche Freiheitsgrade mit einer Kultur der Evaluation und der transparenten Weiterentwicklung der GKV-Zielsetzung der Verbesserung der populationsorientierten Versorgung. Das Konzept setzt auf einen zielgenaueren morbiditätsorientierten Risikostrukturausgleich, um den heutigen in erster Linie preisgesteuerten Krankenkassenwettbewerb durch einen Wettbewerb um bessere Versorgungslösungen zu ersetzen. Die hierfür geeigneten Maßnahmen sind hinreichend untersucht und bekannt: der Einbezug aller Erkrankungen und die (Wieder-)Einführung eines Hochrisikopools. Evidenz liegt ebenfalls dafür vor, dass der Einbezug von Akuterkrankungen durch einen zeitgleichen Risikostrukturausgleich dem jetzigen prospektiven Ansatz in puncto Zielgenauigkeit deutlich überlegen ist.

*Abbildung 5: Selektivvertraglicher Innovationswettbewerb*

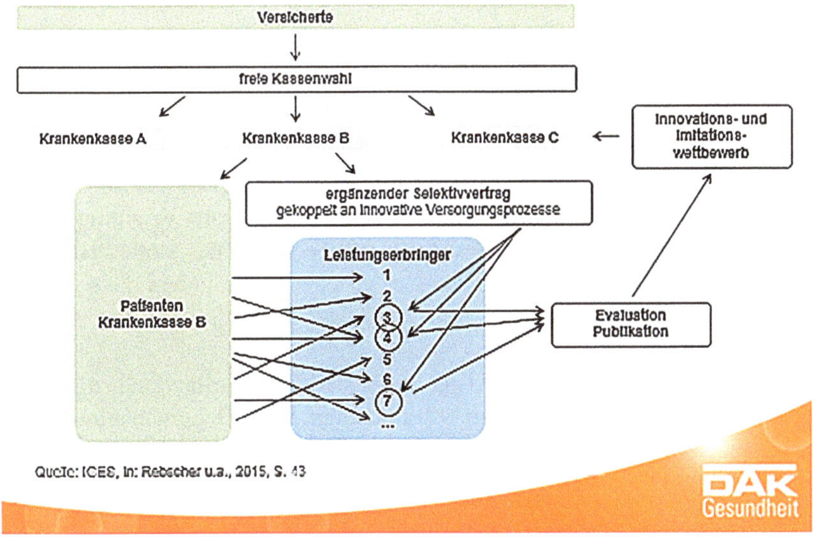

Zur Überwindung der beschriebenen Akzeptanzprobleme setzt das Reformkonzept anstatt auf dauerhafte selektivvertragliche Lösungen auf den Kollektivvertrag ergänzende Versorgungslösungen, die gleichsam der selektivvertragliche Stachel im Fleisch des einheitlichen Leistungskataloges sein sollen. Voraussetzung für diese Funktion ist, dass die angestrebten Vertragsvorhaben von den betreffenden Krankenkassen angekündigt, während ihrer Durchführung evaluiert und die Evaluationsergebnisse publiziert werden. Durch diese Transparenz soll gewährleistet werden, dass erfolgreiche Versorgungslösungen kopiert und ggf. in die Regelversorgung übernommen werden können. Ein solches Verfahren stellt ebenfalls sicher, dass Fehler nicht wiederholt werden.

Um einen finanziellen Anreiz zu setzen, soll jede Krankenkasse ein eigenes Forschungs- und Entwicklungsbudget (F&E-Budget) erhalten, über dessen

Verwendung die Kasse unmittelbar selbst entscheidet. Finanziert werden die Mittel dafür aus dem Gesundheitsfonds, indem die Alters- und Geschlechtszuweisungen linear um z. b. ein halbes Prozent gekürzt und diese Mittel nach Maßgabe der (modifizierten) Morbiditätszuschläge für die in den Verträgen eingeschriebenen Versicherten auf die einzelnen Krankenkassen verteilt werden. Das heißt: Krankenkassen mit höherer Krankheitslast erhalten auch höhere Ansprüche auf F&E-Mittel. Einem etwaigen Missbrauch soll durch eine Zweckbindung an Selektivverträge für besondere Versorgung (§ 140a SGB V) oder Modellvorhaben (§ 63 SGB V) vorgebeugt werden.

### 5.6 Günstige Trends

Trotz der deutlichen Anzeichen für die Zunahme staatlicher Regulierung lassen sich auch einige Trends erkennen, die das hier vorgestellte Konzept der ergänzenden Selektivität begünstigen (Jacobs u. a. 2014). Einer dieser Trends ist die zunehmende Hinwendung zu leistungsorientierten Vergütungsmodellen. Das DRG-Modell im Krankenhausbereich ist die wohl konsequenteste und methodisch fortgeschrittenste Umsetzung. Mit leistungsorientierten Vergütungssystemen versucht die Politik die Voraussetzungen zu schaffen, das Morbiditätsrisiko Schritt für Schritt auf die Krankenkassen zu übertragen, indem die so besser nachgewiesene Morbidität die Grundlage für die Verhandlungen über die Honorierung bildet.

Ein zweiter Entwicklungspfad liegt in der stärkeren Hinwendung zu Methoden der Qualitätsmessung. Geeignete Indikatoren, deren Dokumentationserfordernisse, die Vergleichsmaßstäbe und die Risikoadjustierung sind methodisch anspruchsvolle Vorhaben. Der Aufbau entsprechender institutioneller Arrangements, wie etwa das Ärztliche Zentrum für Qualität in der Medizin (ÄZQ), das Institut für angewandte Qualitätsförderung und Forschung im Gesundheitswesen (AQUA), die Bundesgeschäftsstelle Qualitätssicherung (BQS) sowie die Kooperation für Transparenz und Qualität im Gesundheitswesen (KTQ) flankieren diesen Weg. Einen vorläufigen Abschluss findet das Bemühen um Qualitätsorientierung in der Gründung des IQTIG (Institut für Qualität und Transparenz im Gesundheitswesen).

Drittens wird eine Kultur der Evaluation deutlich. Sie liegt in der Logik, selektive Vertragsmodelle angemessen zu bewerten und wurde sowohl bei der DRG-Evaluation als auch in den Disease-Management-Programmen (DMP) zwingend vorgeschrieben. Versorgungsorientierte Krankenkassen verwenden ihrerseits viel Aufwand für die Entwicklung geeigneter Evaluationsmodelle für ihre jeweiligen Vertragsarrangements.

Ein vierter zu beobachtender Trend zeigt sich im systematischen Know-how-Aufbau in fast allen großen Krankenkassen. DMP-Programme waren die politisch definierten und gemeinsam gestalteten „Zukunftswerkstätten" für selektives Kontrahieren durch Krankenkassen. Die Erfahrung mit diesen Programmen war für viele Verträge zur Integrierten Versorgung ein wichtiger Schritt innerhalb der Krankenversicherung und zum Aufbau entsprechender Kompetenzen. Diese Entwicklung ist die Grundlage für die offensive Gestaltung ergänzender Vertragskonzepte und deren Implementierung im Versorgungsalltag.

Fünftens ist eine deutliche Hinwendung zur Evidenzbasierung zu konstatieren. Die verstärkte Orientierung des Leistungsrahmens an den Grundsätzen der evidenzbasierten Medizin und der Aufbau entsprechend sachverständiger Institutionen (IQWiG) und Entscheidungsgremien (Gemeinsamer Bundesausschuss) folgten dem Grundsatz der für ein Solidarsystem zwingenden Einheitlichkeit des Leistungsrahmens und wirksamkeitsbelegter Leistungen. Die bisher noch entwicklungsfähige aber zwingend notwendige Versorgungsforschung kann dazu beitragen, patientenbezogene Resultate alternativer Versorgungszusammenhänge aufzubereiten und für die Weiterentwicklung des Vertragsportfolios zu nutzen. Gleichzeitig kann somit die „Kunstwelt" klinischer Studien auf Alltagstauglichkeit überprüft und relativiert werden. Gerade bei der Beurteilung komplexer Interventionen (chronische Erkrankungen, Multimorbidität), die mit einer Gesellschaft langen Lebens verbunden sind, werden Versorgungsforschung und -management, d.h. die Koordination komplexer Versorgungszusammenhänge, an Bedeutung gewinnen. Dazu werden erstmals Mittel offiziell bereitgestellt (Innovationsfonds/Versorgungsforschung).

## 6. Fazit

Ziel der gesetzlichen Krankenversicherung ist und bleibt eine auf die Bevölkerung bezogene wirksame, qualitätsorientierte und kostengünstige Gesundheitsversorgung (Abb. 6). Selektives Kontrahieren ist das wettbewerbliche Instrument, das diese Effizienz zielführend in einem normativ auf Solidarität und Umverteilung gegründeten System schaffen kann. Die gemeinsame Idee der Funktion des Wettbewerbs als Suchprozess einzelner, dessen Ziel die Verbesserung der Versorgung aller bleibt, muss nicht trotz, sondern gerade wegen des ressourcenverschwendenden Preiswettbewerbs neu belebt werden.

*Abbildung 6: Re-Aktivierung der solidarischen Wettbewerbsordnung*

1. Wettbewerb ist kein Selbstzweck, er dient der Suche nach der besseren Patientenversorgung. Zentral ist er ein Vertrags-, Versorgungs- und Qualitätswettbewerb und kein reiner Preiswettbewerb.

2. Rahmenbedingungen, wie Marktspaltung (gesund / krank), Risikostrukturausgleich und Akzeptanz der Beteiligten, müssen im Konzept berücksichtigt werden.

3. Anreize zur Investition sind dort zu setzen, wo das Versorgungsproblem liegt: F&E-Budget für Kassen, die versorgungsrelevante Projekte schultern.

4. Dreiklang von Versorgungskonzept, Evaluationskonzept und Publikationskonzept schafft Transparenz.

Quelle: Eigene Darstellung, 2015

Auch wenn der selektivvertragliche Wettbewerb bislang in puncto innovativer Versorgungsformen eher enttäuschte, hat er sich doch in der GKV etabliert. Spürbar ist dies vor allem in Form von Rabattverträgen in der Arzneimittelversorgung. Hier wird deutlich, dass exklusive Selektivverträge einen wichtigen Beitrag zur Effizienzsteigerung liefern können. Ebenso klar ist aber auch geworden, dass ihre Wirkung dort begrenzt ist, wo es darum geht, durch das Ausprobieren einzelner Vertragspopulationen die (kollektivvertragliche) Versorgung aller zu verbessern. Hier kann das Konzept der ergänzenden Selektivverträge punkten. Voraussetzungen sind jedoch ein zielgenauer Risikostrukturausgleich sowie mehr Transparenz über Leistungen und Qualität in der gesundheitlichen Versorgung. Einige der zuvor skizzierten Trends weisen bereits in diese Richtung und geben Hoffnung.

## Literaturverzeichnis

Albrecht M, Neumann K, Nolting H-D (2015): Konzept für einen stärker versorgungsorientierten Wettbewerb in der Gesetzlichen Krankenversicherung, in: Rebscher H u.a. (2015): Update: Solidarische Wettbewerbsordnung, Heidelberg, S. 14–54.

Arbeitsgemeinschaft der Spitzenverbände der Krankenkassen (ARGE 1994): Solidarische Wettbewerbsordnung als Grundlage für eine zukunftsorientierte gesetzliche Krankenversicherung, Bonn u.a.

Cassel D, Jakobs K, Vauth C, Zerth J (Hg.) (2014): Solidarische Wettbewerbsordnung – Genese, Umsetzung und Perspektiven einer Konzeption zur wettbewerblichen Gestaltung der Gesetzlichen Krankenversicherung, Heidelberg.

Huster S (2011): Soziale Gesundheitsgerechtigkeit, Sparen, umverteilen, vorsorgen? Berlin.

Jacobs K, Rebscher H (2014), Meilensteine auf dem Weg zur Solidarischen Wettbewerbsordnung, in: Cassel D, Jakobs K, Vauth C, Zerth J (Hg.): Solidarische Wettbewerbsordnung – Genese, Umsetzung und Perspektiven einer Konzeption zur wettbewerblichen Gestaltung der Gesetzlichen Krankenversicherung, Heidelberg.

Rebscher H (1993): Wettbewerb und Solidarität – Skizze einer Solidarischen Wettbewerbsordnung für die GKV. In: Die Ersatzkasse 73, S. 182–192. Skizze einer Solidarischen Wettbewerbsordnung, in: Arbeit und Sozialpolitik, Heft 5/6, 1993, S. 38–43.

Rebscher H (2011): Perspektivenwechsel – Bewertungskategorien selektiven. Vertragshandelns, in: Rüter, G, Da-Cruz, P, Schwegel, P (Hg.): Gesundheitsökonomie und Wirtschaftspolitik, Stuttgart, S. 348–362.

Rebscher H, Walzik E (2011): Ein ökonomisch fragwürdiges Modell, Zur Innovationsfeindlichkeit der Zusatzbeiträge in der gesetzlichen Krankenversicherung, in: Gesellschaftspolitische Kommentare, 52. Jg., Nr. 8, Berlin/Bonn, S. 11–13.

Rebscher H (2015): Von der Forschung zur Versorgung in der gesetzlichen Krankversicherung, in: Mühlheims L, Hummel K, Peters-Lange S, Toepler E, Schuhmann I (Hg.): Handbuch Sozialversicherungswissenschaft, Heidelberg, S. 260–276.

Rebscher H u. a. (2015): Update: Solidarische Wettbewerbsordnung, in: Beiträge zur Gesundheitsökonomie und Versorgungsforschung, Band 11, Heidelberg.

Richter, W F (2005): Gesundheitsprämie oder Bürgerversicherung? Ein Kompromissvorschlag, Wirtschaftsdienst, 2005, S. 693–697.

Dominik von Stillfried[1]
# Gibt es einen Entwicklungspfad für die ambulante Versorgung?

Seit die Bad Orber Gespräche vor rund 20 Jahren als Plattform für die gesundheitspolitische Strategiediskussion ins Leben gerufen worden sind, stand die ambulante Versorgung wiederholt im Zentrum weitreichender Reformmaßnahmen.

Im Jahr 2015 hingegen scheint die Gesundheitspolitik diesem Versorgungsbereich weitgehend konzeptlos gegenüberzustehen. Antworten auf drohende Probleme der künftigen Versorgung – auch im Hinblick auf Sicherstellung der ambulanten Versorgung im ländlichen Raum – sucht die Politik eher im Krankenhausbereich. Im Bereich der vertragsärztlichen Versorgung scheint sie es vorzuziehen, öffentlichkeitswirksam auf Pflichterfüllung der Kassenärztlichen Vereinigungen zu pochen als mit den maßgeblichen Akteuren in der ambulanten Versorgung systematisch über eine Weiterentwicklung der ambulanten Versorgungsstrukturen nachzudenken.

Sind die Vertragsärzte politisch bereits abgeschrieben, oder ist die momentane Situation eher Zeichen eines gewissen Grundvertrauens in die Stabilität der vertragsärztlichen Versorgung? Handelt es sich um eine reformerische Erschöpfung oder um die Ruhe vor einem neuerlichen Reform-Sturm in der ambulanten Versorgung? Um diese Fragen zu beleuchten, wird in diesem Beitrag ohne Anspruch auf Vollständigkeit jeweils ein kurzer Blick auf die folgenden Fragestellungen geworfen:

1. Inwieweit haben sich die rechtlichen Rahmenbedingungen in den letzten zwei Jahrzehnten verändert?
2. Welche Trends mit besonderer Bedeutung für die ambulante Versorgung zeichnen sich gegenwärtig ab, und welche Fragen müssen in den nächsten Jahren gelöst werden?

## 1. Standortbestimmung

Zwei Megathemen bestimmten die strukturpolitische Diskussion in den letzten zwei Jahrzehnten:

---

[1] Der Autor dankt Herrn Thomas Czihal, wissenschaftlicher Mitarbeiter des Zi, für die Erstellung der Tabellen sowie für wertvolle Hinweise und Ergänzungen.

a) Die organisatorische Trennung der medizinischen Versorgung durch Ärzte und durch Krankenhäuser bzw. Möglichkeiten der Überwindung des Gliederungsprinzips in einen Sektor für die ambulante und einen Sektor für die stationäre Versorgung,
b) die Bindung der Krankenkassen an das Kollektivvertragsprinzip in der ambulanten und in der stationären Versorgung bzw. die Einführung einer größeren Vertragsfreiheit der einzelnen Krankenkassen.

Während sich die Ende der 1990er Jahre entwickelten Pläne, das Prinzip des Kollektivvertrags in der vertragsärztlichen Versorgung durch ein System kassenspezifischer Einzelverträge ( Selektivverträge) zu ersetzen, aus heutiger Sicht als weitgehende Sackgasse erwiesen, wird die Weiterentwicklung der Aufgabenteilung zwischen ambulanter und stationärer Versorgung im Allgemeinen und zwischen Praxen, Versorgungszentren und Krankenhäusern im Besonderen zu einem Kernthema der nächsten zehn Jahre werden. Ursächlich dafür sind nicht zuletzt weitreichende Rechtsänderungen in den letzten zwei Jahrzehnten, die Entwicklung in der Medizin und in den Präfenzen jüngerer Ärzte sowie neue Technologien, die ein vernetztes Arbeiten trotz physikalischer Distanz ermöglichen.

Doch zunächst ein Blick zurück. Entgegen der programmatischen Ankündigung der rot-grünen Koalition im Herbst 1998[2] wurde die vertragsärztliche Versorgung bisher nicht von Selektivverträgen verdrängt. Im Jahr 2015 waren weniger als 5 Mio. Versicherte in Verträge eingeschrieben, die die vertragsärztliche Versorgung ganz oder teilweise ersetzen sollen.

Nach wie vor ist das System der vertragsärztlichen Versorgung primäre Anlaufstelle für die Patienten in Gesundheitswesen. Mindestens 85 % der gesetzlichen Versicherten in jeder Altersgruppe nehmen laut Barmer GEK mindestens einmal jährlich einen Vertragsarzt in Anspruch.[3] Jährlich werden rund 550 Millionen Behandlungsfälle in der vertragsärztlichen Versorgung medizinisch versorgt; den Vertragsärzten obliegt dabei auch die Koordination veranlasster Leistungen, zu denen gesetzlich Versicherte leistungsrechtlich Zugang erhalten.

Zum Vergleich: In Krankenhäusern werden rund 18,5 Millionen Fälle per anno stationär behandelt. Mit der ambulanten Behandlung in Notaufnahmen nehmen die Krankenhäuser am Bereitschaftsdienst der Kassenärztlichen Vereinigungen

---

2 Bei dem – damals noch zweitägigen – jährlichen KBV-Symposium 1998 erläuterte der damals eben erst neu eingesetzte Abteilungsleiter Krankenversicherung im Bundesgesundheitsministerium, Dr. Schulte-Sasse, den anwesenden Vertretern der Kassenärztlichen Vereinigungen, diese seien in zehn Jahren abgeschafft.
3 Barmer GEK Report aktuell.

teil. Folgt man der aktuellen gesundheitspolitischen Diskussion, könnte man gleichwohl den Eindruck haben, die Krankenhäuser hätten den Bereitschaftsdienst bereits übernommen. Tatsächlich erbrachten die Krankenhäuser von den im Rahmen des Bereitschaftsdiensts (also zu den sprechstundenfreien Zeiten) im Jahr 2014 rund 19,2 Millionen abgerechneten Behandlungsfällen nur rund 44 %. Die Mehrheit der Bereitschaftsdienstfälle wird somit immer noch von den Vertragsärzten behandelt. Betrachtet man alle rund 29,3 Mio. ambulanten Not- und Vertretungsfälle (d.h. inkl. derjenigen, die während der Sprechzeiten auftraten, zu denen auch die Krankenhausambulanzen ja immer häufiger aufgesucht werden) so lag der Anteil 2014 der Krankenhäuser sogar nur bei 29 %.

Richtig ist, dass der Anteil der Krankenhäuser im Bereitschaftsdienst immer mehr zunimmt. In einem Jahr ist es eine Grippewelle, im anderen ein besonders unfallträchtiger Winter, aufgrund dessen die Inanspruchnahme der Krankenhausambulanzen plausibel zunimmt. Weniger plausibel ist, dass das Inanspruchnahmeniveau in der Folgezeit nicht rückläufig ist. Unklar ist bislang, worauf dieser „Treppeneffekt" zurückzuführen ist. Sicher ist aber, dass die Abschaffung der Praxisgebühr zum Jahresende 2012 den stärksten Inanspruchnahmeanstieg bewirkt hat (vgl. Tabelle 1).

*Tabelle 1: Entwicklung der Notfall- und Bereitschaftsdienstleistungen*

| Jahr | Insgesamt | davon | | |
|---|---|---|---|---|
| | | Krankenhaus | Vertragsärzte insgesamt (Einzel- u. Gemeinschaftspraxen, MVZ, Bereitschaftsdienstpraxen etc.) | nur Einzel- u. Gemeinschaftspraxen |
| 2009 | 18.310.080 | 32,7% | 67,3% | 44,7% |
| 2010 | 17.361.054 | 39,2% | 60,8% | 38,0% |
| 2011 | 17.591.882 | 40,1% | 59,9% | 35,9% |
| 2012 | 17.713.686 | 41,1% | 58,9% | 34,8% |
| 2013 | 19.359.897 | 43,0% | 57,0% | 33,0% |
| 2014 | 19.184.532 | 43,9% | 56,1% | 28,3% |

*Quelle: Berechnungen des Zi auf Basis bundesweiter Abrechnungsdaten*

Somit dürfte die Ursache der aktuellen Diskussion zur Bedeutung der Krankenhäuser in der „Notfall-Versorgung" und die damit verbundenen Forderungen nach besserer Vergütung der Ambulanzleistungen eine direkte Folge der politischen Entscheidung zur Abschaffung der Praxisgebühr sein. Statt diesen Schritt zu korrigieren, häufen sich politische Forderungen nach einer grundsätzlichen Öffnung der Krankenhäuser für die ambulante Leistungserbringung. Diese Forderungen bewegen sich im Gleichklang mit der Kritik an der Bedarfsplanung, an einem sich abzeichnenden Arztmangel in ländlichen Regionen und an Wartezeiten für die vertragsärztliche Versorgung. Insgesamt kommt in dieser Kritik eine grundsätzliche Unzufriedenheit mit der Sicherstellung der ambulanten Versorgung durch die Kassenärztlichen Vereinigungen zum Ausdruck. Insofern ist die Situation vergleichbar mit der Periode Ende der 1990er Jahre, als die Politik glaubte, durch den Vertragswettbewerb der Krankenkassen bessere Lösungen anstelle des zum damaligen Zeitpunkt ebenfalls als insuffizient bewerteten Systems der Kollektivverträge zu finden.

Im Vergleich zu den die Gesundheitspolitik bestimmenden Megathemen, dem immer wieder von Seiten der Wissenschaft und der Politik formulierten Reformbedarf und im Vergleich zu Strukturreformen in anderen Gesundheitssystemen erscheint das System der vertragsärztlichen Versorgung in Deutschland langfristig bemerkenswert stabil.

Bevor wesentliche Veränderungen im Rechtsrahmen der vertragsärztlichen Versorgung mit hohem Veränderungspotenzial näher analysiert werden, lohnt daher ein Blick auf die Strukturkonstanten, aufgrund derer dem System der vertragsärztlichen Versorgung oftmals fehlende Veränderungsdynamik nachgesagt wird.

## 2. Inwieweit haben sich die rechtlichen Rahmenbedingungen in den letzten zwei Jahrzehnten verändert?

### 2.1 Strukturkonstanten

Wesentliche Strukturkonstanten der vertragsärztlichen Versorgung leiten sich aus folgenden Rahmensetzungen ab:

2.1.1 **Leistungsrechtlich** unterscheidet das SGB V den Behandlungsanspruch der Versicherten in *ärztliche Behandlung* (§ 28 SGB V) und *Krankenhausbehandlung* (§ 39 SGB V). Während die ambulante ärztliche Behandlung bereits seit Beginn der GKV integraler Bestandteil des Leistungskatalogs war, gilt dies für den Anspruch auf Krankenhausbehandlung nur eingeschränkt. Fast 100 Jahre lang unterlag die stationäre Behandlung einer vorherigen Genehmigungspflicht durch die jeweilige Krankenkasse des Versicherten. Erst mit dem Leistungsverbesserungsgesetz aus dem Jahr 1973 erhielten die Krankenhäuser die Zuständigkeit für die Beurteilung der stationären Behandlungsnotwendigkeit. Die Einweisung durch einen Vertragsarzt gilt jedoch bislang als Regelzugang, der Direktzugang über Rettungsstellen der Krankenhäuser als Ausnahme.

2.1.2 Im **Vertragsrecht** wird die im Leistungsrecht bereits angelegte Trennung in einen ambulanten und einen stationären Versorgungssektor nachhaltig verankert. Dies beruht insbesondere auf folgenden Faktoren:

- Gemäß § 72 SGB V sind die Kassenärztlichen Vereinigungen mit dem *Sicherstellungsauftrag für die vertragsärztliche Versorgung*, d.h. für die haus- und fachärztliche ambulante Behandlung (§ 73 SGB V) beliehen. Dies umfasst auch die Steuerung verordneter Leistungen. Konkretisiert wird der Sicherstellungsauftrag im Rahmen des Gesamtvertrags der Krankenkassenverbände mit den Kassenärztlichen Vereinigungen, jeweils mit bindender Wirkung für ihre Mitglieder (Kollektivvertrag).
- In §§ 39 Abs.1; 73 Abs. 4 SGB V formuliert der Gesetzgeber das *Gebot des Vorrangs der ambulanten vor stationärer Versorgung*. Stationäre Versorgung ist demnach erst indiziert, wenn eine ambulante Behandlung zur Realisierung des gesetzlichen Leistungsanspruchs der Versicherten nicht mehr ausreicht.
- Die *freie Arztwahl* bzw. Wahl der Versorgungseinrichtung (§ 76 SGB V) gehört zu den Grundpfeilern der mit dem Gesetz über das Kassenarztrecht (GKAR) 1955 für die Bundesrepublik definierten gesetzlichen Krankenversicherung. Damit wurde eine Forderung der Ärzteschaft bestätigt, die spätestens seit Schaffung der Kassenärztlichen Vereinigungen im Jahr 1931 fester Bestandteil des Regelkanons der GKV geworden ist. Zuvor hatte sich die Ärzteschaft Jahrzehnte gegen das Recht der Krankenkassen gewehrt, über selektivvertragliche Vereinbarungen den Zugang der Versicherten auf bestimmte Ärzte einzuschränken. Historische Quellen belegen, dass die Krankenkassen damit in einer Weise auf Art und Umfang der medizinischen Behandlungen genommen hatten, die vielen Ärzten nicht vertretbar erschien.
- Die Gesamtvertragspartner vereinbaren prospektiv eine *Gesamtvergütung* für vertragsärztliche Leistungen, die von den Krankenkassen mit befreiender Wirkung an die KV zu zahlen sind. Die Krankenkassen sind damit von weiteren Honorarforderungen einzelner Vertragsärzte freigestellt. Hierdurch sind die Gesamtvergütungen ihrer Natur nach begrenzt. Ihre sachgerechte Bestimmung ist insofern für die Weiterentwicklung der vertragsärztlichen Versorgung von maßgeblicher Bedeutung.
- Die wesentlichen Aufgaben der Kassenärztlichen Vereinigungen darüber hinaus liegen im Bereich der Honorarverteilung und Abrechnung

gegenüber Vertragsärzten und Krankenkassen, der Steuerung veranlasster Leistungen und der Qualitätssicherung.

2.1.3 Zulassungserfordernis und Zugangsbegrenzung (Bedarfsplanung)

Die gemeinsame Zuständigkeit von Ärzten und Krankenkassen für Zulassung und Bedarfsplanung im Rahmen des Gesamtvertrags schafft die Grundlage für die freie Arztwahl der Versicherten. Die zeitliche und räumliche Steuerung der Zulassung zur vertragsärztlichen Versorgung ist ein wesentliches Instrument der Sicherstellung. Die Planung und Sicherstellung der stationären Versorgung hingegen obliegt seit Inkrafttreten des Krankenhausfinanzierungsgesetzes 1973 den Ländern, die im Rahmen der dualen Finanzierung die Mittel für Strukturinvestitionen der Krankenhäuser bereitstellen sollen.

## 2.2 Veränderungsdynamik in den gesetzlichen Rahmenbedingungen

2.2.1 Vor dem Hintergrund der stetigen Ergänzung des **Leistungsrechts** um weitere *Leistungsansprüche* der Versicherten ist die Entwicklung vor allem von einer weitgehenden Abschaffung von Zuzahlungen geprägt. Eine Steuerung der Inanspruchnahme durch *Zuzahlungen* der Versicherten wird seitens des Gesetzgebers nicht mehr gesehen; ein Finanzierungseffekt durch die Patienten selbst nicht mehr angestrebt. Vor allem aufgrund zahlreicher Befreiungstatbestände wurde eine Steuerungswirkung der Praxisgebühr in 2013 nicht mehr gesehen. Die subsequente **Abschaffung der Praxisgebühr** zum 31.12.2012 blieb jedoch nicht ohne Effekt auf die vertragsärztliche Versorgung und die weitergehende Reformdiskussion.

Zum einen hat die durchschnittliche Inanspruchnahme niedergelassener Ärzte je Versicherten in 2013 zugenommen. Hierfür sind nach Auswertungen der Abrechnungsdaten durch das Zi insbesondere Mehrfachinanspruchnahmen verantwortlich, da der Medianwert der je Versicherten in Anspruch genommenen Praxen unverändert blieb. Inwieweit die hierdurch zweifelsohne gesteigerte Verknappung der verfügbaren Vertragsarztkapazitäten zu den von der Politik in den Folgejahren beklagten Terminproblemen in der fachärztlichen Versorgung beigetragen hat, lässt sich zwar nicht zweifelsfrei ermitteln, ein funktionaler Zusammenhang besteht jedoch zwingend. Auf die entstandenen Engpässe hat der Gesetzgeber im VSG mit der Verpflichtung der KVen zur Einrichtung von Terminservicestellen reagiert. Es darf bezweifelt werden, dass hiermit strukturell bedingte Versorgungsengpässe, die durch eine weniger

Gibt es einen Entwicklungspfad für die ambulante Versorgung? 73

gut ausgebaute fachärztliche Versorgungsstruktur charakterisiert sind, korrigiert werden können (vgl. Tabelle 2).

Tabelle 2: Wartezeiten nach KVen

|  | Anteil der Versicherten mit Wartezeit länger als 3 Wochen | | |
| --- | --- | --- | --- |
|  | Insgesamt | Hausarzt | Facharzt |
| Schleswig-Holstein | 15% | 6% | 27% |
| Hamburg | 9% | 6% | 12% |
| Bremen | 8% | 3% | 14% |
| Niedersachsen | 13% | 4% | 28% |
| Westfalen-Lippe | 11% | 4% | 23% |
| Nordrhein | 11% | 4% | 21% |
| Hessen | 13% | 2% | 26% |
| Rheinland-Pfalz | 13% | 4% | 33% |
| Baden-Württemberg | 9% | 4% | 18% |
| Bayern | 10% | 1% | 25% |
| Berlin | 13% | 5% | 19% |
| Saarland | 10% | 4% | 16% |
| Mecklenburg-Vorpommern | 23% | 15% | 35% |
| Brandenburg | 15% | 8% | 26% |
| Sachsen-Anhalt | 17% | 8% | 32% |
| Thüringen | 21% | 9% | 40% |
| Sachsen | 18% | 13% | 24% |
| Bund | 12% | 5% | 24% |

Quelle: KBV-Versichertenbefragung 2014

Zum anderen führt die Aufhebung der Praxisgebühr zu einer vermehrten Direktinanspruchnahme der Krankenhaus-Notfallambulanzen. Diese stieg, im Jahr 2013 um rd. 14 %. Geht man davon aus, dass dieser massive Fallzahlanstieg um rd. 1 Mio. Fälle seitens der Krankenhäuser als „Versagen des vertragsärztlichen Bereitschaftsdienstes" wahrgenommen wird, kann die aktuelle gesundheitspolitische Diskussion um Defizite in der

Sicherstellung zu einem nicht geringen Anteil auf die Abschaffung der Praxisgebühr zurückgeführt werden.

2.2.2 Wesentliche Gestaltungsansätze des Gesetzgebers setzten am **Vertragsrecht** an:

2.2.2.1 Die vergangenen zwei Jahrzehnte sind durch die schrittweise *Aufhebung des Vertragsmonopols der Kassenärztlichen Vereinigungen* geprägt: Beginnend mit der Einführung von Modellvorhaben im 1. NOG 1997 entwickelte der Gesetzgeber die Möglichkeit des selektiven Kontrahierens für die Krankenkassen stetig weiter. Formal erfolgte die vollständige Abschaffung des Vertragsmonopols durch die integrierte Versorgung (§ 140b SGB V) im GMG 2005.

Seither steht es den Krankenkassen offen, mit einzelnen Vertragsärzten und Verbünden von Vertragsärzten mit oder ohne Beteiligung von Vertragspartnern anderer Leistungssektoren jederzeit Einzelverträge zu schließen, durch die die Regelversorgung ersetzt werden kann. Hierfür müssen die Gesamtvergütungen nach der Anzahl eingeschriebener Versicherter und dem Umfang der durch den Selektivvertrag substituierten Versorgung bereinigt werden.

Die noch in den 1990er Jahren erwartete flächendeckende Nutzung von Selektivverträgen durch alle Krankenkassen blieb jedoch aus; auch in der Politik setzte nach anfänglicher Begeisterung Ernüchterung ein, was sich in der ersatzlosen Streichung der ursprünglich vorgesehenen Anschubfinanzierung von Selektivverträgen dokumentierte. Selektivverträge in relevantem Umfang bestehen insofern nur im Bereich der hausarztzentrierten Versorgung (§ 73b SGB V). Aufgrund spezifischer regionaler Initiativen des Hausärzteverbands sind hierbei die Bundesländer Bayern und Baden-Württemberg führend. Wie durch die nachträgliche Einführung der Schiedsfähigkeit dieser Vertragsform zum Jahr 2009 verdeutlicht wird, handelt es sich bei der hausarztzentrierten Versorgung intentional nicht um eine Option zur Erweiterung der Gestaltungsmöglichkeiten der Krankenkassen, sondern um eine weitere gesetzliche Verpflichtung der Krankenkassen zum Abschluss von Kollektivverträgen. Offenkundig sollte mit der Ausgestaltung der HZV primär eine andere verbandliche Vertretung der Vertragsärzte in der hausärztlichen Versorgung gefördert werden, als durch die Kassenärztlichen Vereinigungen gewährleistet wird.

Gibt es einen Entwicklungspfad für die ambulante Versorgung? 75

2.2.2.2 Große Erwartungen waren mit einer **Reform der Gesamtvergütung** verbunden. Die erste politische Initiative hierzu fällt in die Phase der Förderung von Selektivverträgen nach 1998. Der für die Krankenkassen durch selektivvertragliche Vereinbarungen intendierte wirtschaftliche Erfolg setzt voraus, dass diese Leistungen aus der für ein Jahr im Voraus prospektiv zu vereinbarenden Gesamtvergütung bereinigt werden können. Andererseits bestimmt das Prinzip der Beitragssatzstabilität (§ 71 SGB V), dass die Gesamtvergütung pro Jahr maximal im Umfang der beitragspflichtigen Einnahmen der Krankenkassen steigen konnte. Hierdurch wurde der Leistungsbezug von Jahr zu Jahr mehr durch das Budgetprinzip ersetzt, denn selbst ein Wechsel der Versicherten von Krankenkassen mit hohen zu solchen mit niedrigen mitgliederbezogenen Kopfpauschalen berechtigte die KVen – trotz der hierdurch bei unverändertem Versorgungsumfang entstehenden Honorarverluste für die KVen – nicht zu einer entsprechenden Anpassung der mitgliederbezogenen Kopfpauschalen. Der fehlende Leistungsbezug der Gesamtvergütung wiederum stand einer leistungsbezogenen Bereinigung von Leistungen entgegen.

Eine Reform der Gesamtvergütung war insofern eine logische Notwendigkeit der gesundheitspolitisch beabsichtigten Förderung des Wettbewerbs der Krankenkassen. Dieser Handlungsbedarf einerseits und die zunehmende Unzufriedenheit der Vertragsärzte mit der unsachgemäßen Budgetierung ihrer Vergütung andererseits führten zu einer Vergütungsreform in mehreren Schritten (abzulesen an der Entwicklung der §§ 85a ff und 87a ff SGB V infolge u. A. GMG (2003), GKV-WSG (2007), GKV-VSG (2012), GKV-VStG (2015)). Im Jahr 2015 vereinbarten die Gesamtvertragspartner einheitlich und gemeinsam eine regionale Eurogebührenordnung. Es gibt somit feste Preise, allerdings nur für eine für ein Jahr im Voraus definierte maximale Leistungsmenge (§ 87a SGB V). Erbringen Vertragsärzte darüber hinaus weitere Leistungen, wird die Vergütung stark abgestaffelt. Nach einem rund 15-jährigen Reformprozess der Gesamtvergütungen verfestigt sich aus vertragsärztlicher Sicht der Eindruck, dass grundsätzliche Ziele dieser Reform bis heute nicht oder nicht ausreichend umgesetzt werden konnten.

2.2.2.3 Ausgerechnet im GKV-Wettbewerbs-Stärkungsgesetz entschied sich der Gesetzgeber zu einer wettbewerbsfeindlichen Maßnahme mit erheblichen Folgen für die Entwicklungsfähigkeit des Kollektivvertrags. Mit Einführung der Euro-Gebührenordnung wurden die bis dato existierenden **kassenartenspezifischen Gesamtverträge abgelöst**. Die Parameter zur

Definition der Gesamtvergütung, d.h. die aus der Mengenbegrenzung herauszulösenden förderungswürdigen Leistungen, das Punktzahlvolumen für alle anderen Leistungen und der Punktwert sind seit 2009 kassenartenübergreifend einheitlich und gemeinsam mit der KV zu vereinbaren. Da jede Weiterentwicklung kollektivvertraglicher Vereinbarungen nunmehr einen Konsens der Krankenkassen voraussetzt, wurden die Entwicklungsmöglichkeiten innerhalb des Kollektivvertrags auf das größtmögliche Minimum reduziert.

2.2.2.4 Galt vor rund 20 Jahren noch eine strikte **Trennung zwischen der ambulanten und der stationären Versorgung**, so kann heute davon ausgegangen werden, dass diese Gliederung zumindest für Krankenhäuser nicht mehr gilt. Während bis zum WSG nur Belegärzte und persönlich ermächtigte Krankenhausärzte das Kriterium einer sektorenübergreifenden Tätigkeit erfüllten, hat die Entwicklung des SGB V zwischenzeitlich das Krankenhaus als Leistungserbringer ohne explizite sektorale Beschränkung etabliert.

Zunächst noch einmal ein Blick zurück. Im Leistungs- und Vertragsrecht der GKV hatte die Gliederung in eine ambulante und eine stationäre Versorgung das funktionale Ziel, der ambulanten Behandlung den Vorrang vor der kostenträchtigeren stationären Behandlung zu geben. Obwohl dieses Vorrangprinzip in § 39 SGB V noch vorhanden ist, kann dessen praktische Bedeutung heute durchaus in Frage gestellt werden. Während noch bis 1973 für stationäre Aufenthalte eine Genehmigungspflicht durch die Krankenkasse galt, wurde durch das Leistungsverbesserungs-Gesetz den Krankenhäusern selbst die Kompetenz zugewiesen, über die Notwendigkeit einer stationären Aufnahme zu entscheiden. Ein steigender nachgehender Prüfaufwand durch den Medizinischen Dienst der Krankenkassen sowie abgelehnte Kostenübernahmen können jedoch eine gezielte Auslastung der stationären Kapazitäten aus dem ambulanten Behandlungspotenzial nicht verhindern. In der langfristig rückläufigen Zahl von Einweisungen und einer altersstandardisiert rückläufigen Zahl von Krankenhausfällen in vielen Indikationsbereichen[4] kommt ein

---

4   Vgl. Nowossadeck E: Population aging and hospitalization for chronic disease in Germany. Dtsch Arztebl Int 2012;109(9): 151–7.

Strukturwandel in der Medizin zum Ausdruck, der von Busse und Wörz als „Ambulantisierung" bezeichnet worden ist.[5]

Die Ambulantisierung manifestiert sich auch in einer steigenden Zahl sogenannter ambulant-sensitiver Indikationen, zu deren Behandlung Krankenhausaufenthalte als weitestgehend vermeidbar und entsprechende Aufnahmen als Indikator einer verbesserungsfähigen ambulanten Versorgung interpretiert werden[6]. In mehreren Untersuchungen wurde für diese ambulant-sensitiven Krankenhausaufenthalte ein ausgeprägter Substitutionseffekt zwischen der stationären und der vertragsärztlichen Versorgung nachgewiesen[7,8,9,10].

Trotz rückläufiger Einweisungen und einem durch den medizinisch-technischen Fortschritt steigenden Substitutionspotenzial stationärer durch ambulante Behandlungen gelingt es den Krankenhäusern aber, weiterhin steigende Fallzahlen auszuweisen. Die Gründe hierfür werden nachstehend eingehend untersucht. An dieser Stelle bleibt festzuhalten, dass der Gesetzgeber den Krankenhäusern in den letzten zwei Jahrzehnten mit mindestens 15 verschiedenen Regelungen[11] sukzessive neue Möglichkeiten der ambulanten Tätigkeit eröffnet hat. Infolge der Ausgestaltung der Vergütungsregeln für Krankenhäuser ist die belegärztliche Tätigkeit hingegen zwangsläufig auf dem Rückzug (Abbildung 1). Insgesamt deutet

---

5 Busse R, Wörz M. Ausländische Erfahrungen mit ambulanten Leistungen am Krankenhaus: In Klauber J et al (Hg.) Krankenhaus-Report 2008/2009; 49–58.
6 Vgl. Sundmacher, L. et al (2015) Which hospitalisations are ambulatory care-sensitive, to what degree, and how could the rates be reduced? Results of a group consensus study with German providers Health Policy, Volume 119(11), 1415–1423.
7 Niethard F et al. Endoprothetik und Wirbelsäuleneingriffe: Uneinheitliches Versorgungsgeschehen Schäfer et al 2012 Dtsch Arztebl 2013; 110(27–28): A 1362–5.
8 Augurzky, B., T. Kopetsch und H. Schmitz (2013), What Accounts for the Regional Differences in the Utilisation of Hospitals in Germany? European Journal of Health Economics 14 (4): 615–627.
9 Sundmacher, L.; Kopetsch, T. (2015) The impact of office-based care on hospitalizations for ACSC. European Journal of Health Economics, Volume 16, Issue 4, 365–375.
10 Albrecht M, Sander M. Einsparpotenziale durch ambulant-sensitive Krankenhausfälle (ASK), Versorgungsatlas-Bericht Nr. 15/08. Berlin 2015 DOI: 10.20364/VA-15.08.
11 Leber WD, Wasem J (2016) Ambulante Krankenhausleistungen – ein Überblick, eine Trendanalyse und einige ordnungspolitische Anmerkungen. In: Klauber J et al (Hg.) Krankenhaus-Report 2016, 3–26.

sich hier eine tektonische Verschiebung der Rolle der Krankenhäuser an, die näher untersucht werden muss.

Abbildung 1: Entwicklung der Belegarztfälle 2012–2014

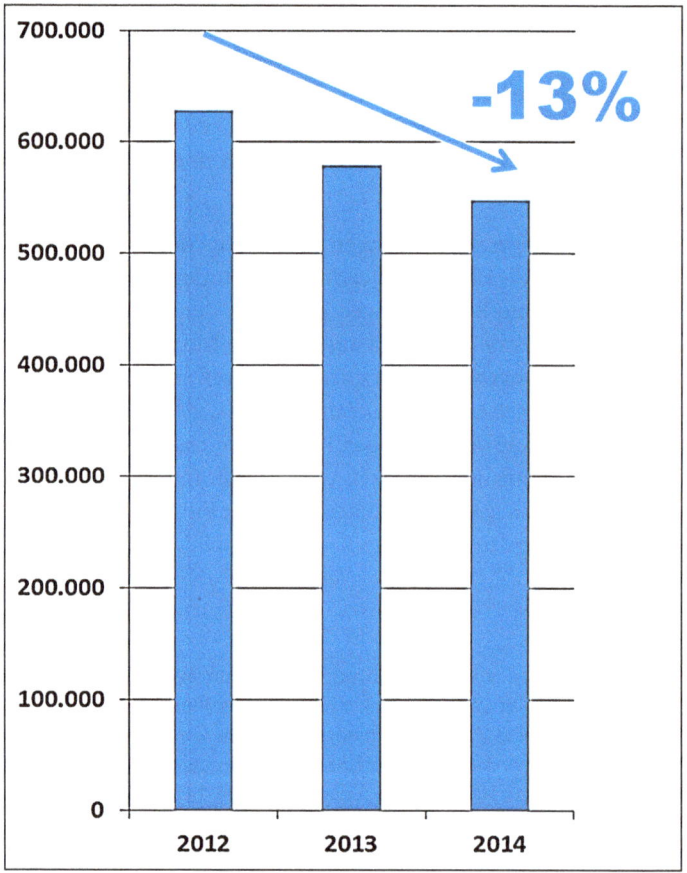

Quelle: Berechnungen des Zi auf Basis bundesweiter vertragsärztlicher Abrechnungsdaten

2.2.3 Im **Zulassungsrecht** sowie in der **Bedarfsplanung** wurden ebenfalls gravierende Änderungen vorgenommen.

2.2.3.1 **Zulassungsrecht**: Mit dem Vertragsarztrecht-Änderungsgesetz von 2007 wurden Voraussetzungen für eine Flexibilisierung der Zulassungsbedingungen geschaffen. Im Wesentlichen wurde die Teilzulassung, d.h. die Zulassung mit begrenztem zeitlichen Tätigkeitsumfang, die Möglichkeit der Kombination aus einer abhängigen Tätigkeit, etwa im Krankenhaus, und einer Teilzulassung in der vertragsärztlichen Versorgung, die Möglichkeiten der fachübergreifenden Anstellung auch in Praxen sowie die Möglichkeit des Betriebs von Zweigpraxen geschaffen.

Diese beabsichtigte Wirkung, nämlich eine größere personelle Verzahnung zwischen der ambulanten und der stationären Versorgung sowie einen Strukturwandel in der vertragsärztlichen Versorgung, weg von der Einzelpraxis hin zu größeren fachübergreifenden Praxisstrukturen zeigt sich – wie nicht anders zu erwarten – erst mit Verzögerung (Abbildung 2).

*Abbildung 2: Ärzte nach dem Teilnahmeumfang an der vertragsärztlichen Versorgung*

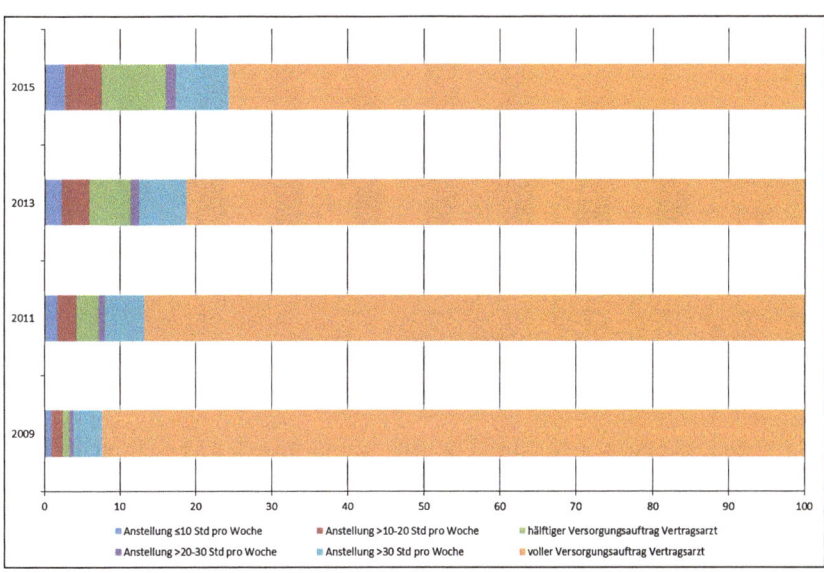

*Quelle: Darstellung des Zi auf Basis der Gesundheitsdaten der KBV*

Um einen weiteren Impuls in Richtung großer, ggf. mit dem stationären Bereich vernetzter ambulanter Versorgungsstrukturen zu setzen, wurde zeitgleich auch die Möglichkeit eröffnet, dass sogenannte Medizinische Versorgungszentren (MVZ) an der vertragsärztlichen Versorgung als juristische Personen teilnehmen. Hiermit sollte die Grundlage für einen Strukturwandel mit Konzentrationsprozessen wie etwa bei Rechtsanwälten geschaffen werden, wobei die Gründung auch anderen Heilberufen sowie Krankenhäusern offen steht. Die Übernahme frei werdender Arztsitze in MVZ wurde in der Folge vor allem von Krankenhäusern als Gestaltungselement genutzt, um Zugang zur vertragsärztlichen Versorgung zu erhalten (Abbildung 3).

*Abbildung 3: Entwicklung MVZ*

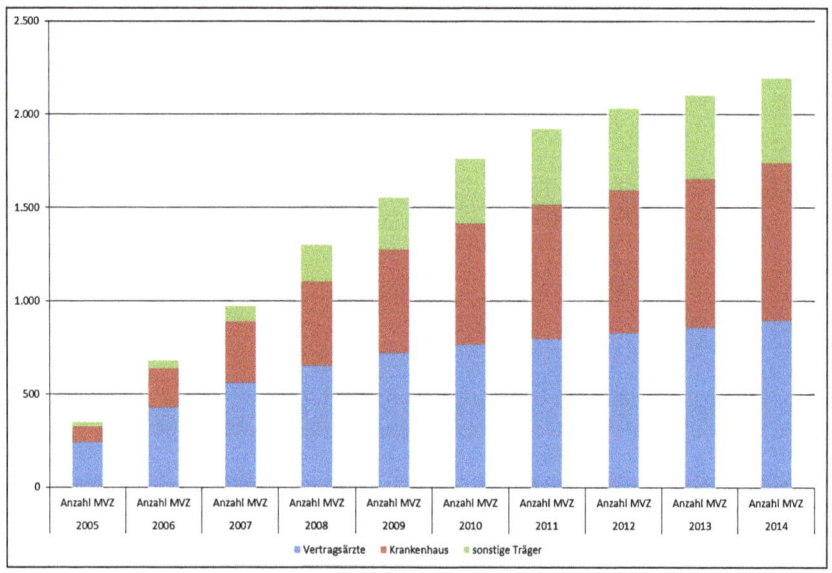

Quelle: Darstellung des Zi auf Basis der Gesundheitsdaten der KBV

2.2.3.2 **Bedarfsplanung**: Mit dem GSG 1993 wandelte sich die Funktion der Verhältniszahlen, die bis dato vor allem einer gleichmäßigen räumlichen Verteilung neu zuzulassender Vertragsärzte dienten, durch die Möglichkeit der Sperrung aller Zulassungsbezirke bei festgestellter Überversorgung ('closed-shop') in eine Steuerung der absoluten Arztzahl. Dies passte zu den Ausgabenbegrenzungsmaßnahmen (‚Grundlohnsummenorientierte Budgetierung') in der vertragsärztlichen Versorgung und entsprach dem Geist des insgesamt als ‚Spargesetz' konzipierten Reformpakets.

Diese Maßnahme war jedoch mit langfristig wirksamen Folgen verbunden, die bis heute zu spüren sind. Zum einen löste die Ankündigung von Zulassungssperren eine Niederlassungswelle aus, die ihrerseits wieder Auswirkungen auf die Vergütung je Arzt hatte. Leistung und Vergütung klafften immer weiter auseinander; regionale Unterschiede in der Vergütung entwickelten sich, die scheinbar nicht zu rechtfertigen waren.

Rund zehn Jahre später reagierte die Politik im GMG 2003 auf die Probleme und setzte zu einer weitreichenden Vergütungsreform an, die sich an den Grundsätzen „Geld folgt Leistung" und „Gleiches Geld für gleiche Leistung" orientieren sollte. Zum anderen kann die damalige Regelung aus heutiger Sicht als Mitursache für einen erschwerten Strukturwandel in der vertragsärztlichen Versorgung gesehen werden. In den seit Jahren gesperrten Regionen wurde eine regelmäßige Verjüngung der niedergelassenen Ärzte effektiv verhindert, so dass in den kommenden Jahren ein großer Teil der Praxisinhaber in den Ruhestand geht. Dieser erhebliche Nachbesetzungsbedarf in den attraktiven Zulassungsbezirken verschärft in den kommenden Jahren den Wettbewerb der Regionen um niederlassungswillige Ärzte. Zugleich fehlt vielen jungen Ärzten eine ambulante vertragsärztliche Perspektive; es bedarf aktiver Werbemaßnahmen, um junge Ärzte außerhalb von Ballungsräumen für die Niederlassung zu gewinnen.

Auf drohende Versorgungslücken insbesondere in ländlich und von Abwanderung geprägten Regionen reagiert die Politik primär mit gesteigerten Anforderungen an die Bedarfsplanung. Dies umfasst insbesondere die im VStG vorgenommene Differenzierung der Kriterien zur Bedarfsbestimmung, z. B. die Berücksichtigung der Alters-, Geschlechts- und Morbiditätsstruktur der Bevölkerung, und die Möglichkeit, auf Landesebene von den Vorgaben der Bedarfsplanungsrichtlinie des GBA abzuweichen. 2013 wird die Bedarfsplanungsrichtlinie modifiziert. Dies führt jedoch nicht generell zum Ausweis neuer Arztsitze. Im Gegenteil, die neuen Verhältniszahlen sehen in Summe sogar eine geringere Arztzahl vor als 2012; mit Ausnahme einer kleinräumigeren Planung der Arztsitze in der hausärztlichen Versorgung bleiben die Vorgaben für die regionale Verteilung weitgehend unverändert.

Bereits mit dem VSG legt die Politik mit dem Ziel einer stärkeren Umverteilung der Sitze in ländliche Regionen nach. Dies soll durch die Einführung eines Gebots erreicht werden, gemäß dem die Zulassungsausschüsse die für die Versorgung in überversorgten Planungsbereichen (oberhalb eines Versorgungsgrades von 140 %) nicht notwendigen Praxissitze nicht wieder neu besetzen sollen; die entsprechenden Praxisinhaber sind dann aus Mitteln der Gesamtvergütung durch die KVen zu entschädigen. Dieser Schritt zwingt dazu, die Bedarfsplanung erneut und grundsätzlich zu überdenken. Denn zum einen gelten nach der Bedarfsplanungsrichtlinie auch Regionen als überversorgt, in denen Bevölkerung und Kommunen eher eine drohende Unterversorgung konstatieren. Es kann somit nicht zu einer Umverteilung, sondern nur zu einem mittelfristigen Abbau der vertragsärztlichen Versorgung kommen. Betroffen wären insbesondere internistische Praxen, wobei hiermit ausgerechnet ein Bestandteil der ambulanten Versorgung getroffen würde, der in den letzten Jahren zur Vermeidung stationärer Aufnahmen beigetragen hat.

Dass die Erwartungen der Politik ohne eine modifizierte Bedarfsplanung nicht erreichbar sind, ist insofern nicht überraschend, als ein Aufkauf aller Praxissitze über einem Versorgungsgrad von 140 % nahezu zur gleichen Verhältniszahl führen würde, die bereits im Jahr 1931 galt[12] – und dies, obwohl die Anforderungen an die ambulante Versorgung seither erheblich gestiegen sind und sich die Zusammensetzung der niedergelassenen Ärzte nach Fachgruppen folglich erheblich verändert hat. Die Entwicklung der Medizin bildet sich in der vertragsärztlichen Versorgung nur durch einen stetigen Niederlassungsprozess ab, typischerweise nachdem im Bereich der klinischen Versorgung der Facharztstatus und erhebliche Erfahrung mit aktuellen Diagnose- und Behandlungsmethoden meist in einer aktuellen fachärztlichen Subspezialisierung erworben wurde. Wird dieser Niederlassungsprozess verhindert, wird auch die Kompetenzentwicklung gebremst, durch die eine effektive Ambulantisierung der Medizin erfolgen kann.

In den letzten Jahren ist aufgrund von Niederlassungssperren sowie einer schleichenden Verschlechterung der Tätigkeitsbedingungen in der vertragsärztlichen Versorgung bei gleichzeitigem Personalaufbau in den Krankenhäusern ein enormes Potenzial junger Ärzte in der stationären Versorgung herangewachsen (Tabelle 3). Dies mag eine der Triebkräfte sein, die nunmehr in Richtung einer verstärkten ambulanten Tätigkeit der Krankenhäuser drängen. Tatsächlich würden die Substitutionseffekte

---

12 So sieht § 7 der Vierten Verordnung des Reichspräsidenten zur Sicherung von Wirtschaft und Finanzen und zum Schutz des inneren Friedens vom 8. Dezember 1931, mit der die KVen geschaffen wurden, bereits eine Verhältniszahl von 600 Versicherten je Arzt vor, bei deren Überschreitung bis zum Wiedererreichen der Verhältniszahl nur noch jeder dritte Arztsitz wiederbesetzt werden konnte. Nach Berechnung des Zi würde bei vollständiger Umsetzung der Aufkaufregelung aus dem GKV-VSG (keine Wiederbesetzung von Praxissitzen bei Überschreiten der geltenden Verhältniszahl um 140 % im Planungsbereich) wieder eine Verhältniszahl von 601 für Vertragsärzte (ohne Psychotherapeuten) resultieren. Momentan liegt die Verhältniszahl für alle Vertragsärzte inkl. der rd. 9.500 ermächtigten Ärzte bei rd. 565 Versicherten je Arzt.

Gibt es einen Entwicklungspfad für die ambulante Versorgung? 83

zwischen der vertragsärztlichen und der stationären Versorgung eher für einen Ausbau der vertragsärztlichen Versorgung und Rückbau stationärer Kapazitäten sprechen.

Tabelle 3: *Entwicklung der Anzahl niedergelassener und im Krankenhaus angestellter Ärzte 2006–2014*

|      | Zahl der Ärzte | | Veränderung geg. 2006 | |
| --- | --- | --- | --- | --- |
|      | ambulant | stationär | ambulant | stationär |
| 2014 | 147.948 | 186.329 | 8,7% | 25,6% |
| 2012 | 144.058 | 174.829 | 5,8% | 17,9% |
| 2010 | 141.461 | 163.632 | 3,9% | 10,3% |
| 2008 | 138.330 | 153.799 | 1,6% | 3,7% |
| 2006 | 136.105 | 148.322 | 0,0% | 0,0% |

Quelle: KBV Gesundheitsdaten

Eine systematische Verbindung zwischen beiden Sektoren in der Planung ihrer Kapazitäten gibt es jedoch noch nicht. Bis dato existieren die Bedarfsplanung in der stationären und in der vertragsärztlichen Versorgung jeweils unabhängig voneinander. Mit einer Reihe von Maßnahmen hat der Gesetzgeber sich jedoch zunehmend selbst unter Druck gesetzt, eine systematische Weiterentwicklung in Richtung einer sektorunspezifischen Bedarfsplanung auf den Weg zu bringen: Hierzu gehören etwa die Einrichtung der Gremien nach § 90a SGB V, die Ausnahmeregelungen für MVZ im Hinblick auf die Aufkaufregelung und die Aufkaufregelung selbst, welche die Frage nach der Versorgungsnotwendigkeit von Praxen im Kontext der regionalen Versorgungsstruktur aufwirft.

2.2.4 Last not least muss der **Bereich der Gemeinsamen Selbstverwaltung** kurz beleuchtet werden. Der heute maßgeblich zur Weiterentwicklung des Leistungs- und Vertragsrechts in der GKV sektorenübergreifend zuständige Gemeinsame Bundesausschuss mit den ihm angegliederten Instituten, IQWiG und IQTiG entstammt eigentlich dem vertragsärztlichen Kollektivvertragssystem. In den vergangenen 20 Jahren wurde aus diesem ursprünglich zweiseitigen Beschlussgremium, in welchem die Spitzenverbände der Krankenkassen mit der Kassenärztlichen Bundesvereinigung insbesondere die Bewertung neuer Untersuchungs- und Behandlungsmethoden vornahmen, schrittweise eine eigenständige

Institution, welche in ihrer Bedeutung weit über den ursprünglichen Auftrag hinausgeht. Schrittweise wurden zunächst die Zahnärzte, Apotheker und Krankenhäuser sowie Patientenvertreter einbezogen und das Aufgabenspektrum auf Richtlinien zu veranlassten Leistungen, Bedarfsplanung, Definition von Disease Management Programmen und Qualitätssicherung erweitert, bis hin zur Geschäftsführung des Innovationsfonds und der Verteilung seiner Mittel. Die ursprünglich ehrenamtliche Besetzung ist einer hauptamtlichen Führung gewichen, die den einzelnen Bänken gegenüber Neutralität wahren soll. Die Existenz der Einrichtung wirkt geradezu magnetisch auf die Beleihung mit weiteren Aufgaben und tritt so perspektivisch zunehmend in Konkurrenz zum Aufgabenspektrum der Trägerorganisationen des GBA.

In ähnlicher Weise wurden auf gesetzlicher Grundlage Institute zur Weiterentwicklung der Vergütungsstrukturen für Ärzte (Institut des Bewertungsausschusses) und für Krankenhäuser (InEK) mit jeweils eigenen Zuständigkeiten etabliert, wobei deren Existenz letztlich der Notwendigkeit einer umfänglichen Datenverarbeitung und der Anwendung komplexer statistischer Methoden geschuldet ist, die im Rahmen der in Verhandlungen üblichen Gremienstrukturen nicht bearbeitet werden können. Aus der kollektivvertraglichen Struktur heraus sind somit eigenständige Institutionen entstanden, die – obgleich formal noch in Trägerschaft der Krankenkassen und ihrer Vertragspartner – eine zunehmende Eigendynamik entwickeln und sich ihrerseits als Adressat direkter Handlungsaufträge des Gesetzgebers anbieten.

## 3. Welche Entwicklungen und Herausforderungen mit besonderer Bedeutung für die ambulante Versorgung zeichnen sich ab? Welcher Handlungsbedarf besteht?

### 3.1 Annäherung an eine bedarfsgerechte Vergütung

Da sich das kollektivvertragliche System der vertragsärztlichen Versorgung aufgrund der prospektiv zu vereinbarenden Gesamtvergütung so leicht für Zwecke der Ausgabenbegrenzung heranziehen lässt, war die vertragsärztliche Versorgung Ende der 1990er Jahre – ungeachtet des noch aus dem GSG stammenden Arztzahlzuwachses und der dadurch stetig steigenden Versorgungskapazität – von einer strikten Budgetierung nach Maßgabe der Grundlohnentwicklung betroffen. Im Bereich der stationären Versorgung konnte die Budgetierung keineswegs so leicht implementiert werden, denn hier mussten und müssen die Krankenkassen gemeinsame mit jedem einzelnen Krankenhaus auf Basis der erbrachten Leistungen des Hauses verhandeln.

In der vertragsärztlichen Versorgung wurde die Budgetierung durch mitgliederbezogene Kopfpauschalen je Krankenkasse umgesetzt, die auf historischen Ausgangsbeträgen eingefroren worden waren und seither nur nach ökonomischen Vorgaben (insbesondere nach Maßgabe der beitragspflichtigen Einnahmen der Krankenkassen) weiterentwickelt wurden, nicht aber nach Gesichtspunkten einer notwendigen und angemessenen vertragsärztlichen Versorgung.

Vollzieht man die Entwicklungsschritte der mit dem GMG 2003 eingeleiteten und seither im WSG, im VStG und im VSG konkretisierten Reform nach, stellt sich die Frage, inwieweit die beabsichtigte Annäherung an eine bedarfsgerechte Vergütung gelungen ist. Ausweislich der Gesetzesbegründung insbesondere im WSG wollte sich der Gesetzgeber von der allein durch ökonomische Vorgaben dominierten Budgetierung lösen und den Versorgungsbedarf der Versicherten in dem Mittelpunkt stellen. Von Anfang an verfolgte der Gesetzgeber aber nicht die von der Ärzteseite favorisierte unbeschränkte Einzelleistungsvergütung, sondern das Prinzip der Risikoteilung zwischen Vertragsärzten und Krankenkassen, die sich auf den Versorgungsbedarf unter Zuhilfenahme objektivierender Kriterien zu einigen hatten. Formal erfolgte der wichtigste Reformschritt bereits 2003, in welchem der Gesetzgeber den von den Gesamtvertragspartnern vereinbarten Leistungsumfang als notwendige Versorgung definierte; damit wurde die Verständigung auf den Versorgungsbedarf nicht mehr unter den Primat der Einnahmenentwicklung der Krankenkassen gestellt. Zudem wurde im Gesetz selbst darauf verwiesen, dass die Vereinbarung des Leistungsumfangs sich an sachbezogenen Kriterien wie etwa der Leistungsstruktur sowie der Alters- und Risikostruktur der zu versorgenden Versicherten zu orientieren habe. Später kamen weitere konkretisierende Kriterien hinzu, etwa die Verlagerung von Leistungen aus der stationären Versorgung. Damit wurde dokumentiert, dass die möglichen Effekte auf die Beitragssatzstabilität nicht mehr als a priori einschränkende Begrenzungskriterien heranzuziehen sind.

Im WSG bekräftigte der Gesetzgeber seine Intention und forcierte die Implementierung durch Vorgaben, die insbesondere zu einer Vereinheitlichung des Punktwerts führten, während sich eine einheitliche Anwendung der Berechnung des notwendigen Leistungsumfangs aus zwei Gründen nicht umsetzen ließ: Zum einen wurde aufgrund empirischer Analysen im Laufe des Jahres 2010 erkennbar, dass berechtigte regionale Unterschiede im Versorgungsniveau durch das vorgegebene Verfahren zur Standardisierung des Behandlungsbedarfs nicht ausreichend berücksichtigt wurden. Zum anderen stellte sich in den im Jahr 2013 auf der

Grundlage des GKV-VStG aufsetzenden Verhandlungen auf Landesebene heraus, dass die rechnerisch notwendigen Anpassungen der zu vereinbarenden Leistungsmenge auch im Rahmen von Schiedsverfahren nicht gegen den Widerstand der Krankenkassen durchsetzbar waren. Die Sozialgerichte hielten nicht zuletzt aufgrund der im WSG definierten Übergangsbestimmungen unbeirrt an der in den 1990er Jahren unter dem Eindruck der Budgetierung entwickelten Rechtsprechung fest, nach der die in der Vergangenheit durch Vorgaben des Gesetzgebers zustande gekommene Vereinbarungen der Gesamtvertragspartner rechtlich als fehlerlos anzusehen sind. Somit kämen nur Änderungen in den zur Bedarfsermittlung relevanten Variablen im Verhältnis zum jeweiligen Vorjahr, nicht aber eine grundsätzliche Niveaukorrektur in Frage. Es bedürfe daher einer expliziten Aufforderung des Gesetzgebers an die Vertragspartner, von dieser ‚Jahresscheibentheorie' abzuweichen.

Für die Vertragsärzte resultiert daraus im Ergebnis eine – wenn auch gelockerte – Fortsetzung der sachfremden Budgetierung aus den 1990er Jahren. Die Lockerung besteht in der Möglichkeit, dass neben der Veränderung der Risikostruktur der Bevölkerung (Alters- und Morbiditätsstruktur) weitere Faktoren, etwa förderungswürdige Leistungen vereinbart werden können, die dann nicht mehr der Mengenbeschränkung unterliegen. Die Fortsetzung der Budgetmechanismen zeigt z. B., wenn eine KV wie Hamburg aufgrund einer intensiveren ambulanten Versorgung einen erheblichen Anteil der von den Vertragsärzten erbrachten Leistungen in der morbiditätsbedingten Gesamtvergütung (rd. 20 %) rechnerisch mit Null bewerten muss, um für die übrigen Leistungen den vereinbarten Punktwert zahlen zu können. Eine der Ursachen für diesen – gemessen am Morbiditätsniveau – überdurchschnittlich hohen Behandlungsbedarf ist die regionale Arbeitsteilung zwischen der vertragsärztlichen und der stationären Versorgung, wie in jüngeren Untersuchungen wiederholt festgestellt wurde. Aufgrund der substitutiven Wirkungsbeziehung zwischen den beiden Sektoren nehmen Versicherte mit Wohnort in Hamburg altersstandardisiert und im Vergleich zu anderen Regionen deutlich weniger Krankenhausleistungen in Anspruch.[13]

Der Gesetzgeber reagierte in der Folge im Rahmen des GKV-VSG und formulierte eine Aufforderung an die Vertragspartner, den Behandlungsbedarf mit Wirkung für 2017 auch im Niveau anzupassen, wenn die im Jahr 2014 an die KV entrichtete morbiditätsbedingte Gesamtvergütung je Versicherten die durchschnittliche morbiditätsbedingte Gesamtvergütung je Versicherten unterschritten hat und durch

---

13 Czihal T, et al (2014) Arbeitsteilung zwischen ambulanter und stationärer Versorgung (2011/2012). Versorgungsatlas-Bericht Nr. 14/05. DOI: 10.20364/VA-14.05.

die Gesamtvertragspartner festgestellt wird, dass der vereinbarte Behandlungsbedarf im Jahr 2014 unbegründet zu niedrig war. Abgesehen davon, dass diese Regelung nur durch Schiedsämter und Gerichte exekutiert werden kann, da seitens der Krankenkassen erfahrungsgemäß kein Interesse daran besteht, einen unbegründet zu niedrigen Behandlungsbedarf festzustellen, weicht der Gesetzgeber mit diesem Ansatz aber von den im WSG aufgestellten Zielsetzungen deutlich ab, denn Referenz für die Angemessenheit des Behandlungsbedarfs ist nicht mehr die Risiko- und Versorgungsstruktur in der Region, sondern – wieder – der Bundesdurchschnitt, denn als Obergrenze für eine mögliche basiswirksame Anpassung des Behandlungsbedarfs aus dem Jahr 2014 wird die durchschnittliche morbiditätsbedingte Gesamtvergütung je Versicherten des Jahres 2014 genannt. Damit verlässt der Gesetzgeber den Sachbezug zugunsten einer willkürlich und ohne Bezug zum Versorgungsbedarf festgelegten Budgetierung. Dies ist im Vergleich zur Philosophie des WSG ein deutlicher Rückschritt.

## 3.2 Wertbestimmung ärztlicher Leistungen: Selbständigkeit als Auslaufmodell?

Auf der Grundlage des WSG setzt sich die Höhe der Gesamtvergütungen aus zwei Faktoren zusammen: der Menge und dem Preis. Während die Vertragspartner bei der Mengenkomponente aufgrund der o.g. Auslegung des Gesetzes im Wesentlichen nur über die jährliche Anpassung des im Vorjahr vereinbarten Behandlungsbedarfs entscheiden können, besteht bei der Preiskomponente keine gesetzliche Vorjahresanbindung. Maßgeblich sind insbesondere die Entwicklung der Betriebskosten sowie Möglichkeiten zur Ausschöpfung von Wirtschaftlichkeitsreserven.

Bei der Umsetzung dieser Vorschrift stellen sich im Konkreten viele Fragen. So z. B. ist zu entscheiden, ob die Entwicklung der Betriebskosten primär an der Veränderung der Faktorpreise oder auch am Faktoreinsatz festgemacht wird. Empirisch sind beide Parameter vergleichsweise einfach zu erheben; inwieweit Veränderungen des Faktoreinsatzes veränderte Risikoprofile, Weiterentwicklung der Medizin oder bereits Veränderungen der Wirtschaftlichkeit darstellen, bleibt bislang offen. Die Berücksichtigung der Möglichkeiten zur Ausschöpfung der Wirtschaftlichkeitsreserven stellt sich als methodisch komplexes Problem heraus. Wird die Entwicklung der Betriebskosten im Rahmen der "Jahresscheibentheorie" festgestellt, muss dieser Grundsatz auch für die Wirtschaftlichkeitsreserven gelten. Fraglich ist, inwieweit die Bewertung der Wirtschaftlichkeit nach Fachgruppen, Leistungsschwerpunkten und Regionen differenziert werden muss, um den Grundsätzen einer angemessenen Vergütung gerecht werden zu können. Eine konsentierte Konvention existiert hierfür bislang nicht. Zwischen den Parteien des Bewertungsausschusses wird darüber verhandelt, welcher Pauschalierungsgrad hierbei zulässig ist.

Die eigentliche Herausforderung für die angemessene Weiterentwicklung der vertragsärztlichen Vergütung findet sich jedoch nicht unter den gesetzlichen Kriterien. Sie resultiert letztlich aus der während der Budgetierung eingetretenen und seither nicht geschlossenen Diskrepanz zwischen Leistung und Vergütung. Über die bisher ausgebliebenen Niveauanpassungen bei den Leistungsmengen wurde die Lücke nicht geschlossen. Durch das „Einfrieren" der Leistungsmengen besteht die Lücke letztlich in der Preiskomponente fort. Denn als Prüfstein für die Angemessenheit der vertragsärztlichen Vergütung haben die Parteien des Bewertungsausschusses 2007 definiert, dass mit einer vollzeitigen Tätigkeit als Vertragsarzt durchschnittlich 52 Wochenstunden p.a.) ein Bruttoeinkommen erreicht werden soll, das einer vergleichbar qualifizierten ärztlichen Tätigkeit im Rahmen einer abhängigen Beschäftigung (Oberarzt in der stationären Versorgung) entsprechen soll. Im Jahr 2007 waren dies bei 52 Wochenstunden Arbeitszeit rd. 105.500 Euro. Aktuell (2016) liegt dieser Wert bei über 135.000 Euro; das im Hinblick auf Privateinnahmen und Arbeitszeit standardisierte rechnerische Bruttoeinkommen aufgrund vollzeitiger Versorgung von GKV-Versicherten in der vertragsärztlichen Versorgung betrug hingegen 117.100 Euro. Die Preiskomponente der vertragsärztlichen Vergütung hat sich aber nicht in gleicher Weise entwickelt. Die schwache Entwicklung der Preiskomponente, die in bestimmten Jahren nicht einmal die Geldentwertung kompensieren konnte, trägt nicht dazu bei, die selbständige vertragsärztliche Tätigkeit gegenüber einer Anstellung und Vergütung gemäß Tariflohn zu erhöhen.

Das Modell der Anstellung in der vertragsärztlichen Versorgung kann auf diese Weise auch nur begrenzt gefördert werden. Eine Anstellung von Ärzten kann sich nur für Praxisinhaber rechnen, die auf diese Weise einen sehr hohen Spezialisierungsgrad mit Fokussierung auf besondere und überdurchschnittlich vergütete Leistungen realisieren. Die oben genannten Mittelwerte belegen hingegen die natürliche Begrenzung. Sobald ein Praxisinhaber als Selbständiger seinen Angestellten höhere Tariflöhne zahlen muss, als er für seine eigene Tätigkeit erhält, ist die Anstellung in der Praxis nicht auf Dauer realisierbar.

Eine finanzielle Aufwertung der Tätigkeit als selbständiger Arzt und Unternehmer wäre hingegen als Signal zur Stärkung der ambulanten Versorgung wünschenswert. Bleibt es hingegen dabei, dass der Orientierungswert jährlich im Vergleich zur Inflationsrate keine oder nur minimale reale Zuwächse erfährt, während die ärztlichen Tariflöhne in Krankenhäusern jährlich spürbar real verbessert werden, wird nicht nur die Tätigkeit des niedergelassenen Arztes sondern auch die das in Praxen investierte Kapital relativ entwertet. Hierdurch wird die Dynamik der ambulanten mittelfristig spürbar eingebremst. Dies stärkt die für Krankenkassen vergleichsweise teurere stationäre Versorgungstruktur.

## 3.3 Re-Regionalisierung oder: die (Wieder-)Entdeckung der geografischen Dimension der medizinischen Versorgung

In der Ausgestaltung der Vergütungsreform durch das WSG war – dem Grundsatz „gleiches Geld für gleiche Leistung" folgend – sowohl eine Standardisierung der Mengenkomponente, also des Behandlungsbedarfs nach der Alters-, Geschlechts- und Morbiditätsstruktur der Versicherten mit Wohnort im KV-Bereich, als auch eine Vereinheitlichung der Preiskomponente durch Einführung des Orientierungswerts vorgesehen. Während die Einführung des Orientierungswerts vom Bewertungsausschuss umgesetzt wurde, konnte sich das Gremium nicht auf eine Standardisierung des Behandlungsbedarfs einigen. Dies rührte nicht allein von den unüberbrückbaren Interessengegensätzen zwischen Verlierern und Gewinnern jeweils auf der Ärzte- und der Kassenseite des Bewertungsausschusses. Vielmehr lag im Jahr 2010 erstmals eine bundesweite Datengrundlage mit pseudonymisierten Arzt- und Versichertenbezügen vor, die es ermöglichte, die Risikostruktur der Versicherten nach dem Wohnortprinzip und die jeweilige Versorgungsintensität in der Region zu analysieren. Hierbei zeigten sich systematische Variationen: In den Ballungsräumen wurde die Inanspruchnahme vertragsärztlicher Versorgung eher unter-, in ländlichen Regionen eher überschätzt. Weitergehende Analysen zur Erklärung dieses Phänomens lieferten deutliche Hinweise sowohl auf Besonderheiten der Sozialstruktur, die u.a. durch die innerdeutsche Migration verstärkt und verfestigt werden, als auch auf Effekte der Versorgungsstruktur.[14] Auf die klaren Substitutionseffekte zwischen der vertragsärztlichen und der stationären Versorgung und deren regional unterschiedlicher Ausprägung wurde bereits hingewiesen. Hieraus ergibt sich, dass auch im Hinblick auf die Versorgungsstruktur regionale Besonderheiten existieren, die einer spezifischen Analyse bedürfen.[15,16]

---

14 Schulz M et al (2015) Korrelation zwischen räumlichen Sozialstrukturfaktoren und Indikatoren des medizinischen Versorgungsbedarfs. Das Gesundheitswesen, Ausgabe 1/2015.
15 Stillfried D, Czihal T. Finanzierung der Versorgung noch nicht bedarfsgerecht. Die Krankenversicherung 02/2011: 44–48.
16 Stillfried D, Czihal T (2015) Regionale Unterschiede in der vertragsärztlichen Vergütung – begründet oder unbegründet? Zi-Paper 6/2015; http://www.zi.de/cms/

Eine übergangslose pauschale Standardisierung des Behandlungsbedarfs allein aufgrund der Kriterien Alter, Geschlecht und Morbidität hätte vor diesem Hintergrund zu massiven Verwerfungen geführt. Insbesondere in Ballungsräumen wäre eine faktische Rationierung der ambulanten Versorgung die Folge gewesen, verbunden mit dem ineffizienten Anreiz einer vermehrten stationären Inanspruchnahme. In ländlichen Regionen hingegen, hätte ohne eine Anpassung der Versorgungsstrukturen ein erheblicher Teil des Behandlungsbedarfs nicht abgerufen werden können. Im VStG entschied sich der Gesetzgeber daher, wieder den Gesamtvertragspartnern die Kompetenz zur Weiterentwicklung des Behandlungsbedarfs zu übertragen. Die Rolle der Bundesebene wurde auf die Vereinbarung von Empfehlungen und auf Monitoring- bzw. Berichtsaufgaben reduziert.

Unterstützt wird die Rückbesinnung auf die regionale Gestaltungsverantwortung dadurch, dass Deutschland im Zuge des demografischen Wandels in sich heterogener wird. Hervorzuheben sind insbesondere die innerdeutsche Migration und die hiermit verbundenen Veränderungen der wirtschaftlichen und sozialen Rahmenbedingungen. Folgt man den Bevölkerungsvorausberechnungen des BBSR, dann fokussiert sich die innerdeutsche Migration in den kommenden 15 bis 20 Jahren auf fünf bis sechs Ballungsräume, während sich die ländlichen Räume überall, vor allem aber in den neuen Bundesländern spürbar entleeren. Somit entwickeln sich auch die sozioökonomischen Rahmenbedingungen und mit ihnen einerseits der Versorgungsbedarf und andererseits die Voraussetzungen für den Erhalt und die Weiterentwicklung der medizinischen Versorgungsstrukturen sehr unterschiedlich. Dass hierfür vereinheitlichende Lösungen durch Entscheidungen der Gremien der gemeinsamen Selbstverwaltung auf Bundesebene gefunden werden können, die keiner weiteren Präzisierung in den Regionen bedürften, darf aufgrund der bisherigen Erfahrungen in Frage gestellt werden. Im VStG sowie im VSG wurde deshalb parallel auch die Kompetenz der Landesebene zur Weiterentwicklung der Bedarfsplanung gestärkt, um durch Abweichung von Bundesvorgaben regionalen Besonderheiten besser gerecht werden zu können. Zur wirksamen regionsspezifischen Weiterentwicklung der Versorgungs- und Vergütungsstrukturen fehlt jedoch ein gesetzlich vorgegebener finanzieller Spielraum. Ein erster Schritt in diese Richtung wurde zwar durch die Einführung des von den Gesamtvertragspartnern jeweils gemeinsam zu schaffenden Sicherstellungsfonds gemacht. Im Bereich der Vergütung bleibt jedoch die Innovation in der Wahrnehmung des Gesetzgebers eine Domäne des Selektivvertragswesens der einzelnen

---

fileadmin/images/content/PDFs_alle/ZiPaper_01-2015_Ambulante_Versorgung_Krankenh%C3%A4user_final_01.pdf.

Krankenkassen. Eine Zuweisung dieser Kompetenz an regionale Gremien fehlt bislang.

## 3.4 Ambulantisierung der Medizin und die Neudefinition der Rolle des Krankenhauses

Eine weitere Entwicklung spricht für eine Stärkung regionaler Gestaltungs- und Entwicklungsverantwortung in der GKV. Unbestritten entwickelt sich die Medizin zunehmend in Richtung einer steigenden ambulanten Behandlungskompetenz. Neue technische und risikoärmere Verfahren, neue Wirkstoffe und die mit der zunehmenden Subspezialisierung der Medizin einhergehende fachliche Expertise derjenigen, die sich nach jahrelanger Tätigkeit in einem Krankenhaus als Facharzt niederlassen, führen zusammen genommen dazu, dass ein wachsender Anteil von Behandlungsanlässen, die noch vor wenigen Jahren zwingend eine stationäre Aufnahme begründeten, heute ambulant durchgeführt werden können. Hinzu kommt eine steigende Prävalenz chronisch-behandlungsbedürftiger Krankheiten, die nach erfolgreicher Behandlung eines akuten Ereignisses vor allem einer kontinuierlichen ambulanten Betreuung bedürfen.

Von diesem als „Ambulantisierung" bezeichneten Prozess, von seiner weiteren Entfaltung und damit der Erschließung des ambulanten Potenzials in der stationären Versorgung verspricht sich der Sachverständigenrat Gesundheit in seinem Jahresgutachten 2012 eine Minderung der durch den demografischen Wandel erwarteten zusätzlichen Belastung der GKV.

Art und Umfang der faktisch erreichbaren Reduktion grundsätzlich vermeidbarer Krankenhausaufenthalte hängen jedoch maßgeblich von den institutionellen Rahmenbedingungen ab. Aufgrund des Gefälles in der Vergütung ambulanter und stationärer Leistungen haben die Krankenhäuser tendenziell wenig ökonomische Anreize zu einer verstärkten ambulanten Leistungserbringung. Wesentlicher ist die substitutive Beziehung zwischen der vertragsärztlichen Versorgung und der Leistungserbringung durch Krankenhäuser. Diese ist vor allem dort sichtbar, wo die ambulante Versorgungsstruktur, insbesondere die fachärztliche Versorgung, gut entwickelt ist. Besonders ausgeprägt zeigt sich dies anhand der sogenannten ambulant-sensitiven Krankenhausaufenthalte (ASK). Hierzu werden Behandlungsanlässe gezählt, die bei guter ambulanter Betreuung nur in seltenen Ausnahmefällen oder gar nicht erforderlich sind, wie z.B. die Behandlung des Diabetes mellitus. Welche Indikationen zu den ASK gezählt werden, variiert aufgrund des medizinischen Fortschritts nach dem Zeitpunkt (je aktueller, desto umfangreicher der jeweilige Katalog) und nach der jeweiligen Versorgungslage des betreffenden Landes. Für Deutschland wurde von Sundmacher et al in einem Delphi-Prozess mit niedergelassen und stationär tätigen Ärzten im Jahr 2015 erstmals ein aktueller ASK-Katalog erstellt, der 22 Kernindikationen und auf Datenbasis 2012 rund 4,5 Mio. Krankenhausaufenthalte umfasst. Die Mitglieder des Delphi-Prozesses bewerteten die Vermeidbarkeit je Indikationsbereich. Auf dieser Basis schätzen die Autoren, dass im Mittel rund drei Viertel dieser Krankenhausaufenthalte grundsätzlich vermeidbar gewesen wären. Demnach beträgt das ambulante Potenzial im Bereich der ASK rund 27 % aller Krankenhausaufenthalte. Um dieses ambulante Potenzial zu erschließen, bedarf es struktureller und prozessualer Entwicklungsmaßnahmen. Welche dies im Einzelnen sind, hängt wiederum von der regionalen und lokalen Ausgangslage ab. Eine kartografische Darstellung der ASK-Häufigkeiten in Deutschland zeigt erhebliche regionale Unterschiede, die sich zu einem großen Teil durch systematische Einflüsse erklären lassen.[17] Neben der Qualität der ambulanten Versorgungsstruktur und der Intensität der vertragsärztlichen Versorgung spielt auch die Sozialstruktur der Bevölkerung eine erhebliche Rolle. In sozial benachteiligten Regionen, auch innerhalb der Städte, besteht eine geringere Neigung, die ambulante fachärztliche Versorgung in Anspruch zu nehmen. Häufig wird stattdessen direkt eine Notfallambulanz an einem Krankenhaus aufgesucht. So ergeben sich auffällige regionale Muster. In ländlichen Regionen sind bestimmte fachärztliche Versorgungsangebote entweder nicht vorhanden oder schlechter erreichbar, so dass Krankenhäuser einen Teil der fachärztlichen Versorgung übernehmen. Dies drückt sich in erhöhten ASK-Raten mit ärztlicher Einweisung aus. In Ballungsräumen hingegen sind zwar die ASK-Raten generell geringer; auffällig ist hier jedoch der hohe Anteil von Fällen mit dem Aufnahmeanlass Notfall. Ein hoher Prozentsatz davon geht auf Direktinanspruchnahmen zurück. Im Zuge des intensiveren Wettbewerbs der Krankenhäuser in Ballungsräumen scheint die Notaufnahme zudem eine Möglichkeit zu sein, eine höhere Auslastung der stationären Versorgung zu gewährleisten. Dies legen jedenfalls der statistische Zusammenhang und die aktive Werbung mancher Krankenhäuser in Ballungsräumen für die Direktinanspruchnahme ihrer Notfallambulanzen nahe.

In den letzten Jahren haben die Krankenhäuser den Zugang zur ambulanten Versorgung jedenfalls als strategisches Ziel formuliert, und die Gesundheitspolitik scheint dies im Interesse der Verzahnung der ambulanten und stationären Versorgung auch aufzugreifen. Angesichts der bisher beobachtbaren Neigung der

---

17 Link: http://www.versorgungsatlas.de/themen/alle-analysen-nach-datum-sortiert/?tab=6&uid=69 zu Sundmacher L et al (2015) Ein konsentierter deutscher Katalog ambulant-sensitiver Diagnosen Versorgungsatlas-Bericht Nr. 15/18. DOI: 10.20364/VA-15.18.

Krankenhäuser, einen solchen Zugang zur ambulanten Versorgung – sei es über die Gründung eigener MVZ oder die Eröffnung von Ambulanzen – auch in Richtung Auslastungsoptimierung bestehender stationärer Kapazität zu nutzen, stellt sich die Frage, ob es der Politik gelingen wird, auf diesem Wege die Ambulantisierung der Medizin im Sinne einer Effizienzsteigerung der Versorgung insgesamt voranzutreiben. Eine solche Effizienzsteigerung würde zwingend den Abbau nicht mehr benötigter stationärer Versorgungskapazitäten erfordern. Dies wiederum wird der Krankenhausplanung nur gelingen, wenn die Auslastung entsprechend rückläufig ist. Die Förderung der Ambulantisierung wird daher eine beherztere Stärkung der eigentlichen ambulanten Medizin erfordern, auf die stationäre Versorgungseinrichtungen in der Regel einfach nicht ausgerichtet sind.

## 3.5 Regionalprinzip versus Philosophie des Vertragswettbewerbs

Trotz erheblicher Veränderungen erscheint das System der vertragsärztlichen Versorgung vielen nicht dynamisch genug. Dies mag daraus resultieren, dass die gesetzlichen Änderungen zwar an vielen Punkten angreifen, letztlich aber nur zum geringeren Teil der Flexibilisierung des Systems der vertragsärztlichen Versorgung selbst dienten. Innovation und Entwicklung wurde in den vergangenen 20 Jahren – wie z. B. beim Thema Vertragswettbewerb – meist außerhalb des Kollektivvertragssystems verortet. Eine „Renovierung" des Kollektivvertragssystems selbst wurde nicht ernsthaft versucht.

Der Kraft des Faktischen folgend war in dieser Hinsicht die weitreichendste Innovation in der Rahmensetzung für die vertragsärztliche Versorgung in einer schrittweise 'Re-Regionalisierung', d. h. eine Rückübertragung der Verantwortung für Vergütung, Bedarfsplanung und Niederlassungsförderung von der Bundes- auf die Gesamtvertragspartnerebene zu sehen. Dieser Schritt folgte im VStG auf die gescheiterten Bemühungen einer sogenannten Konvergenz der Vergütungen auf Bundesebene. Zum einen wird damit anerkannt, dass regionale Besonderheiten insbesondere der Versorgungsstrukturen bestehen, die gegen eine strikte Standardisierung von Gesamtvergütungen nach Merkmalen der Versichertenstruktur (insbesondere Alters-, Geschlechts- und Morbiditätsstruktur) sprechen. Zum anderen lässt sich dahinter die Erwartung des Gesetzgebers an die KVen erkennen, für die gesetzlich versicherte Bevölkerung in ihrem Zuständigkeitsbereich ein weitreichendes Versorgungsmanagement zu übernehmen. Dieser Trend wird spätestens mit dem VStG etwa im Bereich der Niederlassungsförderung deutlich und verdrängt das in den 2000er Jahren noch maßgebliche Paradigma des Vertragswettbewerbs. Diese Tendenz zeigt sich zuletzt deutlich am VSG, welches z. B. die Aufgabe des Terminmanagements den KVen als Bestandteil ihrer

Sicherstellungsaufgaben zuweist, anstatt diese Aufgabe etwa dem Wettbewerb der Krankenkassen zu übergeben, wie es wohl Ende der 1990er Jahre der Fall gewesen wäre.

Gleichwohl kann festgehalten werden, dass eine explizite Zukunftsvision für die ambulante Regelversorgung bisher von keiner Bundesregierung als Grundlage für weitere Reformschritte formuliert wurde. Auch im Hinblick auf die fortschreitende Ambulantisierung der Medizin sucht der Gesetzgeber zunächst außerhalb des vertragsärztlichen Kollektivvertragssystems nach neuen Lösungen. So wird dem Drang und der Notwendigkeit der Krankenhäuser angesichts rückläufiger Einweisungen in die ambulante Versorgung auszuweichen, durch eine steigende Zahl von Einzelregelungen stattgegeben, so dass diese auch von Seiten der Krankenkassen nicht als Gestaltungsoptionen für Individualvereinbarungen begrüßt, sondern als „Wildwuchs gesetzlicher Regelungen"[18] bezeichnet wird.

Vor dem Hintergrund des emergenten Regionalprinzips drängt sich die Frage auf, warum der Gesetzgeber auch in diesem Bereich der eigentlichen ambulanten Versorgung nicht für eine Innovationsfähigkeit der vertragsärztlichen Versorgung selbst sorgt, etwa durch Nennung grundsätzlich von den Gesamtvertragspartnern umzusetzenden Versorgungszielen, hierfür geeigneten Öffnungsklauseln für die Gesamtvertragspartner und einer Flexibilisierung der Anforderung, dass jeweils alle Krankenkassen einheitlich und gemeinsam eine Einigung mit der KV finden müssen.

Ein Grund für die oftmals unterstellte ‚Sklerosierung' der vertragsärztlichen Versorgung dürfte einerseits der Genehmigungsvorbehalt des GBA für neue Leistungen in der vertragsärztlichen Versorgung und die bisher unbewältigte 'Großbaustelle' der Vergütungsreform sein, die zu einer Fortschreibung von Budgets geführt hat, die insbesondere in der fachärztlichen Versorgung weiterhin einen hohen Anteil faktisch unvergüteter Leistungen nach sich zieht und somit anreizvernichtend wirkt. Mindestens ebenso bedeutend ist das Fehlen einer klaren politischen Perspektive zur Förderung und zur Weiterentwicklung der ambulanten vertragsärztlichen Versorgung. Im Rahmen einer solchen politischen Perspektive müsste dem Kollektivvertragssystem auf regionaler Ebene ein expliziter Gestaltungsauftrag zu einem die Ambulantisierung unterstützenden Strukturwandel gegeben werden.

Denkbar wäre dies etwa durch eine Neukonzeption der Bedarfsplanung, in deren Rahmen auf Bundesebene grundsätzliche Ziele und Instrumente definiert und den Gesamtvertragspartnern auf regionaler Ebene die normativen

---

18  Vgl. Leber/Wasem, KH-Report 2016, a.a.O.

Entscheidungen übertragen werden, wie diese Instrumente vor dem Hintergrund der jeweiligen Versorgungssituation implementiert werden, also etwa in welchen Zeitraum und an welchen Standorten neue ambulante Strukturen gefördert werden und in welchem Umfang und Zeitrahmen dafür stationäre Kapazitäten reduziert werden können. Durch Vorgabe einheitlicher Verhältniszahlen wird sich ein solcher Strukturwandel nicht gestalten lassen. Er muss zudem begleitet werden von der Kompetenz, in den Regionen zusätzliche Mittel für Investitionen und laufende Versorgung einzusetzen, bis durch den Strukturwandel entsprechende Ressourcen frei werden. Ein Innovationsfonds wäre insofern erforderlich, der Mittel nicht für Einzelprojekte beliebiger Antragsteller, sondern zur systematischen Bewältigung des notwendigen Strukturwandels, insbesondere in den Regionen bereithält, in denen aufgrund der demografischen Entwicklung die gewünschte Weiterentwicklung ohne aktive Gestaltung und Förderung nicht zu erwarten ist.

Ein solcher Impuls, den in § 39 SGB V verankerten Grundsatz „ambulant vor stationär" zur Grundlage des notwendigen Strukturwandels in den Versorgungs- und Verwaltungsstrukturen in der GKV zu machen, würde voraussetzen, dass

1. die Gründe analysiert werden, warum Patienten insbesondere in Ballungsräumen zunehmend die Notaufnahmen als erste Anlaufstelle für ein breites Spektrum von Behandlungsanlässen aufsuchen, die aus medizinischer Sicht entsprechend dem Aufgabenspektrum der Notaufnahmen dort mehrheitlich nicht richtig verortet sind. Soweit dies im Sinne des gesetzlichen Behandlungsanspruchs der Versicherten ernst zu nehmende Gründe sind, müssen an diesen Standorten geeignete ambulante Versorgungsalternativen geschaffen werden. Die Einrichtung von Anlaufpraxen ist ein erster Schritt. Er muss jedoch begleitet sein von Steuerungsmaßnahmen, die eine parallele Inanspruchnahme der Notfallambulanzen verhindern. Zudem dürften sich Beschränkungen auf die Bereitschaftsdienstzeiten angesichts der realen Inanspruchnahmemuster als kontraproduktiv erweisen. Fraglich ist, ob perspektivisch nicht haus- und fachärztliche Versorgungszentren an einem Klinikstandort – aber nicht im ökonomischen Verbund mit dem Krankenhausträger – eine geeignete, in ländlichen Regionen vielleicht sogar eine notwendige Strukturmaßnahmen werden.
2. unabhängig von der Frage, in welchem Umfang an einem Krankenhausstandort ambulante fachärztliche Medizin erbracht wird bzw. werden soll, das künftige Verständnis von der Rolle des Krankenhauses darauf beruht, dass der Zugang zur stationären Versorgung immer eine ärztliche Einweisung erfordert, der Zugang zur Notaufnahme, etwa für Unfallopfer, hingegen mindestens auf einem Triage-System beruht, welches in der Zuständigkeit von Ärzten

implementiert werden sollte, die ausschließlich der ambulanten Versorgung verpflichtet sind bzw. keine Vorteile von der erfolgten stationären Aufnahme der Patienten haben. Vor diesem Hintergrund wäre das neue Verständnis von der Rolle des Krankenhauses architektonisch gesprochen mit dem Grundsatz zusammenzufassen: Im Erdgeschoss findet ambulante Behandlung statt, das Krankenhaus beginnt im ersten Stock, wobei die Patienten für den Aufgang eine „Eintrittskarte" benötigen.
3. das Verhältnis der Gesamtvertragspartner und der für die Krankenhausplanung zuständigen Behörden auf Landesebene neu geordnet wird. Auf der Grundlage des oben beschriebenen neuen Verständnisses von der Rolle der stationären Versorgungseinrichtungen müssen – sofern die Zuständigkeiten im Grundsatz beibehalten werden – Regeln gefunden werden, um die notwendige inhaltliche Abstimmung der Planungsperspektiven für die ambulante Versorgung insgesamt, insbesondere aber an den Krankenhausstandorten und die Kapazitätsplanung für die eigentliche stationäre Versorgung herbeizuführen. Die stationäre Kapazitätsplanung muss hierbei auch die fortschreitende Subspezialisierung, die hierdurch erforderliche räumliche, ggf. auch telemedizinische, Vernetzung zwischen Krankenhausstandorten und die Effekte auf die ärztliche Weiterbildung und deren Bedeutung für die künftig verfügbare ärztliche Kapazität berücksichtigen.

Es ist nicht vorstellbar, dass die hierfür insbesondere in ländlichen Regionen erforderlichen Koordinationsleistungen bei mangelnder Redundanz verfügbarer Kapazitäten, im Rahmen eines kassenspezifischen Vertragswettbewerbsmodells geleistet werden können. Im Wesentlichen geht es bei der Weiterentwicklung effizienter regionaler Versorgungsstrukturen um Aspekte der Daseinsvorsorge und die Schaffung von Infrastrukturleistungen. Im Wettbewerb hingegen geht es in der Regel um proprietäre Lösungen, um die Vermeidung der Beteiligung an Infrastrukturkosten, die allen Marktteilnehmern in gleicher Weise dienen, oder um die Vermeidung von Versichertenpopulationen, die in überdurchschnittlichem Umfang entsprechender Infrastrukturleistungen bedürfen.

Durch eine Stärkung des Prinzips der regionalen Verantwortung dürften zudem Lösungen für Versorgungsfragen in den Vordergrund treten, die auf einer sinnvollen Arbeitsteilung zwischen den beteiligten Einrichtungen beruhen. Hierfür können und müssen regional unterschiedliche Lösungen gefunden werden, die auf die Gegebenheiten und Persönlichkeitsstrukturen vor Ort eingehen. In Ballungsräumen kann dies auf allgemeinen Prinzipien mit lokalen Wettbewerbselementen beruhen. In ländlichen Räumen werden die konkrete Abstimmung und die Koordination von Prozessen im Vordergrund stehen. Für funktionsfähige und effiziente Versorgungsprozesse werden alle Beteiligten bereit sein, ihren Teil der Verantwortung zu übernehmen. Dies könnte ein Weg sein, die zunehmende Zersplitterung der Verantwortung in unterschiedliche Interessengruppen wieder zu reduzieren, deren Ringen um Marktanteile, Selbstdarstellung und Verteidigung von Mitgliederinteressen momentan die Gestaltung übergreifender Prozesse mindestens verlangsamt, wenn nicht unmöglich macht.

Ein Wettbewerbselement kann und sollte gleichwohl beibehalten werden: Durch die im Rahmen der Versorgungsforschung mögliche Transparenz, den überregionalen Vergleich und die Möglichkeit für die Entscheidungsträger in den Regionen vergleichende Informationen zu erhalten und zu nutzen, ist ein Wettbewerb um gute Lösungen gleichwohl nicht ausgeschlossen und sogar gewünscht.

## Literaturverzeichnis

Albrecht M, Sander M. Einsparpotenziale durch ambulant-sensitive Krankenhausfälle (ASK), Versorgungsatlas-Bericht Nr. 15/08. Berlin 2015 DOI: 10.20364/VA-15.08.

Augurzky, B., T. Kopetsch und H. Schmitz (2013), What Accounts for the Regional Differences in the Utilisation of Hospitals in Germany? European Journal of Health Economics 14 (4): 615–627.

Barmer GEK Arztreport 2016.

Busse R, Wörz M. Ausländische Erfahrungen mit ambulanten Leistungen am Krankenhaus: In Klauber J et al (Hg.) Krankenhaus-Report 2008/2009; 49–58.

Czihal T, et al (2014) Arbeitsteilung zwischen ambulanter und stationärer Versorgung (2011/2012). Versorgungsatlas-Bericht Nr. 14/05. DOI: 10.20364/VA-14.05.

Leber WD, Wasem J (2016) Ambulante Krankenhausleistungen – ein Überblick, eine Trendanalyse und einige ordnungspolitische Anmerkungen. In: Klauber J et al (Hg.) Krankenhaus-Report 2016, 3–26.

Niethard F et al. Endoprothetik und Wirbelsäuleneingriffe: Uneinheitliches Versorgungsgeschehen. Schäfer et al 2012 Dtsch Arztebl 2013; 110 (27–28): A 1362–5.

Nowossadeck E: Population aging and hospitalization for chronic disease in Germany. Dtsch Arztebl Int 2012;109(9): 151–7.

Schulz M et al (2015) Korrelation zwischen räumlichen Sozialstrukturfaktoren und Indikatoren des medizinischen Versorgungsbedarfs. Das Gesundheitswesen Ausgabe 1/2015.

Stillfried D, Czihal T. Finanzierung der Versorgung noch nicht bedarfsgerecht. Die Krankenversicherung 02/2011: 44–48.

Stillfried D, Czihal T (2015) Regionale Unterschiede in der vertragsärztlichen Vergütung – begründet oder unbegründet? Zi-Paper 6/2015; http://www.zi.de/cms/fileadmin/images/content/PDFs_alle/ZiPaper_01-2015_Ambulante_Versorgung_Krankenh%C3%A4user_final_01.pdf.

Vgl. Sundmacher, L. et al (2015) Which hospitalisations are ambulatory care-sensitive, to what degree, and how could the rates be reduced? Results of a group consensus study with German providers Health Policy, Volume 119 (11), 1415–1423.

Sundmacher, L.; Kopetsch, T. (2015) The impact of office-based care on hospitalizations for ACSC. European Journal of Health Economics, Volume 16, Issue 4, 365–375.

Link: http://www.versorgungsatlas.de/themen/alle-analysen-nach-datum-sortiert/?tab=6&uid=69 zu Sundmacher L et al (2015) Ein konsentierter deutscher Katalog ambulant-sensitiver Diagnosen Versorgungsatlas-Bericht Nr. 15/18. DOI: 10.20364/VA-15.18.

Michael Hennrich

# Der Zugang zu Arzneimittel zwischen gesellschaftlichem Anspruch und gesetzlichem Auftrag

Formulieren wir zunächst einmal den gesellschaftlichen Anspruch:
Dieser liegt in unserem System nach wie vor darin begründet, dass jeder Patient, unabhängig von seiner finanziellen Situation den Zugang zu einer flächendeckenden und qualitativ hochwertigen Versorgung mit Medikamenten bekommt. Trotz der deutlichen Ausgabenzuwächse der letzten Jahre brauchen wir uns im internationalen Vergleich nicht zu verstecken.

## Innovationen verbessern bereits die Versorgung

Besonders zu Gute kommt den vielen betroffenen Patienten dabei der Fortschritt bei der Entwicklung von Medikamenten für bisher unheilbare Erkrankungen (2/3 aller Krankheiten). Dies liegt neben der Innovationskraft der pharmazeutischen Hersteller an sich auch in der Förderung von Innovationen, -insbesondere durch Forschungsförderung, der Weiterentwicklung im Antibiotikasektor, der Diabetes und der personalisierten Medizin begründet. Auch wenn in einigen der genannten Bereiche, wie etwa bei den Antibiotika, noch Optimierungsbedarf besteht, so kann man doch feststellen, dass der Lebensalltag von betroffenen Patienten sich stark zum Besseren gewandelt hat und dies auch weiterhin der Fall sein wird.

Wichtig ist daher auch der Zugang zu diesen innovativen Produkten und das „Ankommen in der Versorgung", -und das vor allem schnell, aber auch bezahlbar.

## Innovationen müssen bezahlbar bleiben

Genau der letztgenannte Aspekt stellt unser System mittel- bis langfristig vor die größten Herausforderungen, denn unser solidarisches System der Gesundheitsfinanzierung stößt irgendwann an seine Grenzen. Innovationen müssen daher auch bezahlbar bleiben, um dauerhaft in die Versorgung zu gelangen und möglichst vielen Patienten zur Verfügung zu stehen.

Bei einer gewaltigen Vielfalt von rund 120.000 Produkten, 86.000 Artikeln und 13500 Marken existieren aber nur 2750 Wirksubstanzen. Davon machen lediglich 500 aber ganze 95% des Verkaufs aus.

Tatsache ist, dass wir auf therapeutische Alternativen angewiesen sind. Sie sind notwendig und werden von Ärzten, wie auch Patienten verlangt. Gerade bei schwerwiegenden Erkrankungen, wie beispielsweise einigen Krebsarten, fehlt es jedoch bei neuen Präparaten oftmals an umfangreicher Evidenz. Dennoch müssen und sollen behandelnde Ärzte die Möglichkeit haben, im Sinne der Therapiefreiheit, grundsätzlich im Rahmen ihres Ermessens und Fachverstandes über die aus ihrer Sicht geeigneten Behandlungs- und Therapieoptionen eigenständig zu entscheiden. Das führt logischerweise gelegentlich zu Misstrauen und Unsicherheit. Auch die Unverträglichkeit der medikamentösen Behandlung oder das Nichtanschlagen der Therapie braucht die bereits angesprochene Vielfalt in der Versorgung.

## Wie ist die Gesetzeslage

Unser reguliertes System aus Festbetragsgruppenbildung und Rabattverträgen hatte sich grundsätzlich bewährt. Kombiniert mit dem Wirtschaftlichkeitsgebot gemäß § 12 SGB V und der grundlegenden Norm des § 2 SGB V, wonach jeder Patient einen Anspruch auf Leistung hatte, konnten wir in vielen Fällen zwar Ausgabenreduktionen erzielen, ohne die Ansprüche der Patienten zu beschneiden. Bis 2011/2012 hatten wir jedoch bei den patentgeschützten Arzneimittel das Problem, dass uns die Kosten davonliefen, ohne dass sichergestellt war, dass die Versorgung mit patengeschützten Produkten einen Mehrwert für die Patienten hatte.

## Einführung des AMNOG

Aus diesen Gründen bestand gesetzgeberischer Handlungsbedarf, um unser funktionierendes Gesundheitssystem auch für die Zukunft unter sich ändernden demografischen Entwicklungen fit und leistungsfähig zu machen. Für neue Arzneimittel haben wir seitdem das System einer frühen Nutzenbewertung und der sich anschließenden Preisverhandlungen.

Dieser zweistufige AMNOG-Prozess mit dem Verfahren der frühen Nutzenbewertung durch den Gemeinsamen Bundesausschuss (G-BA) und dem nachgelagerten Verfahren zur Vereinbarung eines Erstattungsbetrages ist und bleibt aber ein lernendes System. Seit der Einführung des AMNOG im Jahre 2011 sind die entsprechenden Bestimmungen im SGB V (§§ 35a, 130b), in der Arzneimittelnutzenverordnung (AMNutzenV) und nachgelagert auch in der G-BA-Verfahrensordnung bereits mehrfach geändert und ergänzt worden um Schwachstellen und Reibungspunkte auszubessern.

Dem AMNOG lagen drei maßgebliche Ideen zugrunden, die so auch in der Gesetzesbegründung ausgeführt werden:

- Zugang zu Innovationen
- Planungs- und Rechtssicherheit für die Unternehmen
- Bezahlbarkeit

## AMNOG hat sich grundsätzlich etabliert

Das System hat sich grundsätzlich etabliert und durch die Novellierungen der letzten Jahre haben wir damit letztendlich die Reformpolitik im Arzneimittelsektor weitestgehend abgeschlossen und damit auch Rechtssicherheit für alle Beteiligten geschaffen. Meines Erachtens ist uns dieses Vorhaben ganz gut gelungen. Es gibt zwar noch vereinzelt Diskussionen über eine Positivliste und 4. Hürde, im Großen und Ganzen denke ich aber, dass es dazu nicht mehr kommen wird.

Auch das System der Rabattverträge und Festbeträge funktioniert ganz gut und bedarf zumindest keiner grundlegenden Änderungen.

## Wo besteht gesetzgeberischer Handlungsbedarf?

Irritationen kann man nur an ein paar Stellen vernehmen, wie etwa bei Umstellungen im Festbetragssystem, die nicht schnell genug bei den Ärzten ankommen (Zuzahlung in der Apotheke).

Auch müssen wir das Thema Rabattverträge und Lieferengpässe immer im Auge behalten. Lieferengpässe bei Arzneimitteln, insbesondere in den Bereichen Onkologie und Antibiotika, haben negative Auswirkungen auf den Versorgungsalltag. Lieferengpässe haben multifaktorielle Ursachen im internationalen Kontext, dem langjährige Entwicklungen im Markt und auch staatliche Eingriffe, wie etwa die Ausgestaltung von Rabattverträgen vorausgehen können. Daher kann es auch nicht die eine Maßnahme zur Verhinderung von Lieferengpässen geben. Das Bundesgesundheitsministerium und die Herstellerverbänden stehen diesbezüglich aber bereits in Kontakt.

Trotz einiger Nachbesserungen konnten wir aber alles in allem die Bezahlbarkeit unserer Gesundheitsversorgung gewährleisten und die eingeführten Regulierungen haben zu deutlichen Preisreduktionen geführt.

## Die Kostenreduktion steht nicht über allem

Erklärtes Ziel bleibt aber, dass unbenommen der unterschiedlichen Regulierungsmechanismen die Therapiefreiheit sowohl beim Arzt, als auch beim Patienten erhalten bleibt. Um die therapeutische Vielfalt zu erhalten, gibt es etwa die Aut idem Regelung oder die Möglichkeit auf pharmazeutische Bedenken zu verweisen. Zudem hat der Patient durch die Mehrkostenregelung und damit verbundene Aufpreiszahlung die Möglichkeit, grundsätzlich auch Medikamente zu erhalten, für die beispielsweise seine Krankenkasse eine günstigere Alternative, -geregelt etwa durch Selektivverträge-, vorsieht.

## Versorgung mit Innovativen Produkten

Der Kern des AMNOG ist es, grundsätzlich jedes Medikament, insbesondere Innovationen, in die Versorgung zu bringen und dem Patienten schnell zugänglich zu machen. Nach der arzneimittelrechtlichen Zulassung besteht direkt der freie Marktzutritt und die freie Preisbildung. Bereits nach zwei Monaten ist ein Präparat für die Patienten verfügbar. Das ist deutlich schneller als in Großbritannien, Spanien, Frankreich oder Italien.

Parallel in diesem Zeitraum erfolgt bereits die Frühe Nutzenbewertung und die anschließende Preisbildung. Das ist kein Tabubruch im internationalen Vergleich und auch kein Widerspruch zur arzneimittelrechtlichen Zulassung. –Denn Sicherheit, Wirksamkeit und Qualität wurden bereits mit der Zulassung bestätigt.

Allein der Mehrwert gegenüber anderen Therapieoptionen wird in der nachgelagerten Nutzenbewertung durch den GBA festgestellt, -losgelöst von der Zulassung.

Die in diesem Zusammenhang immer wieder kritisierten Abstimmungsprobleme aufgrund unterschiedlicher Voraussetzung zu Studiendesign etc. bei Zulassung und Nutzenbewertung werden zunehmend aufgelöst, denn die Optimierung der Zusammenarbeit zwischen Zulassungsbehörde und GBA ist auf dem Weg und man hat sich auf eine gemeinsame Vorgehensweise verständigt. Das ist vor allem eine Erleichterung der Planung für die Hersteller.

## Das Bewertungsverfahren

Im Großen und Ganzen stelle ich fest, dass das Bewertungsverfahren gut funktioniert und in den meisten Fällen keine Probleme verursacht. Wir haben eine vernünftige Aufgabenteilung zwischen IQWiG und G-BA, was beispielsweise an dem zunächst mit großer Aufregung wahrgenommenen neuen Wirkstoff Sofosbuvir deutlich wurde. Letztlich kam es dort doch zu einer Entscheidung, die die Grundlage für einen Verbleib dieses Präparates in der Versorgung legte.

Wichtig sind für mich aber des Weiteren vernünftige Beteiligungsrechte der Arzneimittelkommission und der Fachgesellschaften in diesem Prozess. In diesem Bereich halte ich auch eine ausreichende Beteiligung der Patienten und die Stärkung bei Verfahrensrechten für relevant. Das kann und muss nicht der Gesetzgeber lösen. Hier baue ich auf Prozessveränderungen, die durch die Selbstverwaltung angestoßen werden.

## Chronische Erkrankungen

Es bleibt aber die Frage zu klären, wie wir mit chronischen Erkrankungen und patientenrelevanten Endpunkten umgehen. Dies ist auch eine wesentliche Thematik des Pharmadialogs.

Das Problem liegt bei den Surrogatparametern, denn hier funktioniert die strenge Methodik des IQWiG nicht. Und es sollte klar sein, dass Patienten nicht zehn Jahre und mehr warten können, bis eine Überlebensevidenz bewiesen ist. Auch die Verbesserung der Lebensqualität stellt einen patientenrelevanten Endpunkt dar. Gerade bei den chronischen Erkrankungen kommt es bei der Bewertung zu Problemen, weil dort relativ häufig neuen Produkten kein Zusatznutzen zugebilligt wird und es auch zu Zuordnungsschwierigkeiten bei Multimorbidität kommt. Daher gibt es hier immer wieder Klagen von Seiten der Fachgesellschaften und Versorger.

## Insbesondere in einigen Versorgungsgebieten stößt das Bewertungssystem an seine Grenzen

1. Versorgungsgebiet Epilepsie (Zusatznutzen nur schwer darstellbar)
2. Versorgungsgebiet MS
3. Versorgungsgebiet Diabetes (Gewichtsreduktion, Senkung Blutzuckerspiegel)
4. Parkinson

## Produkte ohne (anerkannten) Zusatznutzen

Als ein Beispiel will ich den Diabeteswirkstoff Empagliflozin herausgreifen, der von der Deutschen Diabetes Gesellschaft als Durchbruch gesehen wird. Denn er senkt bei der Behandlung eines Typ-2-Diabetes nicht nur den Blutzuckerspiegel, sondern auch das Risiko für Krankheiten an Herz und Gefäßen, für die diese Patienten besonders anfällig sind, da der überschüssige Zucker Kalkablagerungen in den Blutgefäßen begünstigt.

In der neuen EMPA-REG OUTCOME-Studie hatten Patienten, die Empagliflozin erhielten, ein um 38 Prozent niedrigeres Risiko, an Herz-Kreislauferkrankungen zu sterben. Diese zusätzliche Schutzwirkung ist eine wesentliche Verbesserung für die Patienten, jedoch ist die Wirkungsweise noch nicht vollumfänglich geklärt und die neuen Studienergebnisse lagen bei der Bewertung durch den G-BA im Februar 2015 noch nicht vor.

Daher wurde bei Empagliflozin kein Zusatznutzen anerkannt. Wie häufig das Präparat bei den Patienten eingesetzt werden kann, dürfte nicht zuletzt eine Preisfrage sein, denn es ist deutlich teurer als Vergleichs-Präparate. Das Problem liegt darin begründet, dass bei fehlendem Zusatznutzen durch den G-BA, sich die Preisfindung an der wirtschaftlichsten Vergleichstherapie gemäß § 130 b Abs. 3 Satz 2 SGB V orientiert.

Da der GKV-Spitzenverband aufgrund der Bewertung aber nicht zu Zugeständnissen auf der Erstattungsseite bereit ist, droht in solchen Fällen sogar eine Marktrücknahme in Deutschland mit der Folge einer Versorgungsverschlechterung.

Eine Neubewertung ist zwar durchaus möglich. -Laut AMNOG aber erst nach einem Jahr gemäß § 35 a Abs. 5 SGB V. Das hilft hier den betroffenen Patienten nicht weiter!

Wir müssen uns also fragen, ob wir da nicht an der Evidenzschraube drehen können. Für solche Fälle brauchen wir ein wenig mehr Flexibilität im System.

Zu denken wäre hier an ein Korrekturrecht des G-BA, wobei zu klären ist, ob es dann einer gesetzlichen Klarstellung bedarf.

Auch denken wir darüber nach, das Prinzip der Preisbildung anhand der wirtschaftlichsten Alternative zu ändern.

## Produkte mit anerkanntem Zusatznutzen

Grundsätzlich läßt sich feststellen, dass die Bewertungsverfahren ganz gut laufen und in der Mehrzahl der abgeschlossenen AMNOG-Verfahren ein Zusatznutzen attestiert wurde.

Der G-BA bewertet aber nicht nur die grundlegenden Anwendungsgebiete, sondern bricht die Indikationen zusätzlich auch auf Teilpopulationen herunter. Der Trend, dass für eine Vielzahl von Subpopulationen kein Zusatznutzen festgestellt wird, hat sich in den letzten Jahren verstärkt. Und ich halte es auch für sinnvoll, sich bei der Bewertung des Nutzens eines Medikaments die einzelnen Patientengruppen anzuschauen. Die Patientensegmentierung ist deshalb auch Teil der im Rahmen der AMNOG-Prüfung einzureichenden Dossiers.

Denn beispielsweise genetische Eigenheiten, Alter, Geschlecht und Ausprägung der Krankheit können dazu führen, dass ein Medikament bei einem Patienten gut wirkt und beim anderen gar nicht oder nur unter erheblichen Nebenwirkungen. In den meisten der Verfahren werden daher durch das IQWiG (eigenständig) mehrere Subgruppen gebildet. Der G-BA übernimmt dieses sogenannte Slicing jedoch nicht immer und ist in seiner Herangehensweise zurückhaltender. Subgruppenanalysen haben aber nicht den hohen Standard klinischer Studien und haben neben anderen methodischen Ungenauigkeiten auch nicht die statistische Aussagekraft, da die Subgruppen teils sehr klein sind.

## Slicing kann zu Problemen führen

Wenn nämlich nicht mehr die grundsätzliche Evidenz der Studien und Dossiers im Fokus der Bewertung steht, sondern zu sehr auf Subgruppen abgestellt wird, kann dies zu ungewollten Ergebnissen führen.

Viel mehr kommen die daraus resultierenden Probleme aber nach dem Abschluss des Bewertungsverfahrens bei den Preisverhandlungen zum Tragen.

## Die Mischpreisproblematik

Denn hier soll schließlich ein Mischpreis gebildet werden, der die Aspekte von allen Subgruppen miteinbezieht. Die Preisfindung bzw. Preisbildung steht immer wieder in der Kritik von Seiten der Industrie.

Denn die Verordnungen für Patientengruppen mit geringem Zusatznutzen würden demnach von Krankenkassen und Kassenärztlichen Vereinigungen als „unwirtschaftlich" gebrandmarkt werden und so kaum bei den Patienten in der Versorgung ankommen. Somit erfolge eine Mengenbegrenzung, da bei den Subgruppen mit großem Zusatznutzen ja nach dem (vergleichsweise) „zu niedrigen" Erstattungspreis abgerechnet wird, bei den Subgruppen mit geringerem Zusatznutzen aber aufgrund des vergleichsweise „zu hohen" Erstattungspreises auf regionaler Ebene eine Art Mengenbegrenzung eingeführt werde.

Ich sehe diese Schwierigkeiten, wobei auch festzustellen ist, dass die konkreten Regelungen der Preisfestsetzung nicht vom Gesetzgeber entwickelt wurden.

Der darüber entbrannte Streit über die Bildung des Mischpreises hat uns als Politik jetzt schon eine Weile beschäftigt.

## Wirtschaftlichkeit des Erstattungsbetrages

Der Kern der Diskussion liegt demnach in der Wirtschaftlichkeit des Erstattungsbetrages. Die Industrie vertritt die Ansicht, dass eine Verordnung von AMNOG-Produkten immer wirtschaftlich sei, da ja der verhandelte Mischpreis explizit alle Subgruppen preislich mit eingefangen hat – die sehr gut und die weniger gut bewerteten. Diese Logik ist nachvollziehbar.

Auf der anderen Seite argumentieren die Krankenkassen, dass die Verordnung eines Arzneimittels in einer weniger gut bewerteten Subgruppe –wonach der hier gebildete Mischpreis ja zu hoch sei- eben Verstoß gegen das Wirtschaftlichkeitsgebot des § 12 SGB V sei.

Wir stehen also vor der Frage, wie dieses Problem zu lösen ist.

## Abkehr von der Mischpreislogik?

Es ist also zu fragen, ob wir vor dem Hintergrund der oben beschriebenen Probleme von der Systematik der Mischpreise Abstand nehmen und einen anderen Weg einschlagen, der uns aber sicher im Verfahren vor erhebliche Schwierigkeiten stellen wird. Eine Lösung per Regelung über Praxisbesonderheiten sehe ich nicht.

An dieser Stelle will ich nur stichworthaft mögliche Varianten aufzeigen, wie man das System der Mischpreisbildung weiterentwickeln, bzw. abändern kann:

Variante 1:
Teilweiser Erstattungsausschluss:

- Wer kann das verantworten?
- Wo wäre das zu regeln?
- Thema Zulassungsverzicht
- Nachteil für Patienten

Variante 2:
Mischpreis immer wirtschaftlich

- Sonst unterschiedliche Preise
- Einfache Regelung
- Immer Praxisbesonderheit

Variante 3:
Staffelpreise? (Überwachung, Monitoring)

- Volumensteuerung, Vertragsschluss
- Wer überwacht?
- Datenschutz?
- Möglich auch für die PKV

Sicher könnten klare Vorgaben für regionale Vereinbarungen ein guter Ansatz sein.

## Situation in der Praxis

In der Praxis führt dieser Streit nämlich zu Warnungen von Seiten der kassenärztlichen Vereinigungen vor dem Einsatz in Subgruppen ohne Zusatznutzen und auch die regionalen Vereinbarungen, wonach eine Verordnung nur bei anerkanntem Zusatznutzen erfolgen solle, trägt dazu bei, dass Innovationen teilweise nicht beim Patienten ankommen können.

Vor diesem Hintergrund ist uns auch bekannt, dass schon die bloße Gefahr einer als unwirtschaftlich definierten Verordnung bei den Ärzten zu angesprochener Zurückhaltung bei der Verordnung führt. Hier sollte unser grundlegender Ansatz der „Beratung vor Regress" auch in der Praxis ankommen, denn tatsächlich sind auch nur sehr wenige Fälle von Regressen bekannt.

## Bundesweit einheitliche Regelungen treten zurück

Durch die oben genannten unterschiedlichen Sichtweisen und Verfahren kommt es nun dazu, dass die Verordnung und der Zugang zu Innovationen für den Patienten nicht mehr im gesamten Bundesgebiet gleich sind.

Da uns Richtgrößenvolumina schon immer ein Dorn im Auge waren, haben wir im Koalitionsvertrag die Regionalisierung der Wirtschaftlichkeitsprüfungen vereinbart.

Das führt aber zu sehr unterschiedlichen Regelungen in den einzelnen Bundesländern und wird jetzt umgesetzt zu Lasten der Industrie.

Daher brauchen wir die Diskussion über Rahmenvorgaben für diese Regionalvereinbarungen:

Erforderlich sind klare Regelungen zu günstigeren Altoriginalen, AMNOG-Produkten und deren Wirtschaftlichkeit, wie auch zu Biosimilars und etwaigen Quoten.

Diese Themen hätten wir gern bereits im GKV-Versorgungsstärkungsgesetz geregelt, was aber aufgrund der zeitlichen Dichte im Gesetzgebungsverfahren nicht mehr möglich war.

Im Wesentlichen stellt sich uns die Frage, wie wir mit dem Problem umgehen, dass Produkte teilweise einen Zusatznutzen haben und teilweise nicht.

Bisher keine Rolle spielte die Kosten-Nutzenbewertung nach § 35 b SGB V. Gerade diese Erwägung stellt aber eigentlich den gesellschaftlichen, das heißt volkswirtschaftlichen Nutzen dar, würde jedoch viel Zeit in Anspruch nehmen und ist mit den derzeitigen methodologischen Anforderungen an eine klassische Evidenz nicht umsetzbar.

## Neue Wege gehen

Mit dem oben Gesagten habe ich ein paar Themen angesprochen, -neue Fragen stellen sich uns aber. Etwa das Problem, wie wir mit (meist kostenintensiven) Kombinationstherapien umgehen und wie Informationen über AMNOG-Bewertungen schneller beim Arzt ankommen. Hier wurden bereits gute Lösungsansätze entwickelt, wo aber nachjustiert werden muss. Dabei wird noch eine ganze Weile Zeit vergehen.

Johann-Magnus von Stackelberg und Anja Tebinka-Olbrich

# AMNOG: Preisinstrument und/oder Instrument der Verordnungssteuerung

## 1. Einführung

Die Arzneimittelversorgung in der Gesetzlichen Krankenversicherung (GKV) zeichnet sich durch ein Spannungsfeld zwischen der Sicherung von Qualität und Finanzierbarkeit aus. Zu den schon seit langer Zeit bewährten Steuerungsinstrumenten der Festbeträge, der Herstellerabschläge, der ärztlichen Wirtschaftlichkeitsprüfung und den Selektivvereinbarungen der Krankenkassen führte der Gesetzgeber mit dem Gesetz zur Neuordnung des Arzneimittelmarktes (AMNOG) zwei Instrumente für den neuen patentgeschützten Markt ein: Eine Nutzenbewertung durch den Gemeinsamen Bundesausschuss (G-BA) sowie darauf aufbauende Verhandlungen über einen zusatznutzenangemessenen Preis, den sogenannten Erstattungsbetrag. Dieser wird zwischen dem pharmazeutischen Unternehmen und dem GKV-Spitzenverband verhandelt.

Nach fünf Jahren lässt sich feststellen, dass der AMNOG-Prozess funktioniert (siehe auch Abbildung 1). So bestehen zum Ende des Jahres 2015 für 100 Wirkstoffe gültige Erstattungsbeträge. Mehrheitlich wurde dabei eine Einigung auf dem Verhandlungsweg erzielt. Nur bei zwölf aktuell gültigen Erstattungsbeträgen setzte die gemeinsame Schiedsstelle den Betrag fest. Seit Beginn des AMNOG haben sich pharmazeutische Unternehmer zudem in neun Fällen dazu entschieden, ihr Produkt nach Veröffentlichung des G-BA-Beschlusses, ohne Eintritt in die Erstattungsbetragsverhandlungen, aus dem Markt zurückzuziehen (sog. „opt-out"). In weiteren acht Fällen wurden Produkte nach Festsetzung des Erstattungsbetrages durch die Schiedsstelle bzw. in einem weiteren Fall trotz einvernehmlicher Einigung, aus dem Vertrieb genommen. Durchweg handelt es sich dabei um Produkte, denen der G-BA keinen Zusatznutzen zugesprochen hatte und zu denen Behandlungsalternativen auf dem deutschen Markt vorhanden sind. Versorgungslücken gab es somit zu keiner Zeit.

Durch die vorhandenen Erstattungsbeträge wurden im Jahr 2015 Einsparungen von mindestens 800 Millionen Euro erzielt. Gleichwohl ist vor dem Hintergrund neuer Vermarktungs- und Preissetzungs-strategien der pharmazeutischen Industrie eine Weiterentwicklung der bestehenden Regelungen und das Schließen von Regelungslücken dringend geboten.

*Abbildung 1: Anzahl gültiger Erstattungsbeträge und laufender Verfahren (Stand 31.12.2015)*

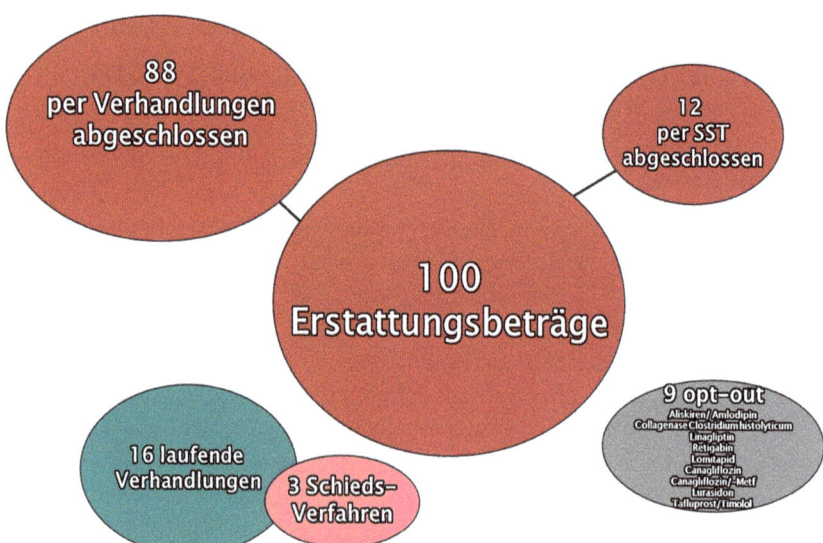

Quelle: Eigene Darstellung

## 2. Anhaltender Ausgabenanstieg

Die Entwicklung der Ausgaben für Arzneimittel, die zu Lasten der GKV abgegeben werden, kennt im Wesentlichen nur eine Richtung: Nach oben (siehe auch Abbildung 2). Eine der wenigen Ausnahmen konnte im Jahr 2011 beobachtet werden. Durch die Einführung des derzeit immer noch geltenden Preismoratoriums und die befristete Erhöhung der Herstellerabschläge bis Ende 2013 im August 2010 durch das Gesetz zur Änderung krankenversicherungsrechtlicher und anderer Vorschriften (GKV-ÄndG) fielen die Ausgaben im Gesamtjahr 2011 nach amtlicher KJ1-Statistik mit 29,1 Milliarden Euro geringer aus als im Jahr 2010, in dem sie nach KJ1-Statistik 30,3 Milliarden Euro betrugen. In den Folgejahren nahm die Dynamik der Ausgabenentwicklung dann jedoch bereits wieder zu.

Während die Ausgaben im Jahr 2012 nur etwas höher ausfielen als im Jahr 2011, wuchsen diese trotz unveränderter Geltung des Preismoratoriums und der erhöhten Herstellerabschläge im Jahr 2013 im Vergleich zum Vorjahr um 3,2 %. Ursache hierfür ist die stärkere Verbreitung hochpreisiger Arzneimittel, die sich auch in den Jahren 2014 und 2015 fortsetzt. Die Maßnahmen des GKV-ÄndG konnten das Ausgabenwachstum also nur kurzfristig stoppen.

*Abbildung 2: Ausgaben für Arzneimittel (Apotheken, Versandhandel und Sonstige)*

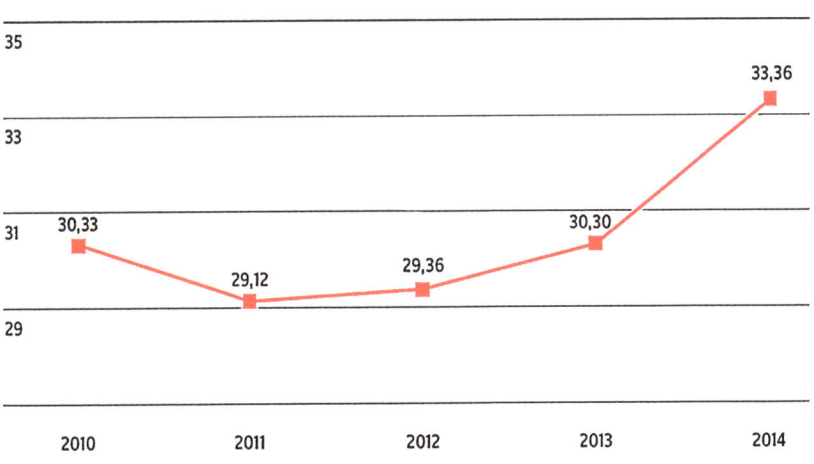

*Quelle: GKV-Spitzenverband; Amtliche Statistik KJ 1*

Vergleicht man die Arzneimittelausgaben der GKV des Jahres 2014 mit denen des Jahres 2013 so beträgt das Wachstum 10,1 % oder in absoluter Zahl knapp 3,4 Milliarden Euro. Für diesen – auch im Vergleich mit der Vergangenheit – sehr deutlichen Ausgabenanstieg gibt es mehrere Ursachen. Ein Drittel des Ausgabenwachstums lässt sich auf das Auslaufen des erhöhten Herstellerabschlags zurückführen. Hierbei handelt es sich um einen Einmaleffekt. Preissenkungen, die wegen des bestehenden Preismoratoriums und aufgrund von Festbetragsanpassungen zu beobachten sind und steigende Absatzmengen gleichen sich nach Angaben das Arzneiverordnungsreports 2015 im Gesamtmarkt in etwa aus (vgl. Schaufler, J./Telschow, C. 2015, S. 204). Das bedeutet, dass ein großer Teil des Ausgabenanstiegs auf Strukturveränderungen in den Arzneimittelverordnungen zurückzuführen ist. Insbesondere die Einführung neuer hochpreisiger Arzneimittel ist für diese Entwicklung verantwortlich. Das wohl prominenteste Beispiel stellen die neuen Arzneimittel zur Behandlung der Hepatitis C dar. Allein auf diese Arzneimittel entfielen im Jahr 2014 Mehrausgaben in Höhe von knapp 600 Millionen Euro. Weitere Beispiele für Arzneimittel, die wesentlich für Mehrausgaben verantwortlich sind, sind Arzneimittel zur Behandlung der Multiplen Sklerose und neue orale Antikoagulantia (NOAKs).

Für die Arzneimittelausgaben der GKV im Jahr 2015 liegen noch keine Zahlen für das Gesamtjahr vor. Vergleicht man die Zahlen aus der vorläufigen KV-45-Statistik für die ersten drei Quartale 2015 mit den Zahlen für den gleichen Zeitraum des Vorjahres, so beträgt das Wachstum etwas mehr als 5%. Überträgt man diese Entwicklung auf das Gesamtjahr 2015, so ist mit Arzneimittelausgaben von über 35 Milliarden Euro zu rechnen.

Der seit dem Jahr 2013 beobachtbare Trend zu neuen hochpreisigen Arzneimitteln setzt sich also auch im Jahr 2015 weiter fort. Dies ist Teil einer generellen Entwicklung. So hat sich nach Angaben des Arzneiverordnungsreports 2015 der Anteil des patentgeschützten Arzneimittelmarkts am GKV-Fertigarzneimittel-Gesamtmarkt innerhalb der letzten 20 Jahre mehr als vervierfacht. Von den 46 im Jahr 2014 neu zugelassenen Arzneimitteln mit neuen Wirkstoffen beträgt der Preis pro Packung von acht Arzneimitteln mehr als 10.000 Euro (vgl. Schaufler, J./Telschow, C. 2015, S. 238).

## 3. AMNOG als Preisinstrument durch notwendige Weiterentwicklungen stärken

Im Mittelpunkt des AMNOG steht die Sicherstellung einer zweckmäßigen, qualitativ hochwertigen und wirtschaftlichen Arzneimittelversorgung. So sollen echte Innovation im Rahmen der Nutzenbewertung identifiziert und somit von reinen Me-too-Präparaten unterschieden werden („Trennung der Spreu vom Weizen").

Bezogen auf die Preis-Verhandlungen hat der Gesetzgeber den GKV-Spitzenverband damit beauftragt, dafür zu sorgen, dass die Versorgung mit neuen patentgeschützten Arzneimitteln zu angemessenen Kosten für die GKV erfolgt. Angemessen, also fair, heißt für den GKV-Spitzenverband, dass sich die Preise der neuen Arzneimittel am Zusatznutzen für die Patienten orientieren und nicht an den Wunschvorstellungen der Unternehmen. Entscheidend ist hierbei, ob und für welche Patientengruppen die neuen Arzneimittel welchen Zusatznutzen haben („Geld folgt der Leistung").

Das AMNOG geht die Preisgestaltung der pharmazeutischen Unternehmen in Deutschland somit ernsthaft an. Gleichwohl besteht noch Weiterentwicklungsbedarf, was nicht zuletzt der starke Ausgabenanstieg im Bereich der Arzneimittel der vergangenen Jahre aufzeigt. Der GKV-Spitzenverband sieht dabei die folgenden Punkte als besonders wichtig an:

## 3.1 Geltung des Erstattungsbetrages ab Tag 1 des Markteintritts

Anders als in den meisten europäischen Ländern ist es in Deutschland pharmazeutischen Unternehmen nach wie vor erlaubt, im ersten Jahr nach Inverkehrbringen den Preis für ihr Arzneimittel frei festzusetzen. Dies kann dazu führen, dass pharmazeutische Unternehmen im ersten Jahr hohe Preise verlangen, um ihre Gewinnspanne zu maximieren und so den anschließend zu gewährenden Preisnachlass einzupreisen. Beispielsweise wurden in jüngerer Vergangenheit die Preise einiger Hepatitis C-Medikamente als deutlich überhöht bewertet (vgl. Ludwig, W. D. 2015; Korzilius, H. 2014; Bundestag 2014). Bei einer Gültigkeit des Erstattungsbetrages ab Tag 1 der Markteinführung könnten zum einen derartige strategische Preissetzungen zukünftig vermieden und zugleich eine zusätzliche Ersparnis für die Krankenkassen generiert werden. Im Jahr 2014 hätte eine solche Ersparnis bis zu 245 Millionen Euro betragen (vgl. Schaufler, J./Telschow, C. 2015, S 229 ff).

## 3.2 Nutzenbewertung von Bestandsmarktarzneimitteln unter bestimmten Voraussetzungen

Die Abschaffung der Bestandsmarktbewertung durch das 14. SGB V ÄndG im Jahr 2014 wirkt sich nachteilig sowohl auf die Behandlungsqualität als auch auf das Ausgabenniveau aus. Mit dieser Entscheidung bleibt unklar, welchen Mehrwert diese verbreitet eingesetzten Originalprodukte für die Patienten bieten. Die tagesdosisbezogenen Ausgaben sind für AMNOG-Arzneimittel nach dem Vorliegen des Verhandlungsergebnisses im Durchschnitt geringer als bei patentgeschützten Arzneimitteln, die vor dem Jahr 2011 eingeführt wurden (vgl. Schaufler, J./Telschow, C. 2015, S. 226f).

Zudem beeinflussen diese unbewerteten Produkte in vielen Indikationsgebieten auch langfristig das Preisniveau und halten es nachhaltig hoch (Multiplikatoreffekte). Dies lässt sich u. a. am Bespiel des Wirkstoffs Apremilast verdeutlichen. Alle als zweckmäßige Vergleichstherapie bestimmten Arzneimittel gehören dem Bestandsmarkt an und sind sehr hoch (sogar noch höher als Apremilast) bepreist, ohne jemals ihren Zusatznutzen für Patienten unter Beweis gestellt haben zu müssen. In der Konsequenz hätte in den Verhandlungen gemäß § 130b Abs. 3 SGB V sogar ein höherer Preis für Apremilast als der frei gewählte Einstiegspreis verhandelt werden dürfen, da selbst dieser noch unterhalb der Mondpreise der Bestandsmarktarzneimittel innerhalb der zweckmäßigen Vergleichstherapie lag. Dass hier der Bestandsmarkt als enormer Preistreiber fungierte, zeigt auch ein Blick auf die deutlich unterhalb des deutschen Preisniveaus liegenden Listenpreise von Apremilast in anderen europäischen Ländern.

Ähnlich verhält es sich bei weiteren Arzneimitteln, wie z. B. Aflibercept (Eylea®) mit der zweckmäßigen Vergleichstherapie Ranibizumab sowie Lisdexamfetamindimesilat mit der zweckmäßigen Vergleichstherapie Atomoxetin. Sollten die jetzt bewerteten neuen Arzneimittel zukünftig als zweckmäßige Vergleichstherapie für weitere AMNOG-Arzneimittel bestimmt werden oder als vergleichbare Arzneimittel in die Verhandlungen eingehen, wird das hohe Preisniveau somit dauerhaft weitergetragen, ohne je eine reale Korrelation zum Patientennutzen nachgewiesen zu haben.

Um diesen Trend abzuwenden ist es unabdingbar, Arzneimittel, die als zweckmäßige Vergleichstherapie bestimmt werden, ebenfalls bezüglich ihres Patientennutzens zu bewerten. Ein solches selektives Aufgreifen von Bestandsmarktarzneimitteln in der frühen Nutzenbewertung ist auch für neue Anwendungsgebiete von Arzneimitteln, die vor dem Jahr 2011 in den Markt kamen und auch für biotechnologische Arzneimittel, bei denen sich auch nach Patentablauf kein Wettbewerb entwickelt (vgl. von Stackelberg, J/Tebinka-Olbrich, A. 2015; Schaufler, J./Telschow, C. 2015, S. 242ff), sinnvoll. Nur so können sinnvoll zusatznutzenorientierte Preise auf ganzer Linie gewährleistet werden.

### 3.3 Ausgaben für Kombinationstherapien wirksam begrenzen

Durch die Kombination von Arzneimitteln nimmt der Kostendruck im Gesundheitssystem zu. Gerade in der Krebs-, sowie bei der Hepatitis C- und HIV-Therapie sind Kombinationsbehandlungen heute der Regelfall. Die freie Kombination mehrerer Arzneimittel erfolgt dabei sogar häufig ohne arzneimittelrechtliche Zulassung. Dabei summieren sich die jeweiligen Kosten der Monotherapien auf (vgl. Bausch, J. et al. 2015), ohne dass der Mehrwert für die Patienten belegt worden ist. Dem Gesetz des abnehmenden Grenznutzens folgend, ist wohl davon auszugehen, dass sich die Vorteile für die Patienten nicht im gleichen Maße summieren.

Auch in diesen Fällen hat das AMNOG nur eine begrenzte Reichweite: Lediglich für den Fall, dass neue patentgeschützte Arzneimittel in einem neuen Anwendungsgebiet dieser Wirkstoffe eine Kombination mit einem anderen AMNOG-Arzneimittel eingehen, kommen Nutzenbewertung und Verhandlung zur Anwendung. Das AMNOG greift aber nicht bei Kombination mit Bestandsmarktarzneimitteln. Aus Sicht des GKV-Spitzenverbandes kann die Entwicklung in diesem Bereich einzig und allein durch eine Anwendung bewährter Steuerungsinstrumente wie Herstellerabschläge und AMNOG-Verfahren adressiert werden.

## 3.4 EU-Preis-Transparenz versus Vertraulichkeit

Den tatsächlichen Abgabepreisen eines Arzneimittels in den europäischen Referenzländern kommt in den Erstattungsbetragsverhandlungen aufgrund gesetzlicher sowie rahmenvertraglicher Regelungen eine gewisse Bedeutung zu. Da es in den meisten Ländern möglich ist, die für Patienten nicht-werthaltigen Indikationen durch Erstattungsausschluss auszuklammern, im Gegensatz zur vollen Erstattungsfähigkeit in Deutschland, stellt sich die generelle Frage nach der Vergleichbarkeit der Preise zwischen den Länder. Welchen Stellenwert sollte ein hoher Preis im Ausland einnehmen, der lediglich für den Teil der Patienten mit zu erwartendem Zusatznutzen zum Tragen kommt. Aus Sicht des GKV-Spitzenverbandes werden hier schlichtweg Äpfel mit Birnen verglichen.

Darüber hinaus zeigt sich in den Erstattungsbetrags-Verhandlungen auch regelmäßig die mangelnde Bereitschaft der Hersteller, die gesetzlich und rahmenvertraglich geforderte Transparenz bzgl. der Höhe der tatsächlichen Abgabepreise herzustellen. So werden oft – zweifellos vorhandene – vertrauliche Rabatte und Großhandelsmargen in anderen Ländern verschwiegen. Auch durch diesen Umstand wird das übermittelte Preisniveau der entsprechenden Arzneimittel in den laut Rahmenvereinbarung maßgeblichen Ländern künstlich hochgehalten. Es ist schlichtweg nicht sachgerecht, dass derart verzerrte Preisangaben einen Einfluss auf den deutschen Abgabepreis ausüben sollen. Vor diesem Hintergrund muss entweder eine umfassende Transparenz bzgl. der tatsächlichen europäischen Abgabepreise hergestellt werden oder aber das Kriterium „Europäische Abgabepreise" muss per Gesetz abgeschafft werden.

In diesem Zusammenhang hört man aus der Industrie des Öfteren den Vorschlag, dass auch in Deutschland zukünftig Erstattungsbeträge vertraulich sein sollen und auch hier nur noch Listenpreise veröffentlicht werden sollten. Häufig behaupten Industrievertreter dabei noch, dass sich hierdurch sogar Einsparungen für die Allgemeinheit erzielen lassen, da schließlich höhere (geheime) Rabatte gewährt werden könnten. Was auf den ersten Blick lukrativ erscheint, da vermeintlich höhere Rabatte der pharmazeutischen Unternehmer zu erwarten sein könnten, entpuppt sich auf den zweiten Blick jedoch als Trugschluss. Hauptgrund dafür ist, dass die mit Sicherheit steigenden Listenpreise die nachgelagerte Regelungskreise (Festbeträge, Folgeerstattungsbeträge in der gleichen Indikation, Wirtschaftlichkeitssteuerung durch den Arzt, Zuzahlungen der Patientinnen und Patienten, Handelszuschläge, Umsatzsteuer, etc.) kostentreibend beeinflusst werden.

## 4. AMNOG als Instrument der Verordnungssteuerung ausbauen

Die Sicherstellung einer qualitativ hochwertigen Versorgung der Patientinnen und Patienten ist und bleibt ein zentrales Ziel des GKV-Spitzenverbandes. Erfreulicherweise steht durch die im Zuge des AMNOG etablierte Nutzenbewertung der wissenschaftlich belegte Zusatznutzen bei der Bepreisung und potenziell auch bei der Verordnung im Vordergrund.

Die umfassende Beteiligung einer Vielzahl von Experten an dem im internationalen Vergleich hochwertigen und transparenten Nutzenbewertungsverfahren garantiert einen fairen Bewertungsprozess und sorgt für eine qualitativ hochwertige Informationsquelle für die Ärzteschaft in Deutschland. Neben dem Preismonopol konnte das AMNOG somit auch das Meinungsmonopol der pharmazeutischen Industrie brechen. Hierbei ist es jedoch Grundvoraussetzung, dass die Hersteller mit Studien eine gute Datengrundlage für die Nutzenbewertung schaffen. Eine Verweigerung an dieser Stelle muss stärker problematisiert werden. Kommt ein Hersteller seiner Pflicht zur Vorlage eines Dossiers nicht nach, sollte hierfür ein Abschlag auf die Kosten der zweckmäßigen Vergleichstherapie vorgesehen werden.

Von Seiten der pharmazeutischen Industrie wird die Meinung geäußert, dass Innovationen nicht bei den Patienten ankommen würden. Allerdings zeigen v. a. (teilweise oder vollständige) Solisten eine gute Marktdurchdringung auf (z. B. Decitabin, Brenuximab, Ivacaftor oder Tafamidis). Arzneimittel, die bei chronischen Erkrankungen zum Einsatz kommen, weisen hingegen eine langsamere Marktdurchdringung auf, was auch zu erwarten war. So werden Ärzte gut eingestellte Patienten sicherlich nicht von heute auf morgen auf ein neu zugelassenes Arzneimittel umstellen. Bei Neueinstellungen können Ärzte hingegen auf die neu verfügbare Evidenz zurückgreifen, was die steigenden Absatzzahlen der bewerteten AMNOG-Arzneimittel auch erklärbar macht.

Auch wenn durch das AMNOG nun grundsätzlich mehr unabhängige Informationen frei verfügbar vorliegen, so besteht dennoch hinsichtlich der Verordnungssteuerung folgender Weiterentwicklungsbedarf.

### 4.1 Nutzenorientierte Erstattung vorantreiben

Der Zugang zu neuen Arzneimitteln erfolgt in Deutschland im europäischen Vergleich besonders früh nach der Zulassung eines neuen Arzneimittels (vgl. Busse, R. et al. 2015, S. 13ff). Unmittelbar mit der Zulassung sind die Arzneimittel für die gesamte Patientenpopulation uneingeschränkt erstattungsfähig. Auch nach der Nutzenbewertung nach § 35a SGB V und unabhängig von deren Ergebnis verbleiben die Arzneimittel vollumfänglich erstattungsfähig. Die Qualität der Versorgung für die Patienten wird somit durch den G-BA zwar in einem aufwändigen Verfahren bewertet, jedoch ergeben sich hieraus keinerlei Konsequenzen im Hinblick auf die reale Versorgung. Die Bewertung des G-BA schlägt sich derzeit lediglich bei der Preisbildung innerhalb der Erstattungsbetragsverhandlungen gemäß § 130b SGB V nieder.

Nach dem Gesetz ist für Arzneimittel ohne Zusatznutzen ein Erstattungsbetrag zu vereinbaren, der nicht zu höheren Jahrestherapiekosten führt, als die wirtschaftlichste Alternative der zweckmäßigen Vergleichstherapie. Mehrkosten ohne ein „Mehr an Nutzen" will der Gesetzgeber durch diese Regelung offensichtlich vermeiden. Anders verhält es sich mit Arzneimitteln, die der G-BA in seinen Beschlüssen in mehrere Patientengruppen mit und ohne Zusatznutzen unterteilt. Diese Differenzierung kann in den Erstattungsbeträgen – aufgrund der gesetzlichen Verpflichtung, einen einheitlichen Abgabepreis sicherzustellen – nicht adäquat abgebildet werden. Stattdessen werden Mischpreise vereinbart, die dadurch jedoch der Nutzenbewertung innerhalb einzelner Patientengruppen preislich nicht vollends Rechnung tragen können.

Durch die Anpassung der Erstattungsfähigkeit an die Ergebnisse der Nutzenbewertung bei Arzneimitteln mit gemischtem Zusatznutzen und infolgedessen einer Konzentrierung der Erstattungsfähigkeit auf die Anwendungsgebiete mit Zusatznutzen und besonderer Versorgungsbedeutung könnte eine erhebliche Qualitätssteigerung für die Patienten erreicht werden (vgl. Positionspapier des GKV-Spitzenverbandes 2014, S. 8). Der Patient erhält dann ein Medikament, wenn er nach Stand der Erkenntnisse auch einen Zusatznutzen erwarten kann. Der Patient läuft nicht Gefahr, ein Arzneimittel verordnet zu bekommen, das für ihn im Vergleich zu einem bewährten Arzneimittel ohne Mehrwert oder sogar mit einem Schaden verbunden ist.

Darüber hinaus profitieren Ärzte und Krankenkassen davon, nicht zuletzt durch eine Vereinfachung der Wirtschaftlichkeitsprüfung. Zusätzlich würde das Mengenrisiko im „Me-too"-Bereich reduziert und somit Mehrkosten ohne ein „Mehr an Nutzen" vermieden werden. Der pharmazeutische Unternehmer profitiert über den Ausschluss von nicht-werthaltigen Indikationen über dann ggf. höher ausfallende zusatznutzenorientierte Preise. Die derzeitige Gesetzeslage, welche es dem G-BA im Wesentlichen nur bei Vorliegen von Unzweckmäßigkeit ermöglicht, einen Verordnungsausschluss zu beschließen, greift zu kurz. Seit Beginn der Gültigkeit dieser Regelung im Jahr 2011 wurde noch keine einzige Verordnungseinschränkung wegen Unzweckmäßigkeit durch den G-BA beschlossen.

## 4.2 Zusatznutzenfiktion bei Arzneimitteln für seltene Leiden einschränken: Lex Glybera

Nur sehr wenige Arzneimittel gegen seltene Krankheiten (Orphan Drugs) werden dem vom Gesetzgeber fiktiv unterstellten Zusatznutzen auch tatsächlich gerecht (vgl. Pressemitteilung des GKV-Spitzenverbandes vom 21.01.2016). Zu diesem Ergebnis kommt eine Untersuchung des GKV-Spitzenverbandes aller Beschlüsse des G-BA zum Zusatznutzen neuer Arzneimittel aus den Jahren 2011 bis Mitte Dezember 2015. Danach stellte der G-BA für knapp die Hälfte der Patientengruppen (47 %) bei Arzneimitteln gegen seltene Krankheiten einen „nicht quantifizierbaren" Zusatznutzen fest. Das bedeutet: Die wissenschaftliche Datenbasis ist nicht ausreichend, um das Ausmaß des Zusatznutzens zu beurteilen. Bei Arzneimitteln ohne Orphan-Status fällte der G-BA nur für vier Prozent der Patientengruppen ein solches Urteil. In weiteren 47 % der Patientengruppen dieser neuen Orphan Drugs konnte der G-BA nur das kleinste Nutzenausmaß („gering") zusprechen. Lediglich die restlichen sechs Prozent haben das zweitbeste Votum („beträchtlich") erhalten. Als Ursache für das vergleichsweise schlechte Abschneiden von Arzneimitteln gegen seltene Leiden muss auf die stark herabgesetzten Zulassungsanforderungen verwiesen werden. Häufig werden Orphan Drugs mit der Auflage zugelassen, weitere Daten zu Nutzen und Schaden in der Versorgung, also nach einer Zulassung, zu erheben. Für die Erstbewertung des Arzneimittels durch den G-BA liegen diese Daten jedoch nicht vor. Während der G-BA bei vergleichbarer Datenlage bei einer regulären Nutzenbewertung keinen Zusatznutzen aussprechen würde, darf er das bei Orphan Drugs aufgrund des gesetzlich fiktiv unterstellten Zusatznutzens nicht. Der fiktiv unterstellte Zusatznutzen ist damit Basis für die sich anschließenden Preisverhandlungen zwischen dem pharmazeutischen Hersteller und dem GKV-Spitzenverband. Erst wenn der Umsatz eines Arzneimittels gegen seltene Krankheiten einen Umsatz von 50 Millionen Euro übersteigt, prüft der G-BA, ob der Zusatznutzen tatsächlich besteht. Diese gesetzliche Vorgabe greift auch dann, wenn Studiendaten einen Zusatznutzen nicht belegen oder es sogar Hinweise auf Schadenspotential gibt. Ein Beispiel aus jüngster Zeit ist das Arzneimittel mit dem Wirkstoff Alipogentiparvovec, eine Gentherapie zur Behandlung eines seltenen Erbgutdefekts: Während des laufenden Nutzenbewertungsverfahren wurden im Frühjahr Meldungen über ein potenziell negatives Nutzen-Risiko-Verhältnis publik. Der G-BA setzte daraufhin das Verfahren zeitweilig aus. Dennoch war er letztlich gesetzlich gezwungen, dem Arzneimittel einen Zusatznutzen auszusprechen. Der GKV-Spitzenverband hält dies für ein bedenkliches Signal an Ärzte, Patienten und Beitragszahler. Eine Rechtsänderung, die in begründeten Einzelfällen auch bei Orphan Drugs das Nutzen- und Schadenspotenzial vollständig prüft, wäre dringend notwendig.

### 4.3 Moderne Zulassungsverfahren: Prinzip Hoffnung vor Sicherheit?

Auf europäischer Ebene wird derzeit diskutiert, den Einführungsprozess von neuen Arzneimitteln deutlich zu verkürzen und dafür bisherige Zulassungsstandards für Hersteller abzusenken. Vor allem Patienten mit schweren Erkrankungen und fehlenden Therapieoptionen sollen von einem auf diese Weise herbeigeführtem früheren Zugang profitieren, argumentieren Unterstützer dieser Pläne. Es ist jedoch Vorsicht geboten: So verständlich die Hoffnung auf Heilung oder Linderung einer Krankheit durch neue Arzneimittel ist, sie darf nicht mit einer partiellen Abkehr vom Grundsatz Sicherheit als Bedingung für die Marktzulassung erkauft werden. Aus Sicht des GKV-Spitzenverbands muss dem Erhalt einer soliden wissenschaftlichen Evidenzgrundlage für die Prüfung von Wirksamkeit und Risiko von neuen Arzneimitteln vor ihrer Zulassung weiterhin oberste Priorität eingeräumt werden.

Bereits heute hat die europäische Zulassungsbehörde (EMA) mehrere Möglichkeiten, bei der Zulassung von neuen Arzneimitteln verkürzte Sonderwege (z. B. Härtefallprogramme, die eingeschränkte Marktzulassung oder die Marktzulassung unter besonderen Umständen) einzuschlagen.

Im Frühjahr 2014 hat die EMA ein Pilotprojekt gestartet, um die bestehenden Sonderwege unter einem einheitlichen Konzept einer beschleunigten Marktzulassung von Arzneimitteln trotz limitierter Datenbasis (adaptive pathways) zusammenzuführen. Die konventionellen Nachweisstandards für eine solche Zulassung würde die EMA absenken. U. a. soll gerade die für Sicherheitsfragen besonders relevante sogenannte Phase-III-Studie, also vergleichende Tests mit einer größeren Personengruppe, nicht mehr zwingend notwendig sein.

Im Gegenzug verpflichtet sich der Unternehmer, später Studien zur Sicherheit und Wirksamkeit nach der Zulassung („bedingte Zulassung") durchzuführen und den Zulassungsbehörden vorzulegen. Erfahrungen mit der Vorlage versprochener Studienergebnisse bei den sog. bedingten Zulassungen zeigen jedoch, dass es häufig zu zeitlichen oder qualitätsmindernden Abweichungen von den ursprünglichen Auflagen kommt. Es ist daher zu überlegen, Arzneimittel, für die der Unternehmer nach Ablauf der Vorlagefrist die geforderten Studien nicht vorlegt, auf ein dem Nachweisniveau angemessenes Maß zu beschränken oder in Gänze aus der Versorgung auszuschließen.

## 5. Fazit

Das AMNOG führte dazu, dass auch in Deutschland die Seite der Kostenträger bei der Bepreisung von neuen Arzneimitteln ein wesentliches Wort mitreden darf. Positiv zu bewerten ist, dass in Folge der Nutzenbewertung auch die Möglichkeit geschaffen wurde, die Qualität der Patienten-Versorgung noch weiter zu erhöhen. Die Aufgabe für die nahe Zukunft muss es nun sein, diese wertvollen Informationen des G-BA stärker qualitätsfördernd nutzbar zu machen. Dies kann vor allem im Zuge einer nutzenorientierten Erstattung erfolgen, bei der eine Erstattung auf die besonders werthaltigen Indikationen zu fairen Preisen gewährleistet wird.

Die Patientensicherheit muss dabei insgesamt stets an oberster Stelle stehen und darf weder durch Zulassungen von noch-nicht-sicher-erforschten Arzneimitteln (Stichwort: Adaptive pathways) noch ungerechtfertigten Bevorzugungen von Orphan Drugs aufs Spiel gesetzt werden. Um die Qualität der Versorgung weiter zu erhöhen und dabei gleichzeitig auch die Ausgabenentwicklung im Blick zu behalten, erfordert zudem eine konsequente Nutzenbewertung von Kombinationstherapien sowie eine Nutzenbewertung von ausgesuchten Bestandsmarktarzneimitteln. Um den Anreiz strategischer Preissetzungen der pharmazeutischen Unternehmen in Zukunft zu verringern, sollten zudem die ausverhandelten Erstattungsbeträge ab Tag 1 nach Inverkehrbringen zurückwirken. In den Verhandlungen sollte die Fairness durch eine konsequente und transparente Bereitstellung von Informationen zu den tatsächlichen europäischen Abgabepreisen hergestellt werden. Mit großer Vorsicht ist das von Industrieseite geforderte Thema „vertrauliche Erstattungsbeträge" zu betrachten. Hier muss bereits heute mitbedacht werden, dass ein derartiges Vorgehen weitreichende Auswirkungen auf eine Vielzahl weiterer Regelungskreise ausübt.

## Literaturverzeichnis

Bausch, J., Bruns, J., Kaesbach, W., Maywald, U., Schmidt, P., Ulrich, V., Wasem, J. (14.07.2015): Wirkstoffkombinationen, qualitative und monetäre Herausforderungen, Ein aktueller Diskussionsbeitrag mit konkreten Lösungsansätzen.

Busse, R., Panteli, D., Henschke, C. (2015): Arzneimittelversorgung in der GKV und 15 anderen europäischen Gesundheitssystemen, Ein systematischer Vergleich, in Working papers in health policy and management, Band 11, Universitätsverlag der TU Berlin.

Bundestag (2014): Antwort der Bundesregierung auf die Kleine Anfrage der Abgeordneten Kathrin Vogler, Sabine Zimmermann, Azize Tank, weiterer Abgeordneter und der Fraktion DIE LINKE. Die sogenannte 1000-Dollar-Pille Sovaldi. Bundestag Drucksache 18/2673.

Korzilius, H. (2014): Fragwürdige Preispolitik der Industrie. In Dt. Ärzteblatt 47 (111. Jg), S. 2056–2058.

Ludwig, W. D. (2015: Keine Fantasiepreise für neue Arzneien, in Gesundheit und Gesellschaft 5 (18. Jg.), S. 28–29.

Positionspapier des GKV-Spitzenverbandes (2014): 10 Handlungsfelder für Qualität und Finanzierbarkeit der Arzneimittelversorgung, GKV-Spitzenverband (Hrsg.), beschlossen vom Verwaltungsrat am 10. Dezember 2014.

Pressemitteilung des GKV-Spitzenverbandes (21.01.2016): Nutzen und Schaden auch bei Arzneimitteln gegen seltene Krankheiten vollständig prüfen.

Schaufler, J./Telschow, C. (2015): Ökonomische Aspekte des deutschen Arzneimittelmarktes 2014, in Schwabe, U. / Paffrath, D. (Hrsg.): Arzneiverordnungs-Report 2015, Springer-Verlag Berlin Heidelberg, S. 199ff.

von Stackelberg J./Tebinka-Olbrich A. (2015): Eine Zwischenbilanz des AMNOG aus Sicht des GKV-Spitzenverbandes, in: Wille, E. (Hrsg.): Verbesserung der Patientenversorgung durch Innovation und Qualität, 19. Bad Orber Gespräche über kontroverse Themen im Gesundheitswesen; Reihe: Allokation im marktwirtschaftlichen System – Band 71, Frankfurt am Main, Berlin, Bern, Bruxelles, New York, Oxford, Wien, S. 133ff.

Siegfried Throm

# Herausforderungen für die AMNOG-Nutzenbewertung durch neue Therapiekonzepte

Insbesondere seit der Entzifferung des menschlichen Genoms Anfang der 2000er Jahre ist eine rasche Zunahme von molekularen Erkenntnissen über Ursachen und Verlauf vieler Erkrankungen zu verzeichnen. Darauf aufbauend wird derzeit eine Fülle von neuen Therapiekonzepten erprobt. Dazu gehören

- Stammzelltherapie
- Tissue Engineering
- RNAi-Produkte
- Antisense-Moleküle und Oligonukleotide
- Personalisierte Medizin
- Gentherapie-Produkte
- Chimäre T-Zellen
- Somatische Zelltherapien
- Therapeutische Impfstoffe.

Einige Vertreter, z. B. aus der Personalisierten Medizin, sind bereits zugelassen und stehen Ärzten und Patienten zur Verfügung. Viele der neuen Therapiekonzepte stellen keine neuen Herausforderungen für die Nutzenbewertung dar, da sie sich noch in einem frühen Entwicklungsstadium befinden oder – als reine Krankenhauspräparate – nicht dem AMNOG-Verfahren unterliegen; bei einigen ist dies aber durchaus der Fall.

Zunächst soll aber auf Probleme eingegangen werden, die bereits seit einiger Zeit offenkundig sind. Diese gibt es insbesondere bei Medikamenten gegen chronische Krankheiten.

Mit der Einführung des AMNOG verfolgte die Politik folgende 3 Ziele:

1. Den Menschen müssen im Krankheitsfall die besten und wirksamsten Arzneimittel zur Verfügung stehen.
2. Die Preise und Verordnungen von Arzneimitteln müssen wirtschaftlich und kosteneffizient sein.
3. Es müssen verlässliche Rahmenbedingungen für Innovationen, die Versorgung der Versicherten und die Sicherung von Arbeitsplätzen geschaffen werden.

Zieht man eine Bilanz der in den ersten fünf Jahren durchgeführten über 184 Nutzenbewertungen und über 100 abgeschlossenen Erstattungsbetragsverhandlungen bzw. Schiedssprüchen, fällt auf, dass bisher die Hersteller rund 20 Medikamente in Deutschland entweder vom Markt genommen oder auf deren Zulassung verzichtet haben, da sich diese nicht mehr wirtschaftlich vermarkten ließen. Besonders häufig waren Diabetes-Präparate (sieben) betroffen. Hinzu kommen sechs weitere Diabetes-Medikamente, die die Firmen in Erwartung ungünstiger Nutzenbewertungen erst gar nicht in Deutschland in Verkehr gebracht haben. Dies lässt darauf schließen, dass die frühe Nutzenbewertung bei Arzneimitteln gegen chronische Krankheiten zu früh greift, da zu diesem Zeitpunkt die Ergebnisse der geforderten harten Endpunkte aus Langzeitstudien noch nicht vorliegen können.

## Präparate gegen Diabetes

Für Metformin, das Mittel erster Wahl für Patienten mit Diabetes Typ 2, konnten erst nach über zehn Jahren in einer Studie mit ursprünglich 5.000 Teilnehmern harte Endpunkte nachgewiesen werden – bei letztendlich 342 Patienten[1]. Für die weiteren als zweckmäßige Vergleichstherapie eingestuften Sulfonylharnstoffe und Insulin gibt es überhaupt keine Endpunktstudien.

Für einige Gliptine und einen GLP1-Rezeptoragonisten liegen inzwischen die Daten von drei bis sechs Jahre dauernden Sicherheitsstudien mit 5.400 bis 16.500 Teilnehmern vor, wonach diese das kardiovaskuläre Risiko gegenüber Placebo nicht erhöhen[2]. Bei einem Gliflozin dagegen wurden vor Kurzem die Ergebnisse einer Studie mit über 7.000 Teilnehmern veröffentlicht, wonach sich bei einer durchschnittlichen Beobachtungsdauer von 3,1 Jahren eine signifikante Senkung kardiovaskulärer Risiken ergab[3]. Für eine Ende 2010 gestartete Vergleichsstudie eines Gliptins mit einem Sulfonylharnstoff (6.000 Teilnehmer) werden die Ergebnisse 2018 erwartet[4]. Damit lägen auch erstmals Langzeit-Ergebnisse für einen Sulfonylharnstoff vor. Eine 2013 begonnene US-Studie mit 5.000 mit Metformin behandelten Patienten wird bis 2020 die Zusatzmedikation mit einem Sulfonylharnstoff, einem Gliptin, einem GLP1-Rezeptoragonisten oder Insulin in Bezug auf harte Endpunkte untersuchen[5].

---

1 vgl. UKPDS.
2 vgl. Green – TECOS-Studie; Scirica – SAVOR TIMI-Studie; White – EXAMINE-Studie; ELIXA-Studie.
3 vgl. Zinman – EMPA REG.
4 vgl. CAROLINA-Studie.
5 vgl. GRADE-Studie.

Daraus ergeben sich folgende Fragen bzw. Lösungsmöglichkeiten
- Sind Sulfonylharnstoffe wirklich eine „zweckmäßige Vergleichstherapie"?
- Ist eine Wartezeit von 1 Jahr bei signifikanten neuen Erkenntnissen zur Wirksamkeit im Sinne der Patienten?
- Akzeptanz von Registerdaten?
- Verträge mit einzelnen Kassen?
- Risk Sharing Verträge?

## Präparate gegen Epilepsie

Bei der Bewertung von zwei Epilepsie-Präparaten gab es Differenzen darüber, wann Patienten als „austherapiert" einzustufen sind. IQWiG/G-BA bemängelten, dass während der Studiendauer für Patienten, die trotz ihrer aktuellen Basistherapie weiterhin epileptische Anfälle erlitten, keine Möglichkeit zur Anpassung oder Veränderung ihrer antiepileptischen Therapie bestand. Die Hersteller verwiesen dagegen darauf, dass sie für den Vergleich nur solche Patienten ausgewählt hatten, deren Epilepsie-Diagnose mehr als fünf Jahre zurücklag. Nach so langer Krankheitsdauer müsse man davon ausgehen können, dass alle bisherigen Therapiemöglichkeiten ausgeschöpft seien.

Als Lösungsmöglichkeit bietet sich an, die entsprechende Fachgesellschaft einzubeziehen, um abzuklären, wann ein Patient als austherapiert einzustufen ist.

## Neue Alzheimer-Präparate

Die Alzheimer-Krankheit ist ein großes und weiter zunehmendes medizinisches, aber auch gesundheitsökonomisches Problem. Nach über 100 erfolglosen klinischen Studien wird jetzt der Einsatz neuer Wirkstoffe im frühen Stadium, d.h. viele Jahre vor der Ausbildung einer mittelschweren oder schweren Alzheimer-Erkrankung geprüft. Sollten diese positive Ergebnisse zeigen und zu einer Zulassung führen, sind folgende Probleme im Nutzenbewertungsverfahren zu erwarten:

- keine Berücksichtigung von mittelfristigen Effekten
- keine Berücksichtigung von Einsparungen bei Krankenhauseinweisungen und Pflegekosten

Lösungsmöglichkeiten bestehen in einer Erweiterung der bisher sehr eng gefassten Perspektiven und in der Akzeptanz der Evidenz aus Studien mit genetisch bedingter rasch progredienter Alzheimer-Erkrankung.

## Neue Lipidsenker: PCKS9-Inhibitoren

Etwa ein Drittel der Patienten mit zu hohem Cholesterolspiegel können mit den bisher verfügbaren Therapien wegen Unverträglichkeit oder Kontraindikation überhaupt nicht oder wegen nicht ausreichender Wirksamkeit nicht adäquat eingestellt werden. Hinzu kommen Patienten mit sehr hohen Cholesterolspiegeln aufgrund einer ererbten familiären Stoffwechselstörung. 2015 erfolgten erste Zulassungen für so genannte PCKS9-Inhibitoren; diese hemmen ein Enzym, das die Rezeptoren ausschaltet, die zu einer Senkung der Blutfettwerte beitragen. Dieses Wirkprinzip beruht auf der durch Studien abgesicherten Beobachtung, dass Menschen mit niedrigen Cholesterolwerten aufgrund von Mutationen („loss of function") im Gen für das Enzym PCKS9 ein signifikant geringeres Risiko für die Entwicklung von Herz-Kreislauf-Krankheiten haben[6]. Die Zulassungen beruhen auf der signifikanten Senkung erhöhter Cholesterolspiegel. Studienergebnisse zu harten Endpunkten mit rund 18.000 bzw. mit über 27.000 Teilnehmern sind nach 5jähriger Laufzeit Ende 2017 bzw. Anfang 2018 zu erwarten. Für die homozygote familiäre Hypercholesterolämie hat die europäische Zulassungsbehörde (EMA) bestätigt, dass eine Endpunktstudie wegen deren Seltenheit nicht möglich ist[7].

Als Lösungsmöglichkeit sollte bei der Nutzenbewertung die Loss-of-Function-Evidenz zumindest als Anhaltspunkt für einen Zusatznutzen gewertet werden, bis die Ergebnisse der Outcome-Studie vorliegen.

## Gentherapie-Produkte

Auch bei Gentherapie-Produkten greift der übliche Zeithorizont Einbeziehung von Effekten von einem Jahr im AMNOG zu kurz. Solche Therapien werden einmalig verabreicht und sind viele Jahre, eventuell sogar lebenslang wirksam.

Aufgrund dieser Langzeitwirksamkeit und im Hinblick auf deren zunächst sicher hoch erscheinenden Kosten wären neue Modelle für die Erstattung zu überlegen, z. B. jährliche Ratenzahlungen oder Risk-Sharing-Verträge mit Beendigung der Zahlungen, wenn die Wirksamkeit nicht mehr gegeben ist.

## Arzneimittel für Kinder

Pädiatrische Entwicklungspläne (PIP) sind für ein Arzneimittel obligatorisch, es sei denn

---

6  vgl. Benn.
7  vgl. EPAR für Evolocumab.

- die Krankheit kommt bei Minderjährigen nicht vor
- Studien sind mit einer Altersgruppe nicht möglich
- das Arzneimittel ist vermutlich nicht sicher für eine Altersgruppe, oder
- das Arzneimittel bietet für Minderjährige gegenüber bereits zugelassenen Präparaten keinen signifikanten medizinischen Nutzen. („significant therapeutic benefit)[8].

Das jeweilige Studienprogramm muss mit dem Kinderarzneimittel-Ausschuss (PDCO) und der europäischen Zulassungsbehörde EMA abgestimmt werden; jede Änderung muss beantragt und genehmigt werden. Aus ethischen Gründen sind Kinderstudien auf das unbedingt nötige Maß zu beschränken. Daher sind in einigen Fällen Extrapolationen bzw. Modellierungen vorgesehen.

Hier sollte eine abweichende zweckmäßige Vergleichstherapie möglich/erlaubt sein und Extrapolation muss akzeptiert werden.

## Adaptive Pathway-Konzept

Das Adaptive Pathway-Konzept der EMA[9] beinhaltet die Option, dass der Hersteller für ein neues Medikament zunächst Studien mit solchen Patientengruppen durchführt, für die der höchste medizinische Bedarf besteht, und nach deren erfolgreichem Abschluss für diese Patientengruppen eine Zulassung beantragt. Nach Erteilung dieser ersten Zulassung wird später auf Basis weiterer Studien die Zulassungserweiterung auf größere Patientengruppen angestrebt. Dieses Vorgehen erfolgt innerhalb des bestehenden EU-Gesetzesrahmens für Arzneimittel. Hierbei werden existierende Instrumente wie wissenschaftliche Beratung (Scientific Advice), paralleler HTA/EMA Scientific Advice und Zulassung mit Auflagen (conditional approval) systematischer genutzt unter Einbeziehung von Antragstellern, Regulatoren, Bewertungsagenturen (HTA), Kostenträgern, Ärzten und Patienten. Dies ist ohne Mitwirkung von HTA-Agenturen und Kostenträgern nicht zu realisieren und wird derzeit in einem Innovative Medicines Initiative-Projekt verfolgt. Dabei sind gemeinsame Vereinbarungen von Anforderungen, Entwicklungsschritten und stufenweiser Einführung sowie Aufklärung und Training vorgesehen, um dieses Konzept in der Praxis zunächst in einem Pilotprojekt zu erproben.

Herausforderungen für dieses Konzept sind die Formulierung/ Festlegung von Kriterien für „substantieller Fortschritt" für Patienten in Bereichen mit hohem

---

8   vgl. Regulation (EC) No 1901/2006.
9   vgl. Adaptive Pathway Konzept.

medizinischen Bedarf ebenso wie das Risikomanagement. Die Interessen von Patienten, Ärzten und Kostenträgern müssen in Einklang gebracht werden, wobei in der Einführungsperiode eine Verschreibung nur innerhalb eines strikten Rahmens möglich sein soll. Weitere zu klärende Fragen sind:

- Welche Reihenfolge der Indikationen?
- Welche konfirmatorischen Daten – was wird gesammelt? Wie lange?
- Erstattung? Risk sharing-Ansätze für den Fall, dass sich der erwartete Nutzen nicht bestätigen lassen sollte?
- Unterlagenschutz/Patentlaufzeit – Auswirkungen auf den Return on Investment?

Das Konzept „Adaptive Pathways" sollte daher keine besonderen Herausforderungen darstellen, da es sich lediglich bereits vorhandener und bisher schon genutzter Instrumente bedient.

Letztlich ist es im Interesse der Patienten, bei hohem medizinischen Bedarf frühzeitig Zugang zu neuen Therapiemöglichkeiten zu haben, statt auf Off-Label/Compassionate Use oder gar auf ungeprüfte Heilsversprechen im Internet Rückgriff nehmen zu müssen.

## Literaturverzeichnis

Adaptive Pathway Konzept der Europäischen Zulassungsbehörde (EMA) http://www.ema.europa.eu/ema/index.jsp?curl=pages/regulation/general/general_content_000601.jsp&mid=WC0b01ac05807d58ce.

Benn M, Nordestgaard BG, Grande P, Schnohr P, Tybjaerg-Hansen A. PCSK9 R46L, low-density lipoprotein cholesterol levels, and risk of ischemic heart disease. 3 independent studies and meta-analyses. J Am Coll Cardiol. 2010:55:2833–2842.

CAROLINA-Studie auf Clinicaltrials: Cardiovascular Outcome Study of Linagliptin Versus Glimepiride in Patients With Type 2 Diabetes https://clinicaltrials.gov/ct2/show/NCT01243424.

EPAR für Evolocumab (Repatha), S. 21 http://www.ema.europa.eu/docs/en_GB/document_library/EPAR_-_Public_assessment_report/human/003766/WC500191400.pdf.

European Society of Cardiology (31.08.2015): ELIXA Trial Shows CV Safety of Lixisenatide; http://www.escardio.org/The-ESC/Press-Office/Press-releases/Last-5-years/elixa-trial-shows-cv-safety-of-lixisenatide.

Glycemia Reduction Approaches in Diabetes: A Comparative Effectiveness Study https://portal.bsc.gwu.edu/web/grade (GRADE-Studie).

Green JB, Bethel A, Armstrong PW, et al. (2015): Effect of sitagliptin on cardiovascular outcomes in type 2 diabetes. N Engl J Med. 2015. DOI: 10.1056/NEJMoa1501352; (TECOS-Studie).

Regulation (EC) No 1901/2006 of the European Parliament and of the Council of 12 December 2006 on medicinal products for paediatric use http://ec.europa.eu/health/files/eudralex/vol-1/reg_2006_1901/reg_2006_1901_en.pdf.

Scirica BM, Bhatt DL, Braunwald E, et al; for the SAVOR-TIMI 53 Steering Committee and Investigators. Saxagliptin and cardiovascular outcomes in patients with type 2 diabetes mellitus. N Engl J Med. 2013; 369(14):1317–1326. (SAVOR TIMI-Studie).

UK Prospective Diabetes Study: https://www.dtu.ox.ac.uk/ukpds/.

White WB, Cannon CP, Heller SR et al. (2013): Alogliptin after Acute Coronary Syndrome in Patients with Type 2 Diabetes, N Engl J Med 2013; 369:1327–1335, October 3, 2013 DOI: 10.1056/NEJMoa1305889 (EXAMINE-Studie).

Zinman B, Wanner C, Lachin JM et al.: Empagliflozin, Cardiovascular Outcomes, and Mortality in Type 2 Diabetes, N Engl J Med 2015; 373:2117–2128 (EMPA REG-Studie).

Dieter Cassel und Volker Ulrich

# Das AMNOG auf dem gesundheitsökonomischen Prüfstand

## 1. Einleitung

Durch das im Jahr 2011 eingeführte Arzneimittelmarktneuordnungsgesetz (AMNOG) werden Arzneimittel-Innovationen (AMI) unmittelbar nach der Markteinführung einer frühen Nutzenbewertung (FNB) und darauf aufbauend einer vertraglichen oder schiedsgerichtlichen Preisfindung in Form eines Erstattungsbetrages (EB) unterzogen. Nach fünf Jahren Praxis ist eine Zwischenbilanz im Sinne einer wissenschaftlichen Politikkontrolle möglich und nötig. Ausgehend von den Prämissen, die dem Gesetz im Jahr 2010/11 zugrunde lagen, gilt es zu prüfen, welche Folgen das AMNOG für die Krankenkassen und Arzneimittelhersteller sowie für die Versorgung der Patienten mit innovativen Präparaten bislang hatte und noch zu erwarten sind. Primäres Ziel des AMNOG war es nämlich, dem Prinzip „Money for Value" bei neuen Arzneimitteln im Rahmen der GKV und PKV Geltung zu verschaffen, ohne die bisher international vorbildliche innovative Arzneimittelversorgung in Deutschland zu gefährden. Dazu soll der Preis bzw. der Erstattungsbetrag einer AMI strikt an dem von ihr gestifteten (Zusatz-) Nutzen für den Patienten als Verbraucher bzw. Nachfrager ausgerichtet werden.

Überraschenderweise wurden neu ausgebotenen AMI, denen im Zulassungsverfahren eine therapeutische Wirksamkeit bescheinigt sein muss, im bisherigen AMNOG-Verfahren fast zur Hälfte kein Zusatznutzen für die Patienten attestiert (Cassel/Ulrich 2015, S. 54). Trotzdem steigen die Verordnungen dieser Wirkstoffe annähernd genauso stark wie die der Medikamente mit Zusatznutzen (Greiner/ Witte 2016, S. 9). Wie dieses Beispiel zeigt, kommen die Ergebnisse der Nutzenbewertung bislang nicht im Versorgungsalltag an, und es stellt sich die Frage, worauf dieser und andere problematische Befunde zurückzuführen sind. Dabei steht bei allen offenen Fragen der AMNOG-Ansatz nicht grundsätzlich zur Debatte, vielmehr muss über das „Wie" diskutiert werden, d.h. welche konkreten Problemfelder im sechsten AMNOG-Jahr immer noch virulent und welches die zentralen Weichenstellungen für die allenthalben geforderte Weiterentwicklung des AMNOG-Verfahrens zur zielführenden Nutzenbewertung und Preisfindung neuer Arzneimittel sind.

Kapitel 2 analysiert zunächst mögliche Defekte der AMNOG-Regulierungsstruktur („Governance") und der praktischen Handhabung bzw. Umsetzung der rechtlichen Vorgaben („Practice"). Das 3. Kapitel ist den Versorgungsdefiziten bei AMNOG-Präparaten gewidmet und gibt Begründungen dafür, ob und inwieweit durch die konkrete Umsetzung des AMNOG eine Beeinträchtigung der Arzneimittelversorgung zu befürchten ist. Hier interessieren insbesondere folgende Fragestellungen: Werden international zugelassene Medikamente hierzulande nicht mehr ausgeboten, weil es sich ökonomisch nicht mehr rechnet? Werden bereits eingeführte Präparate aus ökonomischen Gründen wieder vom Markt genommen? Und vor allem: Finden neue Wirkstoffe mit Zusatznutzen nur zögerlich den Weg zum Patienten, was aus gesundheitspolitischen Gründen nicht akzeptabel wäre? Im 4. Kapitel geht es um Fragen der Preisbildung für AMNOG-Produkte, insbesondere auch um die Frage, ob ein hoher generischer Anteil in der Zweckmäßigen Vergleichstherapie (ZVT) ein Innovationshemmnis darstellt, da eine generische Preisbasis in letzter Konsequenz einen auch für die Industrie auskömmlichen Erstattungsbetrag erschwert, wenn nicht prinzipiell verhindert. Das 5. Kapitel fasst die Ergebnisse zusammen und diskutiert mögliche Szenarien für eine Weiterentwicklung des AMNOG[1].

## 2. Governance- und Practice-Probleme

### 2.1 Aktuelle Entwicklungen

Governance bezeichnet im Rahmen des AMNOG-Verfahrens das Steuerungs- und Regelungssystem zur Ablauforganisation der Nutzenbewertung und der anschließenden Preisverhandlung (Schuppert 2007, S. 463). Unstrittig ist, dass sich die Governance-Strukturen für AMI im Vergleich zur freien Preissetzung ante AMNOG deutlich zugunsten der Kassenseite verschoben haben; Umstritten ist jedoch, ob dadurch eine strukturelle Dominanz der kassenseitigen präferenz- und nutzengeleiteten Nachfrage über das kosten- und gewinnorientierte Angebot der Unternehmerseite entstanden ist. Dafür gibt es einige Anhaltspunkte, die nicht losgelöst von der Rolle des G-BA als dem zentralen Entscheider der GKV-Selbstverwaltung bei der normativen Gestaltung und praktischen Durchführung des AMNOG-Verfahrens zu sehen sind (vfa 2014, S.11; Cassel 2014, S.347 ff.; Henke 2015, S.44).

---

[1] Der Beitrag basiert auf inhaltlichen Diskussionen und aktualisierten Daten eines Gutachtens, das die Autoren für den BPI erstellt haben (Cassel/Ulrich 2015).

Die pharmarelevanten Kompetenzen des G-BA wurden nämlich durch das AMNOG beträchtlich erweitert, indem ihm die FNB als Basis der AMI-Preisfindung übertragen wurde. Zusammen mit dem klinisch-pharmakologisch kompetenten, aber wiederholt wegen seiner Methoden auch kritisierten IQWiG[2] als Auftragnehmer von Bewertungsstudien musste sich der G-BA damit auf ein hochkomplexes, analytisch schwieriges und noch dazu interessenvermintes Feld begeben. Auf ihm gibt es zudem nicht selten noch handlungsleitendes „Wissen", für das keine naturwissenschaftlich gesicherten Erkenntnisse, sondern subjektive Bewertungen empirischer Befunde ausschlaggebend sind (Thürmann 2013; Klose et al. 2013). Deshalb erscheint es ökonomisch zumindest fragwürdig, wenn nicht gar verfassungsrechtlich bedenklich, wenn der G-BA mit seiner Entscheidung über den Zusatznutzen eines Präparats dessen Erstattungsbetrag präjudiziert; denn der EB ist als Einheitspreis nicht nur für die GKV, sondern für alle Kostenträger (GKV, PKV und Beihilfe) verbindlich und zudem Voraussetzung für die Vermarktung des Medikaments in Deutschland[3].

Der GKV-SV ist sowohl ein Interessenvertreter der Krankenkassen als auch ein verlängerter Arm der Gesundheitspolitik.[4] Er bildet im fachlich unspezifisch besetzten Plenum des G-BA unter dem dreiköpfigen unparteiischen Vorstand mit fünf Sitzen die mächtigste, weil monolithisch auftretende „Bank". Ihr stehen die fünf Sitze der miteinander konkurrierenden Bundesverbände der Ärzte und Krankenhäuser (KBV und DKG je zwei Sitze) sowie der Zahnärzte (KZBV mit einem Sitz) gegenüber, flankiert von fünf sachkundigen Personen mit beratender Stimme als sogenannte Patientenvertreter, die von den maßgeblichen Patientenorganisationen auf Bundesebene benannt werden (§ 140f (2), Satz 1, SGB V).[5] Anders als

---

2  Siehe zuletzt die Stellungnahme der Deutschen Gesellschaft für Gesundheitsökonomie zu Aktualisierungen und Ergänzungen im Methoden-Entwurf des IQWiG (dggö 2014).
3  Über die demokratische Legitimation des G-BA hatte zuletzt der Vizepräsident des Bundesgerichtshofs, Ferdinand Kirchhof, erhebliche Zweifel geäußert. Das Bundesverfassungsgericht hat die Verfassungsbeschwerde gegen den G-BA als unzulässig verworfen, gleichzeitig aber eine Tür zur Prüfung der demokratischen Legitimation des Gremiums offengehalten (Ärzteblatt 2015).
4  Aus dem GKV-SV selbst wird immer wieder versichert, dass man sich als genuiner Vertreter der Patienteninteressen verstehe, was man aus institutionenökonomischer Sicht durchaus bezweifeln kann. Aber auch der Spagat zwischen den Eigeninteressen von Kassen und GKV-SV ist nicht unproblematisch. Siehe dazu ausführlich Cassel/Jacobs 2008, S. 9 ff.
5  Dazu gehören: BAGP-PatientInnenstellen, Deutsche Arbeitsgemeinschaft Selbsthilfegruppen, Deutscher Behindertenrat und der Bundesverband Verbraucherzentrale als Dachverbände. Außerdem ringen auch noch elf indikationsbezogene Bundesverbände

die Bezeichnung „Patientenvertreter" vermuten lässt, handelt es sich dabei aber nicht um Vertreter von Patienten bzw. Kranken zur Wahrung ihrer Interessen im Sinne einer „Betroffenenvertretung", sondern zumeist um Verbandsvertreter, die über ihre jeweiligen Partikularinteressen hinaus eher Versicherten- als Patienteninteressen vertreten dürften.

Nimmt man den Deutschen Behindertenrat mit seiner ansatzweise praktizierten Betroffenenvertretung und den je nach Indikation hinzuzuziehenden Patientenvertreter aus den maßgebenden Patientenorganisationen davon aus, kommen drei der Patientenvertreter aus klassischen „Beraterverbänden", die der Kassenseite nahestehen. Auf diese Weise hervorragend im G-BA positioniert, kann der GKV-SV maßgeblich Einfluss auf die Auswahl der ZVT und die Quantifizierung des ZN im Rahmen der FNB nehmen. Dadurch kann der GKV-SV als künftige Verhandlungspartei bei der Preisfindung bis zu einem gewissen Grade schon im Vorfeld die Ausgangsbasis für die Verhandlungen über den Erstattungsbetrag in seinem Sinne beeinflussen. Hinzu kommt, dass der G-BA bislang in allen Verfahren das IQWiG mit der Nutzenbewertung betraut hat, das nicht nur informell mit dem GKV-SV vernetzt ist.[6] Auf der Grundlage des IQWiG-Votums wird dann in dem mit fünf Vertretern des GKV-SV und je drei Vertretern der DKG und des KBV besetzten „Unterausschuss Arzneimittel" als dem medizinisch-pharmakologischen Expertengremium des G-BA die Entscheidung seines pharmaspezifisch weniger kompetenten Plenums vorbereitet. Dazu kann wiederum der Medizinische Dienst der Krankenkassen (MDK) beratend hinzugezogen werden. Der GKV-SV ist durch seine formelle und informelle Vernetzung jedoch nicht nur maßgeblich an der FNB beteiligt, sondern spielt auch auf allen Ebenen der anschließenden Preisfindung eine entscheidende Rolle: Er ist Verhandlungspartner des Herstellers bei der EB-Verhandlung für Präparate mit und ohne ZN, setzt bei den unter Festbetrag stehenden AMI ohne ZN den Festbetrag fest und ist mit Sitz und Stimme an allen Schiedsverfahren beteiligt (Abbildung 1). Es ist deshalb nicht übertrieben zu sagen, dass der GKV-SV über eine „institutionelle Omnipräsenz" im gesamten AMNOG-Verfahren verfügt.

---

um Einfluss, die nicht in jedem Fall von der Kassenseite personell und finanziell unabhängig sind. In 2014 unterstützten z.B. die Krankenkassen die Behinderten- und Chronikerverbände mit 45 Mio. Euro; vgl. vdek 2015.

6   Der G-BA ist nach § 139a (1) SGB V Träger des IQWiG. Daher ist auch er GKV-SV in den Entscheidungsgremien der Trägerstiftung des IQWiG vertreten und entscheidet u.a. über dessen Institutsleitung mit.

Das AMNOG auf dem gesundheitsökonomischen Prüfstand 135

*Abbildung 1: Omnipräsenz des GKV-SV im AMNOG-Verfahren*

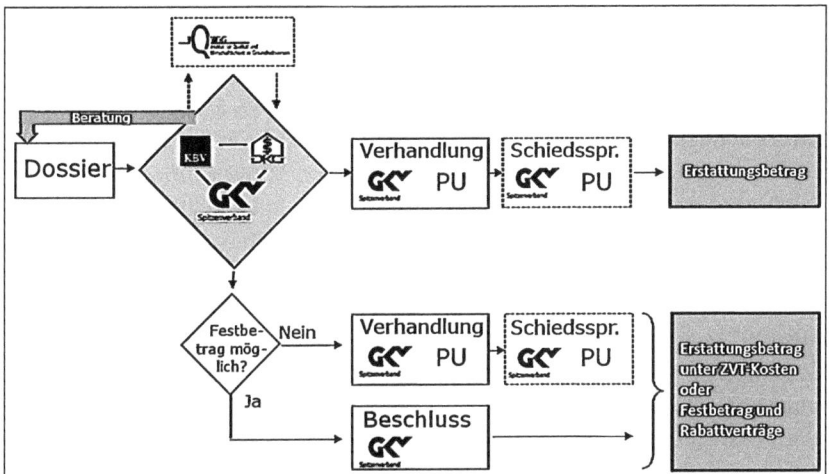

Quelle: Modifiziert nach Dintsios 2014, S. 4.

## 2.2 Asymmetrische Verhandlungspositionen

Der GKV-SV verfügt darüber hinaus auch über ein nachfrageseitiges Verhandlungsmonopol. Es ist aufgrund seiner öffentlich-rechtlichen Verankerung auf Dauer angelegt und somit nicht durch institutionellen oder wirtschaftlichen Wettbewerb bestreitbar. Das gibt dem GKV-SV die Möglichkeit, sich dauerhaft auf ein professionelles Verhandlungsteam zu stützen, das an allen GBA-Beratungen und EB-Verhandlungen teilnimmt und daher von Mal zu Mal erfahrener und sachkompetenter agieren kann.[7]

Dagegen ist der einzelne Hersteller an den G-BA-Beratungen nicht beteiligt und verhandelt mit dem GV-SV nur sporadisch, wenn er ein Produkt im AMNOG-Verfahren hat. Auch kann er sich schon aus kartellrechtlichen Gründen nicht auf die Erfahrungen konkurrierender Hersteller stützen oder gar die Marschroute bei bevorstehenden Verhandlungen mit ihnen absprechen. Deshalb ist er verhandlungstaktisch und strategisch auf sich gestellt und kaum versiert. Zwar verfügt auch er über ein Monopol, das sich aber nur auf das Angebot seines

---

7  Über eine solche Lernkurve verfügen natürlich auch die drei unparteiischen Mitglieder der Schiedsstelle und ihre zwei Stellvertreter, die insofern dem jeweiligen Hersteller, aber sicherlich nicht den wiederholt an den Schiedsverfahren beteiligten Vertretern des GKV-SV überlegen sein dürften.

patentgeschützten Wirkstoffs bezieht und zwangsläufig mit Ablauf des Patentschutzes endet. Außerdem ist seine ohnehin nur temporäre Monopolstellung dem globalen Innovationswettbewerb ausgesetzt, d. h. jederzeit durch bessere neue Therapien bestreitbar. Allein schon diese Umstände schwächen die Verhandlungsposition des Herstellers (Sattelmeier/Prenzler/Frank 2013, S. 214 ff.).

Hinzu kommt, dass der Hersteller das Ergebnis der FNB erst anfechten kann, nachdem die Schiedsstelle einen EB festgesetzt hat. Somit kann es in den Verhandlungen nur noch darum gehen, den vom G-BA festgestellten Zusatznutzen zu „monetarisieren", d. h. ein geldwertes Äquivalent als Aufschlag auf die Jahrestherapiekosten der ZVT zu vereinbaren. Dabei beschränkt sich das Spektrum der Verhandlungsargumente auf Ausmaß und Wahrscheinlichkeit des Zusatznutzens sowie auf jene Faktoren, aus denen er sich ableitet – wie geringere Mortalität, Morbidität oder Nebenwirkungen und eine höhere Lebensqualität. Erschwerend kommt für den Hersteller noch hinzu, dass bei der FNB häufig unterschiedlich hohe Zusatznutzen für die im Slicing gebildeten Subpopulationen erkannt werden, so dass entweder wie üblich ein „Mischpreis" über alle Subgruppen zu verhandeln ist oder für jede Subpopulation gemäß ihrer spezifischen Nutzenvorteile ein anderer EB zu vereinbaren wäre. Schließlich schwächen auch die unter Umständen deutlich niedrigeren tatsächlichen Abgabepreise, die der Hersteller in anderen Ländern gewährt, seine ohnehin erodierte Verhandlungsposition. Angesichts dessen kann von der Forderung nach Verhandlungen „auf gleicher Augenhöhe" oder „mit gleich langen Spießen", wie sie in einem bilateralen Monopol unabdingbar sind, um analog zur Wettbewerbssituation einen fairen Interessenausgleich und wohlfahrtsökonomisch gesehen optimale Erstattungsbeträge zu erzielen, nicht die Rede sein. Reformpolitisch ist deshalb zu fordern, dass die institutionelle Dominanz der Nachfrageseite zugunsten eines institutionenökonomisch ausbalancierten AMNOG-Verfahrens korrigiert wird.

## 3. Marktverfügbarkeit und Versorgung

### 3.1 AMNOG als Markteintrittshürde

Insgesamt weicht das Verordnungsverhalten auch unter AMNOG-Bedingungen erheblich von dem ab, was man nach der Nutzenbewertung eigentlich erwarten müsste. Wirkstoffe ohne Zusatznutzen haben innerhalb des ersten Jahres nach Veröffentlichung des Prüfergebnisses beachtliche Verordnungszahlen und -zuwächse erreicht. Für das Präparat Fampyra®, ein Medikament gegen Multiple Sklerose, verzehnfachte sich der Umsatz in den beiden Jahren nach der FNB, obwohl kein Zusatznutzen festgestellt wurde (DAK Gesundheit 2015, S. 1ff.). Über die

Gründe, warum die Ärzteschaft sich häufig nicht an der wissenschaftlich basierten Bewertung des G-BA orientiert, lässt sich bislang nur spekulieren: Möglicherweise sind im Gegensatz zur FNB des G-BA die ärztlichen Erfahrungen mit dem Präparat weit positiver, so dass sich hier eine fragwürdige (Erkenntnis-) Lücke zwischen der Entscheidung nach Aktenlage bei der FNB und den therapeutischen Erfahrungen der Anwender im Versorgungsalltag zeigen würde.

Andererseits dürften aber auch Informationsmängel eine zentrale Rolle spielen. Die Umsetzung der AMNOG-Beschlüsse im Verordnungsalltag der Ärzte finde nämlich bisher nur sehr lückenhaft statt, in die Arbeitsabläufe der Arztpraxen seien sie bislang nicht hinreichend integriert. Die Folge: Ein Jahr nachdem die Ergebnisse der Nutzenbewertung veröffentlicht wurden, seien die Verordnungszahlen von Medikamenten ohne Zusatznutzen genau so stark wie die von Arzneimittel mit Zusatznutzen gestiegen. Im Durchschnitt betrug der Anstieg 14,7 % bzw. 14,2 % (Greiner/Witte 2016). Dadurch bliebe auch im sechsten Jahr nach Inkrafttreten des AMNOG die FNB für die Verordnungsentwicklung im Wesentlichen folgenlos.

Ob ein neues Präparat überhaupt in einem Land ausgeboten wird, hängt innerhalb des Systems der europäischen Preisreferenzierung hauptsächlich von der Preisregulierung im Zielland sowie vom dort erzielbaren Preis und seinen zu erwartenden Effekten auf andere Länder ab (SVR 2014; Wille 2014). Deshalb ist der Markteintritt umso wahrscheinlicher, je höher die zu erwartende Erstattung im Zielland ist. Dagegen werden Länder umso eher gemieden, je niedriger dort der erzielbare Preis und je größer der durch seine Referenzierung drohende Kellertreppeneffekt eingeschätzt werden. Demnach müsste die Pharmawende hierzulande eine verringerte Verfügbarkeit von neuen Arzneimitteltherapien nach sich ziehen, sobald davon auszugehen ist, dass in Deutschland mit Tiefstpreisen zu rechnen ist.

Für die Frage, ob und inwieweit das AMNOG eine Markteintritts-Barriere in Deutschland darstellt, wurde die Zahl der von der European Medicines Agency (EMA) von 2006 bis 2015 europaweit zugelassenen Wirkstoffe, die zwar AMNOG-fähig sind, aber bislang hierzulande nicht ausgeboten wurden, für die fünf Jahre vor (2006–2010) und nach der Pharmawende (2011–2015) ermittelt[8]. Von den im ersten Zeitraum von der EMA insgesamt zugelassenen 219 Produkten wären aus verschiedenen Gründen (z. B. Impfstoffe, orale Kontrazeptiva) nur 155 für das

---

8   Zu den Ergebnissen in 2014 siehe Cassel/Ulrich 2015,2, S. 84 f., zu Ansatz und Ergebnissen bis August 2015 siehe BPI/Anton 2015,1.

AMNOG-Verfahren in Betracht gekommen. Davon waren acht (5,2 %) zu keinem Zeitpunkt in Deutschland verfügbar.

Dagegen erwiesen sich nach der Pharmawende von insgesamt 241 EMA-Präparaten 163 AMNOG-fähig, wovon 37 (22,7 %) bislang in Deutschland nicht ausgeboten wurden. Somit ist die Verfügbarkeitsquote seit der Pharmawende um 17,5 Prozentpunkte – von 94,8 % vor AMNOG auf 77,3 % danach – zurückgegangen. In der AMNOG-Nomenklatur wäre dies ein deutlicher Hinweis auf einen erheblichen Barriere-Effekt zum Nachteil der Versorgung der Patienten mit innovativen Arzneimitteln.

### 3.2 AMNOG als Anlass zum Marktaustritt

Von den hierzulande ausgebotenen Innovationen verschwinden andererseits als Folge der Nutzenbewertung und Preisfindung immer mehr Präparate wieder vom Markt. Als Motiv dafür ist zu vermuten, dass das AMNOG-Verfahren mit Ergebnissen endet, die für den Hersteller unverständlich und inakzeptabel sind. Abgesehen vom zulässigen Klageweg, der aber erst nach Abschluss eines Schiedsverfahrens offen steht, hilft dagegen allenfalls die Androhung eines Marktaustritts. Dieser ist mit entsprechenden Rechtsfolgen auf zweierlei Weise möglich:

- Der pharmazeutische Unternehmer kann dem GKV-SV innerhalb von vier Wochen nach dem FNB-Beschluss anzeigen, dass er sein Präparat zurückzieht (ZG bzw. Opt out)[9] oder
- er kann es – insbesondere nach Scheitern der Preisverhandlungen bzw. nach erfolgtem Schiedsspruch – außer Vertrieb setzen (AV bzw. Rücknahme).[10]

---

9  Daraufhin finden keine Preisverhandlungen mehr statt, das Präparat verliert seine Pharmazentralnummer (PZN), wird nach drei Monaten automatisch als zurückgezogen gelöscht und ist in Deutschland dauerhaft nicht mehr verfügbar. Es kann jedoch auf Rezept importiert und gegebenenfalls auf Antrag von der Kasse erstattet werden. Soll es später wieder in Verkehr gebracht werden (Opt in), bedarf es dazu einer neuen PZN.

10 Wird das Präparat außer Vertrieb gestellt, kann es ebenfalls nicht mehr in Deutschland angeboten und ohne neue PZN reaktiviert werden. Der Vorteil beim Opt out besteht für den Hersteller darin, dass der bis dahin von ihm gesetzte und von den Kostenträgern erstattete Preis international weiter als deutscher Referenzpreis gilt, während dieser bei der Rücknahme des Präparats durch den niedrigeren EB ersetzt wird.

Tatsächlich werden diese Möglichkeiten wegen der drohenden Umsatzeinbußen und des möglichen Imageverlustes aber nur in besonderen Fällen in Betracht gezogen, so dass der Marktaustritt häufig als leere Drohung empfunden wird. Dennoch haben die Hersteller ihr Produkt bisher in insgesamt 20 der 139 abgeschlossenen oder noch laufenden Verfahren zurückgezogen bzw. außer Vertrieb gesetzt, darunter in sieben Fällen allein im ersten Halbjahr 2015 (Cassel/Ulrich 2015).

Dabei haben sich die Hersteller in neun Fällen schon nach der FNB für das Opt out entschieden und sind erst gar nicht in EB-Verhandlungen mit dem GKV-SV eingetreten. In elf Fällen erfolgte eine Rücknahme, davon in je einem Fall mehr als vier Wochen nach der FNB (Provenge®) sowie nach Zuordnung zu einer Festbetragsgruppe (Livazo®). In zwei weiteren Fällen wurde das Präparat nach den Preisverhandlungen und in sieben Fällen erst nach dem Schiedsspruch AV gestellt. Damit ist von den sieben mit einem von der Schiedsstelle rechtskräftig festgesetzten EB nur noch ein Medikament – das HIV-Präparat Stribild® – auf dem deutschen Markt verfügbar.[11]

Bezieht man die Verfügbarkeit der AMNOG-Präparate auf die bis Ende 2015 insgesamt 102 abgeschlossenen Verfahren, sind nur noch 83 Produkte (82%) verfügbar, während 19 (18 %) vom Markt verschwunden sind (inklusive eines teilweisen Marktrückzugs, Abbildung 2). In allen Fällen gilt der Zusatznutzen als nicht belegt, so dass den vom Markt genommenen Präparaten aus formalen Gründen kein Zusatznutzen zuerkannt wurde. Dies bedeutet jedoch nicht, dass diese Substanzen tatsächlich keinen Zusatznutzen haben. Dennoch wird in der GKV vielfach die Auffassung vertreten, die Marktaustritte seien generell unbedenklich, weil stets gleichwertige Substitute zur Verfügung stünden und die Patientenversorgung in keiner Weise gefährdet sei.[12]

---

11 Dies wirft kein gutes Licht auf die Schiedsstelle, die sich bisher nicht als Schlichter versteht, sondern die EB quasi als Richter nach eigenem Ermessen jenseits von Angebot und Nachfrage ermittelt. Siehe Cassel/Ulrich 2015,2, S. 126 ff. und 160 ff.
12 So z. B. Hecken 2014 und 2015; Rebscher 2015; von Stackelberg/Tebinka-Olbrich 2015.

*Abbildung 2: Verfügbarkeit von AMNOG-Präparaten nach abgeschlossener Preisfindung, 2011–2015 (n=102 Verfahren inclusive Opt outs)*

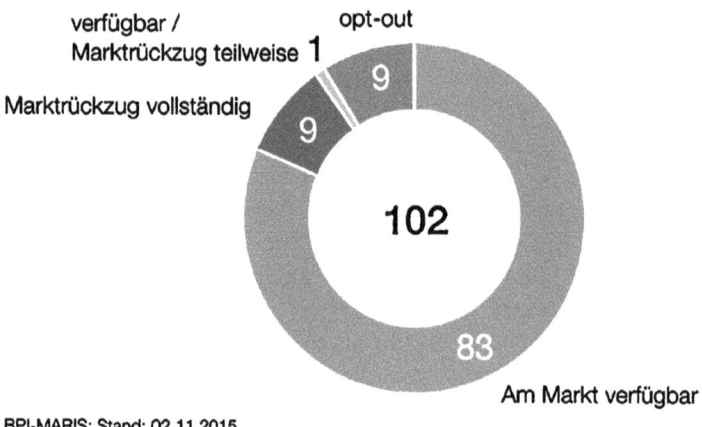

Quelle: BPI/Anton 2015, 2.

Auch der DAK AMNOG-Report hat die Zahl der Schiedsverfahren analysiert (Greiner/Witte 2016). Nach den im DAK AMNOG-Report analysierten Nutzenbewertungen können sich bislang GKV-Spitzenverband und Pharmahersteller in 73 % der Verfahren auf einen Erstattungsbetrag einigen. In 20 Verfahren gelang dies jedoch nicht und die Schiedsstelle wurde angerufen, sofern der Hersteller das Produkt nicht vorher schon mit sofortiger Wirkung vom Markt genommen hatte. Ende 2015 waren 14 Verfahren abgeschlossen und die Reaktionen der Hersteller darauf erschreckend negativ: Nur noch zwei Wirkstoffe sind in Deutschland erhältlich, für einen davon ist die Marktrücknahme bereits angekündigt. Da es nicht im Sinne der Patienten ist, dass neue innovative Produkte schon nach kurzer Zeit wieder vom Markt verschwinden, besteht hier sicherlich Handlungsbedarf, und eine Reform der Beurteilungskriterien der Schiedsverfahren erscheint unabdingbar. Hinzu kommt, dass die Gefahr vermehrter Marktrücknahmen auch die Verordnungsentscheidung der Ärzte maßgeblich beeinflusst: Die DAK-Umfrage ergab, dass dieser Aspekt für zwei Drittel der befragten Mediziner entscheidend ist.

Soweit Wirkstoffe tatsächlich keinen Zusatznutzen versprechen und gleichwertige Alternativen auf dem Markt sind, können sie meist problemlos substituiert werden. Bei chronischen Krankheiten ist die Umstellung der Patienten auf Alternativpräparate schon schwieriger, und im Falle eines tatsächlich vorhandenen, aber in der FNB nicht erkannten Zusatznutzens können die betroffenen

Zielpopulationen sogar geschädigt werden. Geradezu tragisch wäre es aber, wenn Medikamente mit beträchtlichem oder erheblichem Zusatznutzen wieder vom Markt gingen, was in kleineren Therapiegebieten mit relativ geringem Budget Impact nicht gänzlich auszuschließen ist.[13] Aber selbst beim Verbleiben im Markt droht eine weitere Gefahr: Die Innovationen kommen nicht oder nicht schnell genug bei den Patienten an.

### 3.3 AMNOG als Verordnungshürde

Durch das AMNOG wird der Innovator über die üblichen Marktrisiken hinaus noch mit einem regulatorischen Risiko konfrontiert. Es bildet nach den drei Zulassungshürden noch eine 4. Hürde zum Markteintritt. Und selbst wenn diese genommen wurde, ist der wirtschaftliche Erfolg noch nicht sicher: Denn unmittelbar nach dem Launch, vor allem aber nach der FNB und einer erfolgreichen Preisfindung können die Verordnungsmengen so stark hinter den Erwartungen des Herstellers zurückbleiben, dass er innerhalb der verbleibenden Patentlaufzeit – und erst recht danach – keine hinreichenden Erlöse mehr generieren kann.

Grundsätzlich müsste der Versorgungsgrad von Arzneimittel-Innovationen mit Zusatznutzen nach dem GBA-Beschluss deutlich ansteigen und im Idealfall nach kurzer Zeit hohe Prozentsätze erreichen. Dies dürfte insbesondere für Produkte mit erheblichem oder beträchtlichem Zusatznutzen zu erwarten ein. Der Hersteller könnte dann innerhalb der restlichen Patentlaufzeit bis zum Einsetzen des Generika-Wettbewerbs das Marktpotenzial seines Präparats voll ausschöpfen. Da es sich dabei um eine neue Arzneimitteltherapie mit erheblichem oder beträchtlichem Zusatznutzen mit einem rechtsgültigen EB handelt, stünde dies auch im Interesse der Patienten, für die das Medikament nach § 12 (1) SGB V als zweckmäßig und wirtschaftlich zur Verfügung stehen sollte. Allerdings liegt es in der Natur der Sache, dass der Versorgungsgrad anfänglich noch gering ist, bis die Nützlichkeit des Präparats durch die FNB und ihre Wirtschaftlichkeit durch den EB bestätigt sind. Erfahrungsgemäß liegt der Versorgungsgrad selbst bei Innovationen mit hohem Zusatznutzen anfänglich mehr oder weniger weit unter seinem Potenzial, da die neue Therapie meist nur allmählich Eingang in den Verordnungsalltag findet. Dafür gibt es gewichtige medizinische Gründe – wie etwa Schwierigkeiten bei der Therapieumstellung chronisch Kranker. Darüber hinaus spielen aber auch unzureichende Arztinformationen, regionale Wirkstoffvereinbarungen oder generell eine Risikoaversion gegen neue Therapien oder ethische

---

13 In 2015 gab es mit Provenge® gegen Prostatakarzinom einen ersten Wirkstoff mit Zusatznutzen, der wieder vom Markt genommen wurde.

Vorbehalte bei hochpreisigen Produkten eine erhebliche Rolle.[14] Soweit sich diese Faktoren hemmend auf das Verordnungsverhalten auswirken, entsteht aus Versorgungsaspekten eine vermeidbare Unterversorgung (Cassel/Ulrich 2015, S. 95ff.) Hinzu kommen bedenkliche Entwicklungen auf der Angebotsseite. Erste empirische Ergebnisse legen den Schluss nahe, dass die Hersteller als eine Reaktion auf die AMNOG-Regulierung einerseits AMNOG-Produkte vom deutschen Markt nehmen und andererseits weniger Innovationen im Vergleich zu früher ausbieten (Cassel/Ulrich 2015). Der Zielsetzung des AMNOG gemäß sollen aber den Menschen hierzulande stets die besten und wirksamsten Arzneimittel zur Verfügung stehen. Folglich ist dafür zu sorgen, dass international ausgebotene Innovationen auch hier möglichst lückenlos und rasch verfügbar sind.

Mit der FNB sollte eigentlich die „Spreu vom Weizen" getrennt und mit der Vereinbarung von EB zugleich ihre Wirtschaftlichkeit gewährleistet werden. Demzufolge hätten sich die Ärzte nun ganz der medizinischen Behandlung widmen und ihren Patienten die AMNOG-Präparate indikationsgerecht verschreiben können. Dennoch scheint das Gegenteil der Fall zu sein: Denn vielfach kursieren bereits Verordnungsempfehlungen von Kassenverbänden und Einzelkassen, vor allem aber von Kassenärztlichen Vereinigungen, in denen die Verordnung von Innovationen entweder generell oder zumindest in Subpopulationen, für die kein Zusatznutzen festgestellt wurde, als unwirtschaftlich erklärt und unter Regressvorbehalt gestellt wird.[15] Das Einfallstor dafür sind EB in Form von Mischpreisen, welche als einheitlicher, d. h. gemittelter EB über alle Subpopulationen vereinbart werden, die in der FNB gebildet werden und ganz unterschiedlich bewertet sein können. Im Extremfall stehen einer Subgruppe mit beträchtlichem Zusatznutzen solche mit geringem oder keinem gegenüber,

---

14 Siehe etwa die Ergebnisse einer aktuellen Befragung zum ärztlichen Verordnungsverhalten bei neuen oralen Antikoagulanzien (NOAK) von Souladaki 2015, S. 11 ff. sowie die Literaturrecherche zur Unterversorgung mit OAK/NOAK von Groth et al. 2015. Generell dazu Laschet 2015, S. 3 ff.
15 So etwa die AOK Bayern (www.aok-arztberatung.de, Rubrik Arzneimittel). Für weitere Belege siehe Souladaki 2015, S. 48 ff. Höchst problematisch sind auch Versuche, abweichend vom AMNOG-Verfahren mit kassenspezifischen Bewertungskonzepten – wie der von Glaeske für den TK-Innovationsreport entwickelten innovationskritischen „Ampel-Skala" – Druck auf das ärztliche Verordnungsverhalten auszuüben (www.pharma-fakten.de: Techniker Krankenkasse kritisiert G-BA und Ärzteschaft vom 09.09.2015). Bedenklich stimmt auch, dass insbesondere regionale Arzneimittel-Vereinbarungen zwischen Kassen und Kassenärztlichen Vereinigungen immer mehr Verordnungshürden sowohl direkt (Unwirtschaftlichkeit der Verordnungen) als auch indirekt (Verordnungshöchst- und Mindestquoten) errichten.

für die nach dem Money-for-Value-Prinzip jeweils ein deutlich niedrigerer Betrag zu veranschlagen wäre. Die einzelnen Beträge ergäben – gewichtet mit den prospektiven Verordnungsmengen bzw. Patientenzahlen – rein rechnerisch den EB für die gesamte Indikation, für die der Wirkstoff zugelassen ist.[16] Der Logik der Mischpreiskalkulation ist es geschuldet, dass die Verordnungen in allen Subgruppen als wirtschaftlich zu gelten haben. Die Hersteller könnten dann darauf vertrauen, dass jene Verordnungsmenge realisiert wird, die der bei der EB-Vereinbarung insgesamt zugrunde gelegten Zielpopulation entspricht.

## 4. Preise und Erstattung

### 4.1 Fragwürdige Bewertungsergebnisse

Bis Ende 2014 hatte die FNB mit insgesamt 144 Bewertungsverfahren bereits einen beachtlichen Stand erreicht, der hinsichtlich der tendenziell erreichten Ergebnisse gewisse Rückschlüsse ermöglicht. Hierzu wurden für die 103 bis dahin abgeschlossenen Verfahren die nachfolgenden Angaben aus den veröffentlichten G-BA-Beschlüssen entnommen und für die üblichen Untersuchungsebenen – Verfahren, Subpopulationen bzw. Subgruppen und Zielpopulationen bzw. Patienten – ausgewertet:

- Verfahren: Der G-BA hat in den hier erfassten 103 Bewertungsverfahren nur in 56 Fällen (54,4 %) in mindestens einer Teilpopulation einen Zusatznutzen erkannt, der allerdings in 8 Fällen (7,8 %) nicht quantifizierbar erschien. Somit wurde in nur 48 Verfahren (46,6 %) das Prädikat „geringer" oder „beträchtlicher" Zusatznutzen vergeben. Ihnen standen mit 47 Verfahren (45,6 %) fast genauso viele gegenüber, denen kein ZN testiert wurde. Ende 2012 lag deren Anteil erst bei einem Viertel; er hat sich somit bezüglich aller bis Ende 2014 abgeschlossenen Verfahren fast verdoppelt. Zudem wurde nur in 21 Verfahren (20,4 %) ein „beträchtlicher" Zusatznutzen erkannt, während das Prädikat „erheblich" in einem Fall vergeben wurde.[17]

---

16 Dies ist letztlich eine subgruppenbezogene Quersubvention, die daraus resultiert, dass es schwierig, wenn nicht unmöglich ist, für Subpopulationen mit unterschiedlichem Zusatznutzen gruppenspezifische EB zu vereinbaren.
17 Mit Beschluss vom 19.2.2015 hat der G-BA erstmals ein Medikament (Hemangiol® mit dem Wirkstoff Propranolol) der höchsten Nutzenklasse zugeordnet. Dabei handelt es sich um ein Mittel für Säuglinge mit wachsendem Hämangiom mit verhältnismäßig geringem Budget Impact für die Kostenträger.

- Subpopulationen: Bezüglich der vom G-BA gebildeten 199 Subgruppen fielen die Bewertungsergebnisse noch ernüchternder aus. In 121 Fällen (60,8 %) wurde kein Zusatznutzen oder sogar ein geringerer Nutzen festgestellt. Dem standen lediglich 23 Subpopulationen (11,6 %) mit beträchtlichem und 42 (21,1 %) mit geringem Zusatznutzen entgegen, während der Zusatznutzen in 13 Fällen (6,5 %) nicht quantifizierbar war.
- Patienten: Noch weit schlechter fallen die Ergebnisse aus, wenn man aus den G-BA-Beschlüssen entnimmt, wie viele Patienten in welcher Weise vom Bewertungsergebnis betroffen sind. Hiernach wären über alle Indikationen bzw. Subpopulationen hinweg rund 31,4 Mio. Patienten therapierbar. Davon hätten aber nach Einschätzung des G-BA etwa 24,6 Mio. Patienten (78,4 %) keinen und nur knapp 300 Tsd. (0,9 %) einen beträchtlichen Zusatznutzen. Für die restlichen 6,5 Mio. Kranke würde immerhin die Aussicht auf einen geringen oder nicht quantifizierbaren Zusatznutzen bestehen.

Diese Zahlen zeigen, dass der Anteil der Bewertungen mit keinem Zusatznutzen signifikant zunimmt, wenn man die Ergebnisse von der Verfahrens- auf die Subpopulations- und Patientenebene herunterbricht.

### 4.2 Problematik der Bewertungskategorie „kein Zusatznutzen"

Das wirft die Frage auf, wie es sein kann, dass über alle Zielpopulationen hinweg etwa 80 % der Patienten keinen therapeutischen Vorteil von Medikamenten haben sollen, die im Zulassungsverfahren ihre indikationsspezifische Wirksamkeit und ein positives Nutzen-Risiko-Verhältnis erwiesen haben und teilweise im Ausland positiver als hierzulande bewertet werden.[18]

Eine schlüssige Antwort darauf ist aus der Distanz unbeteiligter Beobachter kaum möglich. Wenn aber von den 190 Subpopulationen, die in die Kategorie „kein Zusatznutzen" fallen (Abbildung 3), nur 19 (10,0 %) aufgrund der vom G-BA akzeptierten und bewerteten Studienergebnisse so bewertet werden und ihr Zusatznutzen nicht belegt ist, aber 12 (6,3 %) wegen Abweichung von der ZVT, 15 (7,9 %) wegen nicht eingereichter Daten oder Dossiers und 131 (69,0 %) wegen unvollständiger Nachweise bzw. nicht geeigneter oder nicht ausreichender Daten keinen Zusatznutzen testiert bekommen, muss der Bewertungsablauf in Frage gestellt werden.[19]

---

18 Zu aktuellen Bewertungsergebnissen im europäischen Vergleich siehe Lux 2015; Paar 2015; Pütz/Zörrer 2014.
19 In diesen insgesamt 110 (91,7 %) Fällen gilt der Zusatznutzen nach § 35a (1), Satz 5, SGB V als nicht belegt. Wenn kein Zusatznutzen testiert wird, hat das also in der weit

*Abbildung 3: Begründungen des G-BA in der Bewertungskategorie „kein Zusatznutzen"
nach Subpopulationen, 2011–2015*

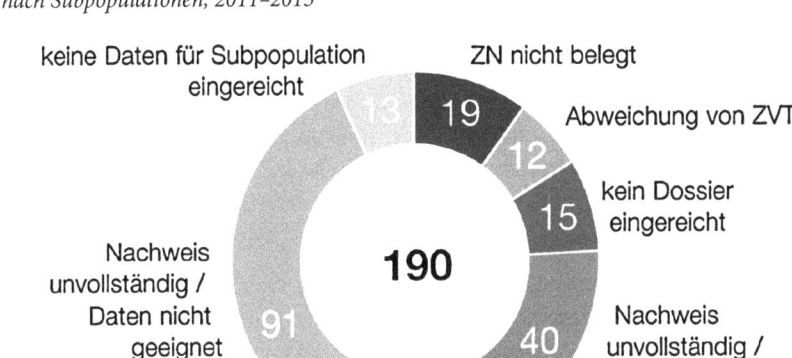

Quelle: BPI/Anton 2015, 2.

Defekte der Regulierungsstruktur oder Fehlverhalten der Akteure sind aber angesichts der Tatsache, dass auch die durchgefallenen Präparate immense Aufwendungen für Forschung, Entwicklung, Zulassung und Markteinführung verursacht haben, und gar nicht ausgemacht ist, ob sie nicht doch von therapeutischem Vorteil sind, einzel- wie auch gesamtwirtschaftlich nicht vertretbar.

### 4.3 Problematik generischer Vergleichstherapien als Preisanker

Zum gleichen Ergebnis, wenn auch in einem anderen Wirkungszusammenhang, kommt man, wenn generische Wirkstoffe bzw. Medikamente als Vergleichstherapie herangezogen werden. Die vom G-BA rechtsverbindlich ausgewählte bzw.

---

überwiegenden Zahl der Fälle formale Gründe, die sich – abgesehen von nicht vorgelegten Daten und Dossiers – aus Abweichungen von den Anforderungen des G-BA bei ZVT, bestverfügbarer Evidenz, direkten oder indirekten Vergleichen, Studiendesign, Surrogatparametern u. a. ergeben können; siehe dazu Rasch 2014. Dabei ist zu beachten, dass „kein" Zusatznutzen nicht heißt, dass einige der so gekennzeichneten Substanzen tatsächlich nicht doch einen Zusatznutzen haben, der auch testiert worden wäre, wenn sie inhaltlich bewertet worden wären. In diesen Fällen kommt es also zu einer falsch negativen Bewertung.

anerkannte ZVT ist als therapeutischer Komparator naturgemäß nicht nur für das Bewertungsergebnis selbst und die Höhe des daraufhin zu vereinbarenden Erstattungsbetrages ausschlaggebend, sondern auch für gravierende wirtschaftliche Folgen, falls die ZVT ein generisches Altpräparat ist.[20] Um einschätzen zu können, wie signifikant dieses Problem ist, wurde der Frage nachgegangen, wie oft bisher generische Wirkstoffe allein oder in Kombination als ZVT verwendet wurden. Dazu wurden 66 Verfahren, die bis zum 30.4.2014 abgeschlossen waren, und 104 Subpopulationen mit folgendem Ergebnis untersucht (Abbildung 4; Cassel/Ulrich 2015, S. 4 ff.).

- Von den untersuchten 66 Verfahren, basieren 71 % auf einem Generikum als ZVT oder besitzen zumindest einen generischen Anteil an der ZVT;
- auf der Ebene der 104 Subpopulationen liegt der entsprechende Anteil bei 74 % und
- auf der Ebene der Zielpopulation haben die ZVT sogar für 95 % der Patienten zumindest einen generischen Anteil.

Diese überraschend hohen Anteile machen deutlich, dass generische Vergleichstherapien bisher eher die Regel als die Ausnahme sind. Hinzu kommt, dass ein erheblicher Teil der in der ZVT enthaltenen Generika schon verhältnismäßig lange auf dem Markt ist und dementsprechend weitgehend zu Grenzkosten und damit auch zu Tiefstpreisen angeboten wird.

---

20 Wie schon erwähnt, sind die Erstattungsbeträge nach § 5 (2) RV als Aufschläge auf die Therapiekosten der ZVT zu verhandeln, die im Falle generischer Altpräparate üblicherweise besonders niedrig sind. Die in § 4(1) RV enthaltene Bestimmung, dass der EB als Rabatt auf den Herstellerabgabepreis zu gewähren ist, wurde durch Klarstellung im 14. SGB V ÄndG außer Anwendung gesetzt.

*Abbildung 4: Generische Anteile an den Vergleichstherapien, 2011-2014*

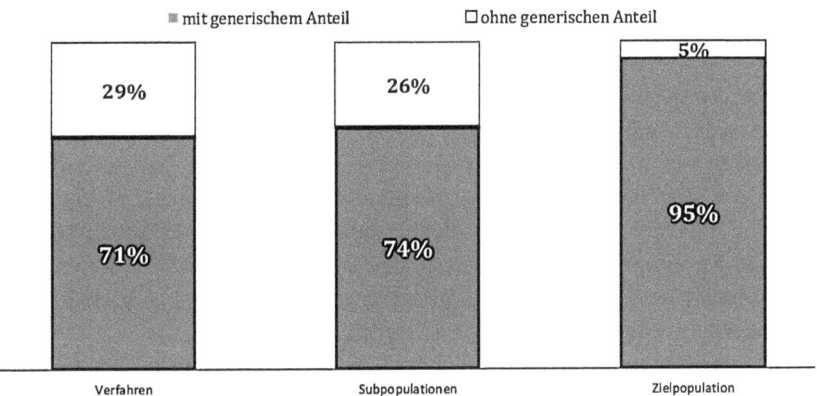

*Quelle: Cassel/Ulrich 2015, S. 11; Stand: März 2015.*

## 5. Marksteine auf dem Weg zum AMNOG 2.0

Diese Zwischenbilanz zeigt, dass das AMNOG weiterentwickelt werden muss, wenn die zuvor international vorbildliche Verfügbarkeit und Verordnung fortschrittlicher Arzneimitteltherapien in Deutschland auf Dauer nicht gefährdet werden soll. Erste Tendenzen dazu wurden empirisch belegt, ihre pharmaökonomische Kausalität aufgezeigt und die reformpolitischen Ansatzpunkte benannt. Dementsprechend sollte es reformpolitisch nicht schwerfallen, die richtige Weichenstellung alsbald vorzunehmen. Allerdings bestehen dazu nach wie vor inhaltlich kontroverse Vorstellungen, in denen sich die konfligierenden angebots- und nachfrageseitigen Interessen von Pharmaindustrie und Krankenversicherung widerspiegeln, ohne sicher sein zu können, ob und inwieweit sie auch dem Wohle des Patienten dienen.

Von Seiten der Hersteller wird bemängelt, dass im AMNOG-Verfahren erhebliche Governance-Probleme bestehen, d. h. Steuerungsstruktur und Gewaltenteilung bei der FNB und der Erstattungsbetragsfindung nicht sachgerecht ausgestaltet sind. Sowohl die Nutzenbewertung (Phase 1) als auch die Preisverhandlung (Phase 2) werden von der Kassenseite dominiert. Handlungsbedarf besteht insbesondere mit Blick auf eine strikte institutionelle Trennung von Nutzenbewertung und Preisverhandlung. Die im AMNOG angelegte Verquickung beider Aufgaben ist die Ursache für die Dominanz der Nachfrage- über die Angebotsseite.

Idealerweise sollte die Bewertung des Zusatznutzens neuer Medikamente aus dem Aufgabenbereich des G-BA herausgelöst und einem neutralen Arzneimittel-Bewertungsausschuss als Expertengremium überantwortet werden. Denkbar wäre mittelfristig auch die Übertragung dieser Aufgabe auf die europäische Zulassungsbehörde European Medicines Agency (EMA), wodurch zum einen eine Harmonisierung der Vorgehensweise bei der Nutzenbewertung erreicht würde und zum anderen die methodischen Probleme im europäischen Kontext diskutiert würden. Würde die Nutzenbewertung (Assessment) europaweit vereinheitlicht, bliebe die Preisbildung (Appraisal) immer noch eine nationale Aufgabe, die sich in den von Land zu Land unterschiedlichen Gesundheitssystemen aus der Notwendigkeit, unterschiedliche nationale Zahlungsfähigkeiten und Zahlungsbereitschaften für Arzneimittel-Innovationen zu berücksichtigen, ergibt.

Die Krankenkassen sind besorgt über die hochpreisigen Solisten und Analoga und verweisen auf die Sovaldi-Problematik (Stichwort: „Mondpreise") und die künftigen Herausforderungen im Rahmen der Erstattung von Kombinationstherapien, insbesondere in der Onkologie. Sie möchten den Mischpreis flexibilisieren und fordern die Rückwirkung des Erstattungsbetrags auf den Zeitpunkt der Markteinführung, zumindest aber auf den Zeitpunkt der G-BA Entscheidung. Sie plädieren zudem für eine nutzenorientierte Erstattung neuer Arzneimittel-auf der Basis der FNB. Damit ist insbesondere eine ex ante funktionierende, die Zulassung ergänzende Versorgungssteuerung beim Arzt beabsichtigt.

Um dem Prinzip „Money for Value" noch stärker Rechnung zu tragen, wird seitens einiger Krankenkassen eine zeitlich nachgelagerte Kosten-Nutzen-Analyse gefordert, da nur dieses Verfahren eine systematische Gegenüberstellung der Kosten und Nutzen aus gesellschaftlicher Perspektive ermögliche. Zwar beantworte auch die Kosten-Nutzen-Analyse nicht alle Fragen zur Vorteilhaftigkeit von Innovationen, insbesondere solange keine gesellschaftlich akzeptierten Schwellenwerte bzw. Intervalle für die Erstattungshöhe vorliegen: dennoch hätte man unter Opportunitätskostenaspekten eine Kennziffer mehr zur gesellschaftlichen Bewertung von Innovationen. Ob sich jedoch mit einem solchen subtilen Verfahren die Komplexität und Strategieanfälligkeit des AMNOG-Prozesses nicht weiter erhöht, bleibt abzuwarten.

## Literaturverzeichnis

AOK Bayern (2016): AOK Bayern, Arzneimittel, URL:www.aok-arztberatung.de, Rubrik Arzneimittel.

Ärzteblatt (2015): Bundesverfassungsgericht hält Tür zur Prüfung der G-BA Legitimität, Freitag, 20. November 2015, URL: www.aerzteblatt.de.

dggö – Deutsche Gesellschaft für Gesundheitsökonomie (2010), Stellungnahme der Deutschen Gesellschaft für Gesundheitsökonomie zum Arzneimittelmarktneuordnungsgesetz, Berlin et al.

BPI – Bundesverband der Pharmazeutischen Industrie; Anton, V. (2015,1): Barriere-Effekt des AMNOG. Eine Analyse des BPI, Datenstand: 20.08.2015, Berlin.

BPI – Bundesverband der Pharmazeutischen Industrie; Anton, V. (2015,2): Maris-Datenbank, Stand November 2015.

Cassel, D. (2014): Alle Macht den Kassen? Zur ordnungspolitischen Problematik des AMNOG. In: Fink, U.; Kücking, M.; Walzik, E.; Zerth, J. (Hg.), Solidarität und Effizienz im Gesundheitswesen. Festschrift für Herbert Rebscher, Heidelberg, S. 341–352.

Cassel, D.; Jacobs, K. (2008): Wo Rauch ist, ist auch Feuer: Zur ordnungspolitischen Brisanz der GKV-Organisationsreform. In: G+G– Gesundheit und Gesellschaft Wissenschaft, 8(3), S. 7–15.

Cassel, D.; Ulrich, V. (2015): AMNOG auf dem ökonomischen Prüfstand. Funktionsweise, Ergebnisse und Reformbedarf der Preisregulierung für neue Arzneimittel in Deutschland. Gutachten für den Bundesverband der Pharmazeutischen Industrie e. V. (BPI). In: Greiner, W.; Schreyögg, J.; Ulrich, V. (Hg.), Gesundheitsökonomische Beiträge, Bd. 1, Baden-Baden.

DAK Gesundheit (2015): Arzneimittel ohne Mehrwert werden trotzdem verordnet. AMNOG zeigt Schwachstellen im System, Pressemitteilung, 17.2.2015, Hamburg.

Dintsios, C. M. (2014): „Bad Governance" beim AMNOG – Gibt es empirische Anhaltspunkte aus den Verfahren zur frühen Nutzenbewertung? Vortrag auf der Jahrestagung der dggö – Deutsche Gesellschaft für Gesundheitsökonomie am 18.3.2014 in München.

Glaeske, G. (2011): Das AMNOG nach einem Jahr. Mehr Fragen als Antworten – mehr Preisbremse als Qualitätsmotor, in: IMPLICONplus – Gesundheitspolitische Analysen –, 11/2011, S. 1–14.

Greiner, W.; Witte, J. (2015): AMNOG-Report 2015. Nutzenbewertung von Arzneimitteln in Deutschland, Heidelberg 2015.

Greiner, W.; Witte, J. (2016): AMNOG-Report 2016. Nutzenbewertung von Arzneimitteln in Deutschland, Heidelberg 2016.

Hecken, J. (2014): Frühe Nutzenbewertung beim G-BA. Aktueller Stand und zukünftige Herausforderung, in: Diskussionsforum Market Access & Health Economics, 5. November 2014.

Hecken, J. (2015): Über Macht, Transparenz und einen funktionierenden Laden. Interview mit Professor Josef Hecken, unparteiischer Vorsitzender des G-BA. In: Stuppardt, R. (Hg.), Welt der Krankenversicherung, 4(7–8), S. 168–172.

Henke, K.-D. (2015): Nutzen und Preise von Innovationen. Eine ökonomische Analyse zu den Verhandlungskriterien beim AMNOG, Berlin.

Höer, A.; Chen, X. (2013): AMNOG: Zwischenbilanz nach zwei Jahren Erfahrung mit der frühen Nutzenbewertung nach § 35 SGB V. In: Häussler, B.; Höer, A.; Hempel, E. (Hg.), Arzneimittel-Atlas 2013. Der Arzneimittelverbrauch in der GKV, Berlin Heidelberg, S. 381–409.

Kliemt, H. (2005): Elementare Wahrscheinlichkeitstheorie, Theorien und Modelle rationalen Entscheidens, Kapitel 3, Manuskript, Universität Duisburg-Essen.

Klose, K. et al. (2013): Lebensqualität als Wettbewerbsvorteil in der frühen Nutzenbewertung, in: Public Health Forum Vol.21, No. 4, S. 1–14.

Laschet, H. (2015): Kontroverse Zwischenbilanz der frühen Nutzenbewertung. Etabliert – aber noch sehr unvollkommen. In: IMPLICON – Gesundheitspolitische Analysen, (08), Berlin, S. 1–7.

Lux, C. (2015): HTA-Bewertungen im europäischen Vergleich. In: market access & health policy, 01, S. 19–22.

Paar, W. D. (2015): Frühe Nutzenbewertung: unterschiedliche Marktzugangsregelungen in der EU/England. Vortrag auf dem 1. BPI-MARIS-Workshop am 24.März 2015 in Berlin.

pharma-fakten (2015): Eine Initiative von Arzneimittelherstellern in Deutschland, URL: www.pharma-fakten.de.

Pütz, C.; Zörrer, J. (2014): Frühe Nutzenbewertung von Arzneimitteln – Deutschland und Frankreich im Vergleich, GMDS 2014: 59. Jahrestagung der Deutschen Gesellschaft für Medizinische Informatik, Biometrie und Epidemiologie e. V., Göttingen.

Rasch, A. (2015): Gesundheitsbezogene Lebensqualität in der frühen Nutzenbewertung von Arzneimitteln: eine Bestandsaufnahme. Vortrag auf der Jahrestagung der dggö vom 16.-17. März 2015 in Bielefeld.

Rebscher, H. (2015): „Das Gesetz funktioniert in der Praxis". Interview zum AMNOG-Report der DAK Gesundheit. In: market access & health policy, 2, S. 5–6.

Rychlik, R.P.T. (2012): Innovationsfördernde Auswahl der zweckmäßigen Vergleichstherapie? in: Gesundheitsökonomie und Qualitätsmanagement, 17. Jg., 2012, S. 212–218.

Sattelmeier, J.; Prenzler, A.; Frank, M. (2013): Das Arzneimittelmarktneuordnungsgesetz (AMNOG) in der Praxis – erste Erfahrungen, Kritikpunkte und Weiterentwicklungsmöglichkeiten. In: Gesundheitsökonomie und Qualitätsmanagement, 5, S. 213–220.

Schuppert, G. F. (2007): Was ist und wozu Governance? in: Die Verwaltung. Zeitschrift für Verwaltung und Verwaltungswissenschaften. 40 (2007), S. 463–511.

Souladaki, M. (2015): Welchen Einfluss hat ein erfolgreicher Abschluss der frühen Nutzenbewertung von Arzneimitteln auf das Verordnungsverhalten von Ärzten am Beispiel des NOAK-Marktes, Master-Thesis Health Management vom 30.03.2015, APOLLON Hochschule der Gesundheitswirtschaft, Bremen.

Stackelberg, J.-M. von; Tebinka-Olbrich, A. (2015): Eine Zwischenbilanz des AMNOG aus Sicht des GKV-Spitzenverbandes, in: Wille, E. (Hg.), Verbesserung der Patientenversorgung durch Innovation und Qualität, Frankfurt am Main, S. 133–142.

SVR-G – Sachverständigenrat zur Begutachtung der Entwicklung im Gesundheitswesen (2014): Bedarfsgerechte Versorgung – Perspektiven für ländliche Regionen und ausgewählte Leistungsbereiche, Gutachten 2014. http://www:SVR-Gutachten_2014_Langfassung.pdf.

Thürmann, P. A. (2013): Die Frühbewertung des Zusatznutzens von Arzneimitteln aus ärztlicher Sicht. In: Wille, E. (Hg.), Wettbewerb im Arzneimittel- und Krankenhausbereich, Frankfurt am Main, S. 107–125.

Thürmann, P. A. (2015): Ein vorläufiges Fazit nach mehr als 3 Jahren früher Nutzenbewertung. Gastbeitrag in: Greiner, W.; Witte, J. (2015), AMNOG-Report 2015. Nutzenbewertung von Arzneimitteln in Deutschland, Heidelberg, S. 266–279.

vdek – Verband der Ersatzkassen (2015): Einladung zur Pressekonferenz: Ungleiche Partner –Patientenselbsthilfe und Wirtschaftsunternehmen im Gesundheitssektor" am 27. Mai 2015.

vfa (2014): „Das AMNOG im vierten Jahr". Erfahrungsbericht und Regelungsvorschläge der forschenden Pharmaunternehmen, Berlin.

Wille, E. (2014): Wettbewerb in der Arzneimittelversorgung, in: Cassel, D./Jacobs, K./Vauth. C./Zerth, J. (Hg.): Solidarische Wettbewerbsordnung. Genese, Umsetzung und Perspektiven einer Konzeption zur wettbewerblichen Gestaltung der Gesetzlichen Krankenversicherung, Heidelberg 2014, S. 225–256.

Sibylle Steiner

# Steuerung der Arzneimittelversorgung aus Sicht der Kassenärztlichen Bundesvereinigung

## 1. Notwendigkeit zur Neuausrichtung der Wirtschaftlichkeitsprüfung

Obwohl der Gesetzgeber beginnend mit dem GKV-Wettbewerbsstärkungsgesetz 2007 und dem Arzneimittelmarktneuordnungsgesetz 2010 schrittweise erste Maßnahmen zur Entlastung der Vertragsärzte bei der Richtgrößenprüfung eingeführt hat, wurde erst im Zuge des GKV-Versorgungsstärkungsgesetz die Ablösung der Richtgrößenprüfung als Regelprüfart ab dem Jahr 2017 vorgesehen. Die Richtgrößenprüfung sorgt aufgrund der damit verbundenen Regressgefahr für Verunsicherung nicht nur in der Ärzteschaft, sondern hat sich auch zunehmend als Niederlassungshemmnis für junge Ärzte herausgestellt.

Die Ausgaben für Arzneimittel werden heute wesentlich durch Rabattverträge zwischen Krankenkassen und pharmazeutischen Herstellen und durch die Vereinbarung bzw. Festlegung von Erstattungsbeträgen zwischen GKV-Spitzenverband und pharmazeutischen Herstellern auf Basis der frühen Nutzenbewertung für Arzneimittel mit neuen Wirkstoffen beeinflusst. Die Vertragsärzte haben keinen Einfluss auf die Preisgestaltung von pharmazeutischen Unternehmen oder die Höhe der durch die GKV verhandelten Rabatte. Demzufolge können Vertragsärzte unter solchen Rahmenbedingungen lediglich die Verantwortung für den evidenzorientierten und indikationsgerechten Einsatz eines Arzneimittels übernehmen. Daran ist auch die Wirtschaftlichkeit von vertragsärztlichen Verordnungen zu bewerten.

Eine Ablösung der preisbezogenen Steuerung des Ausgabenvolumens durch eine strukturelle Steuerung der Arzneimittelversorgung im Sinne einer stärkeren Ausrichtung auf eine rationale Pharmakotherapie ist daher längst überfällig geworden. Hierfür müssen jedoch für diejenigen, die für die Überprüfung der Wirtschaftlichkeit verantwortlich sind, geeignete Instrumente zur Verfügung stehen und nicht zuletzt die Ärzte bei der Umsetzung mit konkreten Entscheidungshilfen für die Verordnungspraxis unterstützt werden.

## 2. Medikationskatalog der KBV für die Steuerung der Arzneimittelversorgung

Eine Möglichkeit, die arzneimittelpreisbezogene Richtgrößenprüfung abzulösen, stellt aus Sicht der Kassenärztlichen Bundesvereinigung (KBV) die Steuerung über einen Medikationskatalog, der die Auswahl eines wirtschaftlichen Arzneimittels unterstützt, dar. Ziel einer solchen Steuerung ist, dass Ärzte zum überwiegenden Teil gemäß den Empfehlungen des Medikationskatalogs verordnen. Er stellt somit eine Entscheidungshilfe für den Arzt dar, die ihn im Hinblick auf eine evidenzbasierte, sichere und wirtschaftliche Verordnungsentscheidung unterstützen soll.

Einen solchen wirkstoffbasierten Katalog stellt die KBV seit April 2014 in der regionalen Arzneimittelinitiative Sachsen und Thüringen (ARMIN), bei der die Kassenärztlichen Vereinigungen Sachsen und Thüringen sowie die AOK PLUS Vertragspartner sind, zur Verfügung. Er wird dort in mehr als 550 Arztpraxen erprobt. Die teilnehmenden Ärzte erhalten über ihre Praxisverwaltungssoftware bei der Verordnung Hinweise darüber, ob es sich bei einem ausgewählten Wirkstoff beispielsweise um einen Standard- oder Reservewirkstoff oder einen nachrangig zu verordnenden Wirkstoff handelt. Für 20 Indikationen hat die KBV entsprechende Wirkstoffbewertungen durchgeführt (siehe Abb. 1).

*Abbildung 1: Indikationsübersicht*

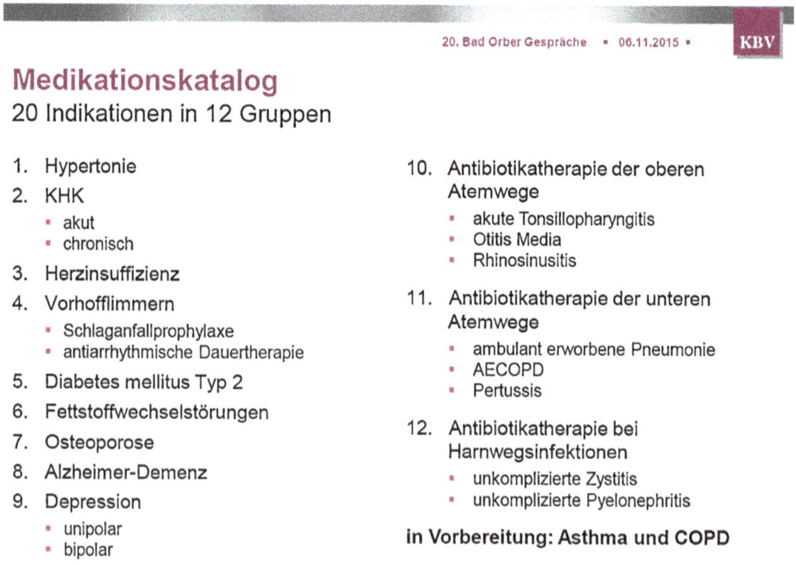

**Medikationskatalog**
20 Indikationen in 12 Gruppen

1. Hypertonie
2. KHK
   - akut
   - chronisch
3. Herzinsuffizienz
4. Vorhofflimmern
   - Schlaganfallprophylaxe
   - antiarrhythmische Dauertherapie
5. Diabetes mellitus Typ 2
6. Fettstoffwechselstörungen
7. Osteoporose
8. Alzheimer-Demenz
9. Depression
   - unipolar
   - bipolar

10. Antibiotikatherapie der oberen Atemwege
    - akute Tonsillopharyngitis
    - Otitis Media
    - Rhinosinusitis
11. Antibiotikatherapie der unteren Atemwege
    - ambulant erworbene Pneumonie
    - AECOPD
    - Pertussis
12. Antibiotikatherapie bei Harnwegsinfektionen
    - unkomplizierte Zystitis
    - unkomplizierte Pyelonephritis

in Vorbereitung: Asthma und COPD

*Quelle: KBV*

Im folgenden Abschnitt wird die Vorgehensweise bei der Erstellung des Medikationskataloges für die Verwendung in ARMIN kurz skizziert.

## 2.1 Transparente Aufbereitung der Evidenz

Die Auswahl der Indikationen für den Medikationskatalog erfolgte im Wesentlichen unter dem Aspekt der Relevanz für die Grundversorgung und in Abstimmung mit den an ARMIN beteiligten Vertragspartnern.

Der Evidenzbewertung der Wirkstoffe in den 20 federführend durch die KBV aufbereiteten Indikationen liegen u. a. Leitlinien, Therapieempfehlungen der Arzneimittelkommission der deutschen Ärzteschaft (AkdÄ), Abschlussberichte des IQWiG, Therapiehinweise des Gemeinsamen Bundesausschusses (G-BA), G-BA-Beschlüsse zur frühen Nutzenbewertung, Empfehlungen des Disease-Management-Programms (DMP), die Publikation Wirkstoff AKTUELL der KBV, Hinweise aus der Priscus-Liste und seit 2016 auch Cochrane Reviews zu Grunde. Die Regelungen der Arzneimittel-Richtlinie des G-BA sind selbstverständlich ebenfalls berücksichtigt.

Im Rahmen des Bewertungsprozesses wurde für jede Indikation zunächst nach den oben genannten Evidenzquellen recherchiert. Auf deren Basis erfolgte dann eine Einteilung der Wirkstoffe in die entsprechenden Kategorien. Diese Bewertung wurde einem internen sowie externen Review unterzogen. Die Details zur Vorgehensweise sowie zum Bewertungsprozess und -ergebnis sind in den nachfolgenden Abbildungen 2 und 3 dargestellt.

156  Sibylle Steiner

*Abbildung 2: Vorgehensweise bei der Erstellung des Medikationskataloges*

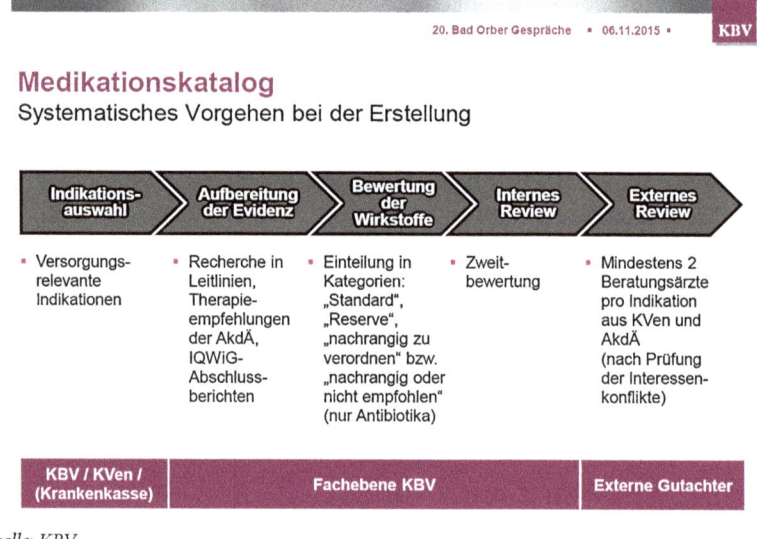

Quelle: KBV

*Abbildung 3: Algorithmus der Bewertung und Ergebnis der Einstufung*

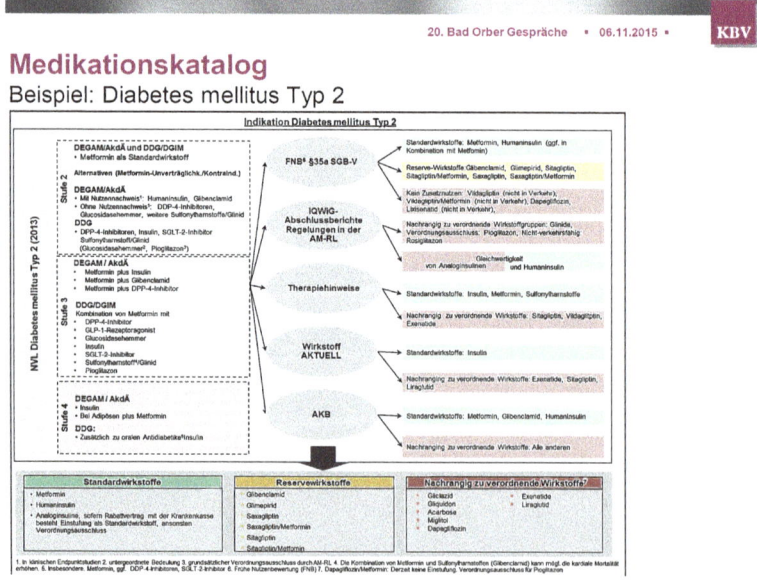

Quelle: KBV

## 2.2 Zentrale Erfolgsfaktoren

Damit die Empfehlungen des Medikationskataloges auch in einer hochfrequentierten Sprechstunde umsetzbar sind, ist es unbedingt erforderlich, dass die Praxisverwaltungssoftware beim Verordnungsvorgang einen Hinweis zur Einstufung des ausgewählten Wirkstoffes gibt. Ebenso muss es den anwendenden Ärzten auch möglich sein, das Bewertungsergebnis nachvollziehen zu können. Daher hat die KBV für jede Indikation die Rechercheergebnisse und den Bewertungsprozess detailliert aufbereitet. Alle Unterlagen stehen den an ARMIN teilnehmenden Ärzten als Nachschlagewerke zur Verfügung.

Ein weiterer relevanter Punkt für die erfolgreiche Implementierung des Medikationskataloges ist, die jährliche Aktualisierung des Medikationskataloges zu gewährleisten. Mittlerweile hat die KBV die Pflege und Aktualisierung des Medikationskataloges auf eine breite institutionelle Basis gestellt. Sie wird hierbei durch PMV Forschungsgruppe an der Universität Köln sowie durch die Kassenärztliche Vereinigung Baden-Württemberg unterstützt.

Damit kann der Medikationskatalog zukünftig auch weiteren Kassenärztlichen Vereinigungen als alternatives Steuerungsinstrument für eine wirtschaftliche Arzneimittelversorgung im kollektivvertraglichen Bereich zur Verfügung gestellt werden.

## 3. Frühe Nutzenbewertung von Arzneimitteln nach § 35a SGB V

Vor dem Hintergrund der oben beschriebenen Notwendigkeit einer strukturellen Steuerung der Arzneimittelversorgung im Sinne einer stärkeren Ausrichtung auf eine rationale Pharmakotherapie kommt der frühen Nutzenbewertung von Arzneimitteln mit neuen Wirkstoffen nach § 35a SGB V eine besondere Bedeutung zu.

### 3.1 Auswirkungen auf die Vertragsärzte

Der Stellenwert eines neuen Medikamentes im Vergleich zum Therapiestandard wird aufgrund der frühen Nutzenbewertung bereits zu einem frühen Zeitpunkt transparent. Der Vertragsarzt erhält Kenntnis, welche Patientengruppen von der neuen Therapie besonders profitieren und welche Anforderungen an eine qualitätsgesicherte Anwendung zu beachten sind. Die frühe Nutzenbewertung hat allerdings auch Auswirkungen auf die Wirtschaftlichkeit der vertragsärztlichen Verordnung, wenngleich diesbezüglich noch zu wenig Klarheit herrscht.

Von der frühen Nutzenbewertung eines neu zugelassenen Arzneimittels bis zur Vereinbarung bzw. Festlegung eines Erstattungsbetrages sind grundsätzlich drei Phasen zu unterscheiden (siehe auch Abb. 4):

*Abbildung 4: Frühe Nutzenbewertung und Einschätzung der Wirtschaftlichkeit der Verordnung*

20. Bad Orber Gespräche    06.11.2015    KBV

## Frühe Nutzenbewertung nach § 35a SGB V
Wirtschaftlichkeit von Arzneimitteln

| Phasen | ohne Zusatznutzen | mit Zusatznutzen im gesamten Anwendungsgebiet | mit Zusatznutzen in Teil-Indikationen / Subgruppen |
|---|---|---|---|
| Markteintritt bis G-BA-Beschluss (nach 6 Monaten) | Beschluss des G-BA liegt zu diesem Zeitpunkt noch nicht vor. Verordnung kann unwirtschaftlich sein, allerdings erhöhte Beweis- und Darlegungslast durch die Prüfungsstellen! | | |
| G-BA-Beschluss bis Erstattungsbetrag (nach 12 Monaten) | i. d. R. unwirtschaftlich | unklar | Teilindikationen ohne Zusatznutzen: i. d. R. unwirtschaftlich  Teilindikationen mit Zusatznutzen: unklar |
| nach Erstattungsbetrag | Wirtschaftlichkeit wird über Erstattungsbetrag hergestellt | eher wirtschaftlich | Teilindikationen ohne Zusatznutzen: Position GKV: i. d. R. unwirtschaftlich, sofern teurer als zVT  Teilindikationen mit Zusatznutzen: eher wirtschaftlich |

Quelle: KBV

### Phase 1: Markteintritt bis G-BA-Beschluss

Ein neu zugelassenes Arzneimittel ist grundsätzlich zu Lasten der GKV verordnungsfähig, sofern es verschreibungspflichtig ist und nicht einem gesetzlichen o der einem Verordnungsausschluss nach der Arzneimittel-Richtlinie unterliegt. Für seine Verordnung gilt insbesondere das Wirtschaftlichkeitsgebot nach § 12 SGB V. Diese kann unwirtschaftlich sein, wenn es bei therapeutisch gleichwertigen Behandlungsalternativen eine kostengünstigere Therapieoption gibt.

### Phase 2: G-BA-Beschluss bis zur Vereinbarung bzw. Festsetzung des Erstattungsbetrags

In dieser Phase kann insbesondere die Verordnung von Arzneimitteln ohne Zusatznutzen oder bei Teilindikationen, in denen das Arzneimittel keinen Zusatznutzen hat, als unwirtschaftlich gelten, sofern der Preis des Arzneimittels höher liegt als der für die zweckmäßige Vergleichstherapie und solange noch kein Erstattungsbetrag feststeht.

## Phase 3: Nach Vereinbarung bzw. Festsetzung des Erstattungsbetrags

Ein Arzneimittel ohne Zusatznutzen, bei dem der Erstattungsbetrag dem Preis der zweckmäßigen Vergleichstherapie entspricht, ist aufgrund der gesetzlichen Vorgaben grundsätzlich als wirtschaftlich anzusehen. Arzneimittel mit Zusatznutzen und einem Erstattungsbetrag über dem Preis der zweckmäßigen Vergleichstherapie sind hingegen bei der Einschätzung der Wirtschaftlichkeit der Verordnung in Abhängigkeit der Bewertung des Zusatznutzens für einzelne Subgruppen differenziert zu betrachten.

Die indikationsgerechte Verordnung eines Arzneimittels mit einem Zusatznutzen im gesamten Anwendungsgebiet oder in einer Subpopulation mit hohem Zusatznutzen ist als wirtschaftlich anzunehmen. Kritisch wird die Einschätzung der Wirtschaftlichkeit bei der Verordnung in einer Subpopulation ohne Zusatznutzen Hier könnten die Krankenkassen die Verordnung als unwirtschaftlich einstufen, obwohl der vereinbarte Erstattungsbetrag als Mischpreis auch diese Subgruppen berücksichtigt. Krankenkassen haben bereits in solchen Konstellationen Einzelfallprüfanträge gestellt. Für den Arzt wären hierfür allerdings die detaillierte Kenntnis der GBA-Bewertung und eine eindeutige Zuordnung des Patienten zur betreffenden Subgruppe erforderlich. Dies ist jedoch weder in allen Fällen praktikabel noch sachgerecht, z. B. wenn:

- eine Ersteinstellung der Patienten z. B. nach einem akuten Koronarsyndrom im Krankenhaus stattfindet. Dort gelten die Bestimmungen der Arzneimittel-Richtlinien nicht. Ggf. liegen auch dem Vertragsarzt zum Zeitpunkt der Weiterverordnung nicht alle Informationen im Detail vor.
- der fehlende Zusatznutzen z. B. bei onkologischen Arzneimitteln darauf zurückzuführen ist, dass für diese Patientengruppe gegenüber der zweckmäßigen Vergleichstherapie keine Daten aus Studien vorliegen.
- der GKV-Spitzenverband mit dem pharmazeutischen Hersteller Mischpreise verhandelt, in die bei der Volumenberechnung Patientenzahlen für Subpopulationen mit und ohne Zusatznutzen einfließen.

### 3.2 Reformbedarf

Die Reformierung der frühen Nutzenbewertung sollte aus Sicht der KBV zwei Ansätze beinhalten:

1. Optimierung der Information der Vertragsärzte

Die Beschlüsse und Bewertungen des G-BA sollten vom Arzt bei der Therapieentscheidung berücksichtigt werden und diese sich damit auch verordnungssteuernd auswirken. Hierfür ist allerdings erforderlich, dass die G-BA-Beschlüsse praxisnah aufbereitet werden. Beispielsweise fließen in die Empfehlungen des Medikationskatalogs der KBV bereits die entsprechenden Beschlüsse des G-BA zur frühen Nutzenbewertung ein. Darüber hinaus sollten G -BA-Beschlüsse als kurze Darstellungen von:

- Anwendungsgebiet des betreffenden Arzneimittels,
- Zusatznutzen ggf. einschließlich der Subgruppenbewertungen sowie
- Anforderungen an die qualitätsgesicherte Anwendung

in den Praxissoftwaresystemen der Vertragsärzte abgebildet werden. Die KBV hält daher eine entsprechende Ergänzung in § 73 Abs. 8 SGB V für notwendig.

2. Herstellung von mehr Verordnungssicherheit für Vertragsärzte

Die Verordnung von neuen Arzneimitteln in Indikationsgebieten ohne Zusatznutzen sollte grundsätzlich kritisch abgewogen werden. Ein Regressrisiko für die Verordnung im Einzelfall ist jedoch aus den oben dargelegten Gründen keinesfalls gerechtfertigt. Vielmehr müssen sich – sofern Hersteller und GKV-Spitzenverband Mischpreise verhandeln – die Vertragsärzte darauf verlassen können, dass der vereinbarte oder festgelegte Erstattungsbetrag die Wirtschaftlichkeit über das gesamte Anwendungsgebiet und damit auch für die Subgruppen ohne Zusatznutzen herstellt. Ggf. sind hierfür zukünftig verbindliche Preis-Volumenvereinbarungen zwischen Hersteller und GKV-Spitzenverband zu treffen, die dann auch für die Vertragsärzte mehr Verordnungssicherheit bedeuten würden.

Gerhard Schulte

# Vier Jahre AMNOG-Schiedsstelle – ein kritischer Überblick

Die AMNOG-Schiedsstelle hat sich zum 1. Juli 2011 konstituiert. Bis zum Ablauf der Amtszeit der von den Trägerverbänden bestellten Mitglieder am 30. Juni 2015 wurden 24 Verfahren eingeleitet.

- 8 Verfahren wurden vor der mündlichen Verhandlung von den beteiligten Vertragspartnern nach Einigung für erledigt erklärt.
- 16 Verfahren wurden durch Schiedsspruch abgeschlossen.
- Davon betrafen 2 Verfahren die Rahmenvereinbarung nach § 130b Abs. 9 SGB V und 14 Verfahren die Festsetzung des Vertragsinhalts von neuen Arzneimitteln.
- Gegen 12 Entscheidungen der Schiedsstelle wurden Rechtsmittel beim zuständigen Landessozialgericht (LSG) Berlin-Brandenburg eingelegt, davon 3 Anträge auf einstweiligen Rechtsschutz mit dem Ziel, die aufschiebende Wirkung einer Klage gegen den Schiedsspruch wieder herzustellen. Die 3 Anträge wurden abgewiesen. In einem Fall wurde ein Antrag auf Aufhebung des Beschlusses des LSG gestellt, über den noch nicht entschieden ist. Eine Klage betrifft die Rahmenvereinbarung. Eine Klage gegen die Festsetzung des Vertragsinhalts wurde zurückgenommen. In keinem der verbleibenden 8 Rechtsstreite hat bis Mitte November 2015 eine mündliche Verhandlung stattgefunden. Die erste Klage wurde am 30.08.2012 eigereicht.
- 8 von 12 Herstellern haben nach der Entscheidung der Schiedsstelle „opt out" gewählt.

## Rechtliche Grundlagen für Schiedssprüche

Nach ständiger Rechtsprechung des Bundessozialgerichts sind Beschlüsse der Schiedsstelle vertragsgestaltende Verwaltungsakte (z. B. BSG vom 14.12.2000 – B 3 P 19/00 R). Es gelten insoweit die Regelungen der §§ 31 ff SGB X über den Verwaltungsakt. Die gerichtlichen Kontrollmöglichkeiten eines Schiedsspruchs sind eingeschränkt (BSG vom 29.01.2009 – B 3 P 7/08 R). Der Gesetzgeber hat die Schiedsstelle als weisungsfreies, mit den Vertretern der Interessen der betroffenen Vertragsparteien besetztes Konfliktlösungsgremium ausgestaltet. Der Schiedsstelle steht deshalb für ihre Bewertungen und Beurteilungen eine

Einschätzungsprärogative zu, sodass bei Schiedsstellenenscheidungen ausschließlich zu prüfen ist, ob

1. die Ermittlung des Sachverhalts in einen fairen Verfahren unter Wahrung des rechtlichen Gehörs erfolgt ist,
2. zwingendes Gesetzesrecht beachtet ist,
3. der bestehende Beurteilungsspielraum eingehalten worden ist und
4. der Schiedsspruch mit einer hinreichenden Begründung versehen ist.

Im Verwaltungsverfahren gilt zwar grundsätzlich der Untersuchungsgrundsatz. Aufgrund der kurzen Dreimonatsfrist für das gesamte Verfahren vor der Schiedsstelle darf diese aber unstreitige Positionen der Vertragsparteien ohne weitere Prüfung ihrer Entscheidung zu Grunde legen.

Die Entscheidungen der AMNOG-Schiedsstelle werden nicht veröffentlicht, sind aber in der Geschäftsstelle einsehbar. Nicht zur Verfügung stehen die konkretisierenden Anträge der Vertragsparteien, sodass sich allein aufgrund der Beschlussbegründung in einigen Fällen der Sachverhalt nicht vollständig erschließt. Die folgende Erörterung der Beschlüsse der Schiedsstelle beschränkt sich auf tatsächliche und rechtliche Fragen der Entscheidungsfindung. Eine Bewertung der medizinischen Grundlagen der vorausgehenden Beschlüsse des Gemeinsamen Bundesausschusses (GBA) ist ohnehin nicht Auftrag der Schiedsstelle.

## Schiedsspruch vom 19.07.2012 (Wirkstoff Bromfenac)

Das pharmazeutische Unternehmen (pU) hat trotz Aufforderung durch den GBA kein Dossier vorgelegt, da es der Auffassung war, wegen der Geringfügigkeit der Ausgaben für die Gesetzliche Krankenkasse (GKV) hierzu nicht verpflichtet zu sein. Gemäß § 35a Abs. 1 Satz 5 SGB V gilt ein Zusatznutzen in solchen Fällen als nicht belegt. Der GBA hat auf eine Beauftragung des Instituts für Qualität und Wirtschaftlichkeit im Gesundheitswesen (IQWiG) zur Nutzenbewertung verzichtet und eine eigene Nutzerbewertung mit dem gesetzlich vorgesehenen Ergebnis veröffentlicht. Weiterhin hat er die zweckmäßige Vergleichstherapie (zVT) und deren Jahrestherapiekosten sowie die Zahl der Behandlungsfälle bestimmt.

Die zentrale Frage für die Schiedsstelle war: wieweit reicht die Entscheidungskompetenz des GBA im Nutzenbewertungsbeschluss, wenn kein Dossier vorliegt. Die Schiedsstelle hat in Übereinstimmung mit der Gesetzesbegründung zu § 35a Abs. 1 SGB V festgestellt: ein fehlendes Dossier hat nicht zu Folge, dass die Ermittlung der Jahrestherapiekosten vom GBA auf die Vertragsparteien oder die Schiedsstelle übergeht. Dies hätte andernfalls eine umfangreiche Ermittlung der Evidenz bzw. eine Beweisaufnahme unter Zuziehung von medizinischen

Sachverständigen erfordert, wozu schon die Dreimonatsfrist nicht ausreiche. Der GBA könne neben der Nutzenbewertung auch in diesem Fall Folgeentscheidungen treffen.

In diesem Kontext hat die Schiedsstelle auch erstmalig bestätigt, dass die Feststellungen des GBA zu Jahrestherapiekosten für Vertragsparteien und Schiedsstelle bindend sind, sowie die Heranziehung des zum Zeitpunkt des Beschlusses wirtschaftlichste Präparat als zVT nicht zu beanstanden ist. Eine entsprechende gesetzliche Klarstellung trat erst zum 01.09.2013 in Kraft.

## Schiedsspruch vom 07.02.2013 (Wirkstoff Retigabin)

Der Originalhersteller hat den Wirkstoff zum 15.05.2011 in Verkehr gebracht und nach dem Nutzenbewertungsbeschluss des GBA vom 03.05.2012 vom Markt genommen. Der verfahrensbeteiligte Importeur hat den Wirkstoff zum 15.08.2012 erneut in Kenntnis der Bewertung in Verkehr gebracht. Der GBA hatte den Zusatznutzen im Verhältnis zur zVT als nicht belegt bewertet, da erforderliche Nachweise nicht vollständig vorgelegt wurden. Weiterhin hatte der GBA die zVT in zwei Varianten, deren Jahrestherapiekosten und die Zahl der für eine Behandlung in Betracht kommenden Patienten bestimmt. Die Verhandlungen über den Erstattungsbetrag zwischen GKV-Spitzenverband (GKV-SV) und Importeur wurden von letzterem abgebrochen und das Arzneimittel zum 01.11.2012 außer Verkehr gesetzt.

Der Importeur beantragte bei einem aktuellen Abgabepreis von 62,62 € einen Erstattungsbetrag von 54,20 €, der GKV-SV einen Erstattungsbetrag von 6,03 €. Der Antrages GKV-SV orientierte sich an den Jahrestherapiekosten der zVT, der Antrag des Importeurs an den Einkaufspreisen des Bezugslandes Österreich.

Die Schiedsstelle musste sich zunächst mit der Bindungswirkung der Rahmenvereinbarung für Importeure befassen, da nach Auffassung des pU die Spitzenorganisation der Parallelimporteure bei der Festlegung hätte beteiligt werden müssen, was nicht der Fall war. Die Schiedsstelle ordnete zu recht die Rahmenvereinbarung als öffentlich-rechtlichen Rahmenvertrag ein, der auch weitere vom Gesetz vorgesehene Adressaten bindet.

Zur vom GKV-SV beantragten Höhe des Erstattungsbetrages trug der pU vor, dass ein Rabatt von 90 % ein enteignungsgleicher Eingriff im Sinne der Art. 14 und 12 Grundgesetz, zudem sittenwidrig und nach § 138 Abs. 2 BGB nichtig sei. Außerdem sei Kartellrecht anzuwenden, da der GKV-SV ein marktbeherrschendes Unternehmen sei. Die Schiedsstelle stellte zur Frage der Anwendung des Kartellrechtes klar, dass die Ausnahme des § 69 Abs. 2 Satz 2 SGB V greife, da es sich hier um Verträge handele, zu deren Abschluss die Parteien verpflichtet sind. Das beziehe sich auch auf den Vertragsinhalt und die Höhe der Erstattung.

Die Schiedsstelle hat dem Antrag des GKV-SV zur Höhe des Erstattungsbetrages entsprochen, da er die Verhandlungsobergrenze beachtet habe. Zudem sei es korrekt, die unterschiedlichen Dosierungen der beiden Wirkstoffe der zVT zu mitteln und die Verordnungszahlen auf der Grundlage von Daten nach § 217f Abs. 7 SGB V zu verwenden. Das Gültigkeitsdatum des Erstattungsbetrages ist der 15.05.2012, da die einjährige freie Preisbildung entsprechend § 4 Abs. 8 der Rahmenvereinbarung nur einmalig gilt.

Der Importeur hat in Kenntnis der Ausgangslage ein Risiko mit dem erneuten Inverkehrbringen des Wirkstoffes offensichtlich bewusst in Kauf genommen. Seine Argumentation mit Hinweis auf Einkaufspreise im Ausland konnte bei einem Arzneimittel ohne Zusatznutzen nicht tragen, ebenso wenig wie seine Auffassung, die Rahmenvereinbarung sei wegen Nichtbeteiligung des Verbandes der Importeure nicht anwendbar. Bedenklich erscheint zu diesem Zeitpunkt allerdings die Einführung von Daten nach § 217f Abs. 7 SGB V, also der Morbi-RSA Daten, die dem pU zur Überprüfung nicht zur Verfügung standen. Die Schiedsstelle hat diesen Sachverhalt mit einer späteren Entscheidung zur Rahmenvereinbarung korrigiert.

## Schiedsspruch vom 06.03.2013 (Wirkstoff Cannabis Sativa)

Die Schiedsstelle hat sich hier erstmals mit einem Arzneimittel mit Zusatznutzen befasst. Der GBA hat einen Anhaltspunkt für einen geringen Zusatznutzen aufgrund der Linderung der krankheitsbedingten Symptome (MS) bei 40 bis 75 % der Patienten festgestellt. Er hat als zVT sechs Arzneimittel mit Jahrestherapiekosten zwischen 65,99 € und 834,39 € bestimmt und wegen unsicherer Datenlage eine Befristung von drei Jahren festgelegt.

Um einen angemessen Erstattungsbetrag bei einem Arzneimittel mit Zusatznutzen zu ermitteln, sieht § 130b SGB V i.V.m. § 6 der Rahmenvereinbarung drei Kriterien vor: Den Zusatznutzen entsprechend der Nutzenbewertung des GBA gemäß § 35a Abs.3 SGB V, die Jahrestherapiekosten vergleichbarer Arzneimittel und die tatsächlichen Abgabepreise in anderen europäischen Ländern gemäß § 130b Abs. 9 Satz 3 SGB V. Das Gewicht der drei Kriterien in einer Gesamtbewertung zur Ermittlung eines angemessenen Erstattungsbetrages ist im Gesetz nicht festgelegt und liegt im Ermessen der Vertragsparteien bzw. der Schiedsstelle. Die Schiedsstelle hat hier erstmals festgelegt, dass das Hauptkriterium für die Ermittlung des Erstattungsbetrages der vom GBA festgestellte Zusatznutzen im Verhältnis zur zVT sein muss.

Zur Ermittlung der Jahrestherapiekosten eines jeden der sechs Arzneimittel der zVT hat der GKV-SV auf den Jahresverbrauch der definierten Tagesdosen (DDD) zurückgegriffen und dadurch die mittleren Ausgaben der GKV in diesem Anwendungsgebiet bestimmt. Die Schiedsstelle hat sich das aus der Tabelle 1 ersichtliche Ergebnis von 154,00 € für seine Entscheidung zu eigen gemacht.

Für die Monetarisierung des Zusatznutzens berücksichtigt der GKV-SV das Ausmaß und die Wahrscheinlichkeit des Zusatznutzens sowie die patientenrelevanten Effekte. Dies führt, wie die Tabelle 2 zeigt, zu einem Zuschlag von 290,00 €, der sich allerdings nicht aus der umfangreichen Darstellung der Position des GKV-SV in der Begründung des Schiedsspruchs nachvollziehen lässt.

*Tabelle 1: Beispiel 1 – Arzneimittel mit geringem Zusatznutzen – Kombinationspräparat*

## Die zweckmäßige Vergleichstherapie

| Arznei-mittel | Jahresverbrauch definierter Tagesdosen je Patient [amtliche DDD]* | Durchschnittliche Jahrestherapie-kosten je Patient auf Ebene des ApU [amtliche DDD**] | Anteil behandelter Patienten [%]* | Anteiliger Preis je Arzneimittel auf Ebene des ApU |
|---|---|---|---|---|
| 1*** | 365 DDD (50 mg oral) | € 89,06 | 60 | € 53,44 |
| 2 | 365 DDD (125 mg oral) | € 475,96 | 1 | € 4,76 |
| 3 | Keine amtliche DDD vorhanden[1] | € 441,89**** | Vom Hersteller nicht berücksichtigt; GKV-SV nimmt 2% an (GamSi-Daten) | € 8,84 |
| 4*** | 365 DDD (125 mg oral) | € 75,56 | 3 | € 2,27 |
| 5*** | 365 DDD (12 mg oral) | € 90,67 | 19 | € 17,23 |
| 6 | 365 DDD (0,2 g oral) | € 263,71 | 31 | € 81,75 |
| Anteilig gemittelte Gesamtkosten der zweckmäßigen Vergleichstherapie auf ApU-Ebene | | | | € 168,32 |
| Anteilig gemittelte Gesamtkosten der zweckmäßigen Vergleichstherapie auf ApU-Ebene abzüglich Herstellerabschlag nach § 130a Abs. 3b SGB V | | | | **€ 154,18** |

ApU: Abgabepreis pharmazeutischer Unternehmer; [1]: ersatzweise wird Methode des GBA-Beschlusses herangezogen
*: Vergl. Herstellerdossier zur Nutzenbewertung; **: bei Unterschieden in der Höhe der Kosten aufgrund unterschiedlicher Wirkstärken wurde die günstigere Packung verwendet. ***: Festbetrag; ****: Mittelwert der Jahrestherapiekosten lt. GBA-Beschluss auf Ebene des ApU
GERHARD SCHULTE

*Tabelle 2: Beispiel 1 – Arzneimittel mit geringem Zusatznutzen – Kombinationspräparat*

## Monetarisierung des Zusatznutzens

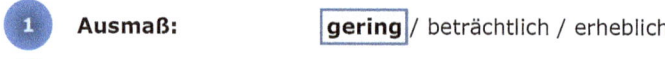

**1** Ausmaß: gering / beträchtlich / erheblich

**2** Wahrscheinlichkeit: Anhaltspunkt / Hinweis / Beleg

**3** Patientenrelevante Effekte
→ Verlängerung des Überlebens (Mortalität)
→ **Verbesserung des Gesundheitszustandes (Morbidität)**
→ Verkürzung der Krankheitsdauer
→ Verringerung von Nebenwirkungen
→ Verbesserung der Lebensqualität

JthKzwVT € 154,00 + ZuZN € 290,00 = € 444,00

JthKzwVT: Jahrestherapiekosten der zweckmäßigen Vergleichstherapie; ZuZN: Zuschlag Zusatznutzen

Die Jahrestherapiekosten eines vergleichbaren Arzneimittels liegen nach Angaben des pU zwischen 3.960 € und 4.165 €. Der GKV-SV kommt aufgrund einer anderen Berechnung auf eine Betrag zwischen 1.240 € und 1.500 €, wobei er die erstmalige Implantation einer erforderlichen Pumpe nicht berücksichtigt, sondern nur das Nachfüllen der Pumpe alle sechs Wochen. Die Schiedsstelle übernimmt den vom GKV-SV errechneten Betrag, allerdings mit dem ergänzenden Hinweis, dass das Arzneimittel lediglich bei rund 1 % der betroffenen Patienten eingesetzt werden kann.

Die Höhe der tatsächlichen Abgabepreise europäischer Länder hat der GKV-SV, wie aus der Tabelle 3 ersichtlich, berechnet. Der bevölkerungsgewichtete Mittelwert der Jahreskosten von 4.753 € war nicht umstritten.

Vier Jahre AMNOG-Schiedsstelle – ein kritischer Überblick 167

Tabelle 3: Beispiel 1 – Arzneimittel mit geringem Zusatznutzen – Kombinationspräparat

## Europäische Preise des Arzneimittels

| Land | Bevölkerung 2011* | Tatsächlicher Preis je Packung [€]** | Kosten im Jahr | Kaufkraftbereinigter Preis je Packung*** | Kosten im Jahr |
|---|---|---|---|---|---|
| Dänemark | 5.552.037 | € 522,17 | € 5.644,66 | € 399,31 | € 4.316,58 |
| Großbritannien | 62.498.610 | € 469,49 | € 5.075,19 | € 443,67 | € 4.796,02 |
| Österreich | 8.404.252 | € 464,00 | € 5.015,84 | € 439,17 | € 4.747,43 |
| Schweden | 9.415.570 | € 498,74 | € 5.391,38 | € 379,39 | € 4.101,26 |
| Spanien | 46.152.926 | € 402,93 | € 4.355,67 | € 451,44 | € 4.880,10 |
| Maximum | | € 522,17 | € 5.644,66 | € 451,44 | € 4.880,10 |
| Mittelwert | | € 471,47 | € 5.096,55 | € 422,60 | € 4.568,28 |
| Minimum | | € 402,93 | € 4.355,67 | € 379,39 | € 4.101,26 |
| Bevölkerungsgewichteter Mittelwert | | € 450,17 | € 4.866,38 | € 439,65 | € 4.752,61 |

*: Quelle: Eurostat; **: Anlage des Antrags;
***: Für die Kaufkraftbereinigung der Preise werden die Kaufkraftparitäten des Warenkorbes BIP von 2011 herangezogen
(Quelle: Eurostat, Stand 10.07.2012)

GERHARD SCHULTE

Der GKV-SV kommt bei der Zusammenführung der drei Kriterien mit der Gewichtung 50 % für Zusatznutzen, 30 % für das vergleichbare Arzneimittel und 20 % für europäische Preise, wie aus der Tabelle 4 ersichtlich, zu einem Erstattungsbetrag für die Jahrestherapiekosten von 1.393 € bzw. zu einem Packungspreis von 128,90 €.

Tabelle 4: Beispiel 1 – Arzneimittel mit geringem Zusatznutzen – Kombinationspräparat

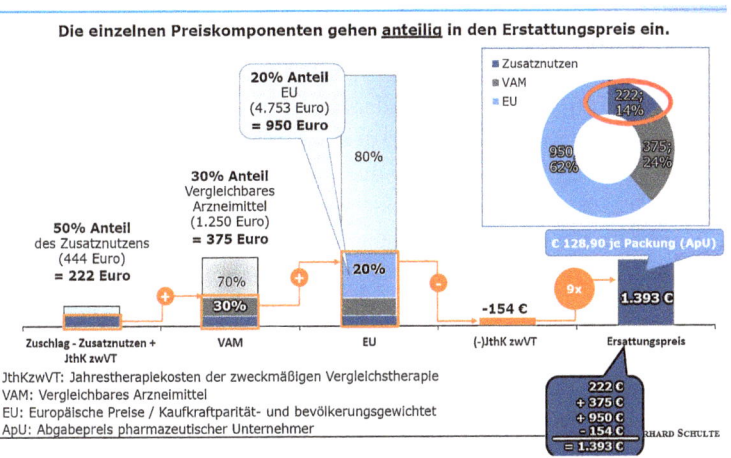

Der pU ermittelt unter Berücksichtigung der dargestellten Unterschiede einen Erstattungsbetrag von 369,60 € je Packung. Die Schiedsstelle hat aufgrund der Ausführungen der Patientenvertreterin und der Sachverständigen des pU in der mündlichen Verhandlung eine Verbesserung der Lebensqualität berücksichtigt und deshalb den Zusatznutzen höher als der GKV-SV bewertet. Sie setzte den Erstattungsbetrag auf 150,00 € je Packung fest.

Die Ermittlung des Erstattungsbetrages durch den GKV-SV ist bis auf den Zuschlag für den Zusatznutzen nachvollziehbar, die Entscheidung der Schiedsstelle kaum. Zunächst entfernt sich die Schiedsstelle von der fachlichen Bewertung des GBA in Sachen Lebensqualität. Dann hätte die Schiedsstelle die Jahrestherapiekosten des vergleichbaren Arzneimittels zumindest im Hinblick auf die Kosten der Pumpe hinterfragen müssen, da insoweit keine unstreitige Position der Parteien vorlag. Der Hinweis auf den Einsatz des Arzneimittels bei nur 1 % der Patienten hätte ggf. eine grundsätzliche andere, zu begründende Bewertung erlaubt, nicht aber eine Übernahme der Position des GKV-SV. Wie die drei zu berücksichtigenden Kriterien gewichtet wurden, ist der Begründung nicht zu entnehmen, sodass der Erstattungsbetrag willkürlich erscheint.

Bemerkenswert ist auch, dass der mit 50 % gewichtete Anteil des Zusatznutzens in der Berechnung des GKV-SV nur mit 14 % auf den Erstattungsbetrag durchschlägt. Wenn der Zusatznutzen tatsächlich das bestimmende Kriterium sein soll, müsste er wohl deutlich mehr ausmachen.

## Schiedsspruch vom 08.05.2015 (Wirkstoff Vemurafenib)

Bewertung des GBA: Hinweis für einen beträchtlichen Zusatznutzen aufgrund einer moderaten Verlängerung der Überlebensdauer von 9,6 auf 13,2 Monate. Eine Verbesserung der Morbidität ist nicht belegt und der Lebensqualität nicht ableitbar. Nebenwirkungen sind behandelbar. Verhältnis der Jahrestherapiekosten zu zVT: 131.220 € zu 4.180 €. Die Zahl der Patienten wird mit ca. 1400 angegeben. Die Bewertung ist wegen unsicherer Datenlage befristet.

Der GKV-SV hat seinen Antrag für die Ableitung des Erstattungsbetrages wie folgt erläutert: „Die ermittelten Zuschläge je patientenrelevanten aggregierten Effekt (Mortalität, Morbidität, Lebensqualität) ergeben einen Gesamtzuschlag für das Zusatznutzenkriterium." Für einen Beleg des Zusatznutzens rechnet er mit einem Faktor 1, für einen Hinweis mit einem Faktor 0,67 und für einen Anhaltspunkt mit einem Faktor 0,33. Der GKV-SV kommt so zu einem Wert von 15.031 € für den Zusatznutzen.

Vier Jahre AMNOG-Schiedsstelle – ein kritischer Überblick 169

Die Jahrestherapiekosten eines vergleichbaren Arzneimittels werden mit 85.000 € angegeben. Hierüber besteht Konsens. Der kaufkraftbereinigte bevölkerungsgewichtete europäische Preismittelwert wurde mit 111.214 € berechnet. Daraus ergibt sich bei einer Gewichtung der drei Kriterien von 50 zu 30 zu 20 ein Erstattungspreis p.a. von 57.528 €.

*Tabelle 5: Beispiel 2 – Arzneimittel mit beträchtlichem Zusatznutzen – Monopräparat*

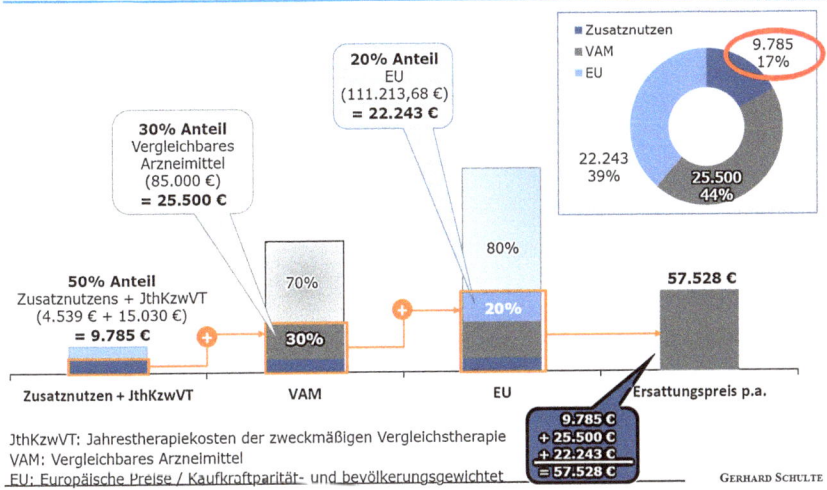

Das pU merkt an, der GKV-SV habe seine Vorstellungen über das Berechnungsverfahren weder transparent gemacht noch validiert. Für seinen Antrag gibt er andere Eckwerte an.

*Tabelle 6: Beispiel 2 – Arzneimittel mit beträchtlichem Zusatznutzen – Monopräparat*

## Antrag gegen Antrag[1]

Abgabepreis pharmazeutischer Unternehmer: **120.450,00 Euro**
Jahrestherapiekosten der zweckmäßigen Vergleichstherapie: **4.539,00 Euro**

|  | Antrag des GKV-Spitzenverbandes | Antrag des Herstellers |
|---|---|---|
| Jahresperspektive[2] | € 57.766,99 | € 120.450,00 |
| Je Packung | € 1.107,86 | € 2.310,00 |
| Je DDD[3] | € 158,2657 | € 330,00 |

[1]: Angebote / alle Werte ohne Ablösung der Herstellerabschläge nach § 130a Abs. 1 und 1a SGB V
[2]: Jahresverbrauch 2.920 Einheiten
[3]: 7 Tagesdosen je Packung

Die Schiedsstelle hält den berechneten Erstattungsbetragsanteil des GKV-SV für zu niedrig angesetzt, da das tatsächliche Ausmaß des patientenrelevanten Nutzens bei einer „Übersetzung" in die Patientensphäre zu wenig berücksichtigt sei. Die Schiedsstelle bezieht sich bei dieser Einschätzung auf folgende Hinweise des pU:

- 6,87 Monate progressionsfreie Zeit
- das Arzneimittel kann gezielter eingesetzt werden
- schnelles Therapieansprechen,

und folgert daraus einen Zugewinn an qualitativer hochwertiger Lebenszeit. Den Zusatznutzen bewertet sie mit 35.461 €. Für die europäischen Vergleichspreise berücksichtigt die Schiedsstelle nur 4 Länder mit einem Durchschnittspreis von 101.511 €. Bei der Quotierung von 50 zu 35 zu 15 ergibt sich ein Erstattungspreis p.a. von 64.977 €.

Vier Jahre AMNOG-Schiedsstelle – ein kritischer Überblick 171

*Tabelle 7: Beispiel 2 – Arzneimittel mit beträchtlichem Zusatznutzen – Monopräparat*

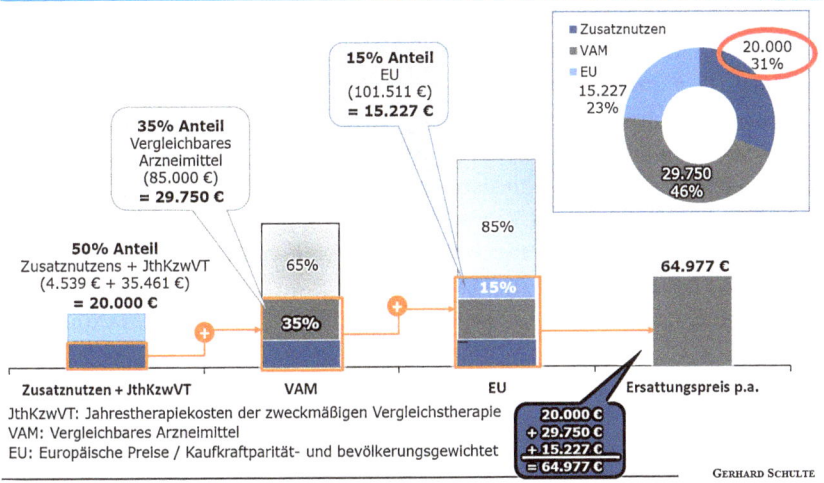

GERHARD SCHULTE

Das Berechnungsverfahren des GKV-SV ist auch in dieser Entscheidung, was den Zusatznutzen angeht, nicht nachvollziehbar. Das gleiche gilt für die Preisfindung der Schiedsstelle, die auf einen Betrag aufsetzt, der sich nicht selbst erklärt. Inwieweit abweichende Feststellungen der Schiedsstelle von der medizinischen Bewertung des GBA möglich sind, bedarf zumindest einer näheren Begründung. Der Ausschluss eines Landes aus den europäischen Vergleichspreisen und die unterschiedliche Gewichtung der drei Kriterien liegt im Ermessen des Schiedsstelle.

Von nachgelagertem Interesse ist in diesem Fall, dass sich GKV-SV und pU noch am Tage der Bekanntgabe des Schiedsspruchs auf einen höheren Erstattungsbetrag verständigt haben. Das ist höchst fragwürdig. Der Schiedsspruch ist ein vertragsgestaltender Verwaltungsakt, für den die entsprechenden gesetzlichen Folgen gelten. Zur Wirksamkeit des Verwaltungsaktes bestimmt § 39 SGB X: „Der Verwaltungsakt wird mit dem Inhalt wirksam, mit dem er bekanntgegeben wird". Und: „Ein Verwaltungsakt bleibt wirksam, solange und soweit er nicht zurückgenommen, widerrufen, anderweitig aufgehoben oder durch Zeitablauf oder auf andere Weise erledigt ist." Die Möglichkeit von Rückname, Widerruf und Aufhebung liegen nicht im Ermessen der Vertragsparteien, für die der Verwaltungsakt bestimmt ist. Der Gesetzgeber hat eine vorzeitige Erledigung selbst abschließend bestimmt mit der Jahresfrist des § 130b Abs. 7 oder der Neubewertung des Zusatznutzens entsprechend § 35a Abs. 5 SGB V.

## Schiedsspruch vom 12.11.2013 (Wirkstoff Perampanel)

Das Arzneimittel, für das nach der Bewertung durch den GBA ein Zusatznutzen nicht belegt ist, wurde noch während der Verhandlungen mit dem GKV-SV vom pU außer Vertrieb gesetzt. Der GBA hat als zVT ein Arzneimittel für Monotherapie und ein Arzneimittel für Zusatztherapie bestimmt mit Jahrestherapiekosten zwischen 107 € und 420 € bzw. 518 € und 914 €.

Der GKV-SV hat als Erstattungsbetrag keine Spanne, sondern einen einheitlichen Betrag je Packung ermittelt. Hierzu hat er die unterschiedliche Dosierung gemittelt und die tatsächlichen Verordnungszahlen des Jahres 2012 auf der Grundlage von § 217 Abs. 7 i.V.m. § 268 SGB V (Morbi-RSA Daten) verwendet. Danach werden 92,3 % der Patienten in der Monotherapie und 7,7 % in der Zusatztherapie behandelt. Der GKV-SV kommt nach dieser Methode zu gewichteten Jahrestherapiekosten von 272 € (für Monotherapie 246 €, für Zusatztherapie 589 €).

Im Auftrag des pU hat IMS auf der Grundlage von Longitudinal-Daten ermittelt, in welchen durchschnittlichen Dosierungen die beiden Arzneimittel der zVT eingesetzt werden. Das entspricht nach seiner Auffassung deutlich besser dem tatsächlichen Einsatzspektrum des Arzneimittels. Das pU kommt auf dieser Grundlage zu Jahrestherapiekosten von 414 €.

Die Schiedsstelle hält die GKV Berechnungsmethode für aussagekräftiger, da sie alle nach der Zulassung in Frage kommenden Patienten erfasst. Dem Hinweis des pU, dass seine Methode pharmakoresistente Fälle umfasst, begegnet die Schiedsstelle mit der Feststellung, dass die Zulassung darauf nicht beschränkt ist. Im Ergebnis hat sie sich dem Antrag des GKV-SV angeschlossen, allerdings mit einem etwas höheren Betrag wegen anderer Berechnung des Herstellerabschlags.

Die entscheidungsrelevanten Bewertungen der Schiedsstelle liegen unstreitig in seinem Ermessensspielraum. Mit der Frage der angemessenen Ermittlung der Verordnungszahlen und der Transparenz für den pU wird sich die Schiedsstelle noch weiter beschäftigen.

## Schiedssprüche vom 24.11.2014 (Wirkstoff Perampanel)

Mit dem gleichen Wirkstoff hat sich die Schiedsstelle in zwei Verfahren noch einmal befasst, da dieser von Importeuren nach Marktaustritt des Originalherstellers angeboten wurde. Der Wirkstoff wurde erstmalig am 15.09.2012 in Verkehr gebracht, sodass die freie Preisbildung am 15.09.2013 endete. Die Importarzneimittel wurden am 15.12.2012 in Verkehr gebracht. Durch das 14. SGB V ÄndG wurde mit Wirkung von 01.04.2014 bestimmt, dass bei gleichem Wirkstoff ein gleicher

Erstattungsbetrag gilt (§ 130b Abs. 3a Satz 1 SGB V). Folglich musste für die Zeit vom 15.09.2013 bis zum 01.04.2014 ein Erstattungsbetrag festgesetzt werden.

Die strittigen Fragen waren weitgehend formalrechtlicher Natur. Ein Importeur betrachtete sich nicht als pharmazeutischer Unternehmer und damit auch nicht als tauglicher Partner einer Erstattungsbetragsvereinbarung. Die Schiedsstelle stellte in Übereinstimmung mit der arzneimittelrechtlichen Kommentierung klar, dass bei europaweit zugelassenen Arzneimitteln der Parallelimporteur zusätzlich zum Inhaber der Zulassung pharmazeutischer Unternehmer ist und damit § 130b SGB V für ihn gilt.

Der weitere Importeur hat Verhandlungen mit dem GKV-SV abgelehnt und sich nicht am Schiedsverfahren beteiligt, aber eine schriftliche Äußerung übermittelt. Nach seiner Auffassung muss die Schiedsstelle vom GKV-SV und den für die Wahrnehmung der wirtschaftlichen Interessen gebildeten maßgeblichen Spitzenorganisationen der pU auf Bundesebene gebildet werden. Daran fehle es, da der Verband der Arzneimittelimporteure Deutschlands (VAD) nicht an der Bildung beteiligt worden sei. Nach der Gesetzesbegründung seien Verbände zu berücksichtigen, dessen Unternehmen potentielle Vertragspartner nach § 130b SGB V sind. Die Beteiligung sei auch wegen der Sonderinteressen geboten, die die anderen Verbände nicht abbilden, ja sogar bekämpfen. Da die Rahmenvereinbarung ohne den VAD zustande gekommen sei, könne sie für Importeure nicht bindend sein. Weiterhin sei die Schiedsstelle nicht demokratisch legitimiert, da der VAD nicht an der Bestellung der unparteiischen Mitglieder beteiligt worden sei.

Die Schiedsstelle hat keinen Anlass gesehen, das Verfahren einzustellen und entschieden. Obwohl der Sachverhalt eine eingehende Betrachtung verdient hätte, hat sich die Schiedsstelle mit dem Hinweis zufrieden gegeben, dass der VAD selbst eine unmittelbare Beteiligung nicht gewünscht hat. Sie hatte aber wenig später Gelegenheit, die Grundsatzfrage zu entscheiden.

## Schiedsspruch zur Rahmenvereinbarung vom 12.05.2015

Da die Verhandlungen über eine notwendige Ergänzung der Rahmenvereinbarung nicht zu einem Vertragsschluss geführt haben, musste die Schiedsstelle u. a. über den VAD als Vertragspartei und die Datenauswertung nach § 217f Abs. 7 SGB V entscheiden.

Zum VAD als Vertragspartei erging folgender Beschluss: „Es wird festgestellt, dass der VAD keine für die Wahrnehmung der wirtschaftlichen Interessen gebildete maßgebliche Spitzenorganisation der pU auf Bundesebene i.S.d. § 130b Abs. 5 SGB V ist."

Die Schiedsstelle begründet ihre Entscheidung mit Hinweis auf den Grundsatz der Betroffenheitspartizipation. Unternehmen und deren Verbände müssten typischerweise durch das AMNOG-Verfahren betroffen sein. Dies sei bei Parallelimporteuren wegen der Erstreckungswirkung auf alle wirkstoffgleichen Arzneimittel nicht der Fall. Außerdem zweifelt die Schiedsstelle an der Maßgeblichkeit des VAD. Mit seinen sieben Unternehmen, zwei davon nur Vertriebspartner, von 666 Unternehmen in der Roten Liste sei eine ausreichende Marktbeteiligung nicht gegeben.

Zur Datenauswertung erging folgender Beschluss: „Der GKV-SV informiert den pU mit der Einladung zum 1. Verhandlungstermin über Inhalt und Umfang der in § 217f Abs. 7 genannten Daten nach § 268 Abs. 3 Satz 14 SGB V und die damit verbundenen Analysemöglichkeiten."

Der Ausschluss des VAD als Vertragspartei ist kritisch zu hinterfragen. Eine Betroffenheit ist für den pU im AMNOG-Verfahren dann zu unterstellen, wenn er aus welchen Gründen auch immer verhandeln muss. Und die Maßgeblichkeit eines Verbandes hängt nicht von der Zahl seiner Mitglieder, sondern allenfalls vom Umsatz seiner Mitglieder ab. Da der Gesetzgeber Parallelimporte als Teil des Wettbewerbs betrachtet, sollte ein Ausschluss aus gemeinsamen Institutionen der Vertragspartner sorgfältig geprüft werden. Die Informationspflicht zur Datenauswertung ist dagegen uneingeschränkt in Sinne einer Chancengleichheit zu begrüßen.

## Schiedsspruch vom 15.05.2014 (Wirkstoff Lixisenatid)

GBA : ein Zusatznutzen ist im Verhältnis zur zVT in vier Patientengruppen nicht belegt oder gilt als nicht belegt. Die Jahrestherapiekosten im Verhältnis zur zVT und die Zahl der für eine Behandlung infrage kommenden Patienten wurden jeweils für die Patientengruppen a),b),c) und d) bestimmt (Beschluss vom 05.09.2013). In einem Änderungsbeschluss vom 23.01.2014 wurden Kosten für zusätzliche GKV-Leistungen nachgetragen.

Da in Übereinstimmung mit früheren Entscheidungen nur ein Erstattungsbetrag gelten kann, hat der GKV-SV die vier Patientengruppen zusammengeführt, sodass die Festsetzung eines Erstattungsbetrages in Mittel nicht zu höheren Jahrestherapiekosten führt als die zVT. Der pU hat die Höhe des Erstattungsbetrages mit den Patientenpopulationen der Gruppen c) und d) berechnet, da nach seiner Auffassung nur diese ärztlich indiziert mit dem Arzneimittel behandelt werden. Dies werde durch einen GBA-Therapiehinweis gestützt und durch eine Verordnungsquote für GLP-1-Rezeptor-Antagonisten werde die Verschreibung auf die Patientengruppen c) und d) beschränkt.

Die Schiedsstelle hat zunächst geprüft, ob die Bindungswirkung des GBA-Beschlusses eine Beschränkung der Preisermittlung auf die Patientengruppen c) und d) ermöglicht. Ergebnis: Der Beschluss über die Nutzenbewertung ist Teil der Arzneimittelrichtlinie, daher ist eine Beschränkung auf die Stufen des Zusatznutzens offensicht nicht gewollt, was auch die Formulierung des § 35a Abs. 3 Satz 3 SGB V mit „insbesondere den Zusatznutzen feststellen" nahelegt. Der GBA stellt bei Nutzenbewertungsbeschlüssen die Krankenlast in Form von Prävalenzzahlen dar. Dabei handelt es sich um Marktpotentiale und keine Ge- oder Verbote zur Verordnung von Arzneimitteln. Beschlüsse des GBA sind im Übrigen auch für Leistungserbringer verbindlich, soweit sie in die medizinische Versorgung einbezogen sind, was bei § 130b SGB V der Fall ist. Die Schiedsstelle sieht sich deshalb an die Bildung von Patientengruppen und Prävalenzzahlen gebunden.

Nicht im Ermessen der Schiedsstelle liegen Verordnungsausschlüsse, die ggf. der GBA nach § 92 Abs. 1 Satz 1 SGB V beschließen kann. Praxisbesonderheiten nach § 130b Abs.2 sind in Bundesmantelverträgen nach § 82 Abs. 1 SGB V zu regeln. Insoweit konnte einer Anregung des pU nicht gefolgt werden.

Der GKV-SV für seinen Antrag zunächst den Änderungsbeschluss des GBA nicht berücksichtigt und kommt deshalb zu durchschnittlichen Jahrestherapiekosten von 52 €.

*Tabelle 8: Mittlere Jahrestherapiekosten – GKV Spitzenverband (I)*

**Berechnung des GKV-Spitzenverbandes** für die mittleren Jahrestherapiekosten bei den vom G-BA ausgegebenen Preisspannen infolge unterschiedlicher Dosierungsmöglichkeiten nach jeweiligen Mittelwerten
– **ohne Berücksichtigung** des Änderungsbeschlusses des G-BA vom 23.01.2014

| Wirtschaftliche zweckmäßige Vergleichstherapie | Patientengruppe (a) Arzneimittel 1 | Patientengruppe (b) Arzneimittel 2 | Patientengruppe (c) Arzneimittel 3 | Patientengruppe (d) Arzneimittel 4 |
|---|---|---|---|---|
| Mittelwert | 7 mg | 2.000 mg | 56,7 Einheiten / 7 mg | 2.000 mg |
| Jahrestherapiekosten | € 13 | € 23 | € 541 | € 23 |
| Patientenanteil | 70 % | 4 % | 7 % | 19 % |
| Gewichtete Jahrestherapiekosten | € 8,40 | € 0,92 | € 37,87 | € 4,31 |
| Durchschnittliche Jahrestherapiekosten | | € 52 | | |

Unter Berücksichtigung des Änderungsbeschlusses und mit Saldierung der Negativwerte ergibt sich aufgerundet ein Betrag von 1€. In seinem Schussantrag hat der GKV-SV auf die Saldierung verzichtet und eine Festsetzung auf 37 € beantragt.

*Tabelle 9: Mittlere Jahrestherapiekosten – GKV Spitzenverband (II)*

**Berechnung des GKV-Spitzenverbandes** für die mittleren Jahrestherapiekosten bei den vom G-BA ausgegebenen Preisspannen infolge unterschiedlicher Dosierungsmöglichkeiten nach jeweiligen Mittelwerten
– **unter** Berücksichtigung des Änderungsbeschlusses des G-BA vom 23.01.2014

| Wirtschaftliche zweckmäßige Vergleichstherapie | Patientengruppe (a) Arzneimittel 1 | Patientengruppe (b) Arzneimittel 2 | Patientengruppe (c) Arzneimittel 3 | Patientengruppe (d) Arzneimittel 4 |
|---|---|---|---|---|
| Jahrestherapiekosten | - € 42 | - € 31 | € 530 | - € 31 |
| Gewichtete Jahrestherapiekosten | - € 29,40 | - € 1,24 | € 37,10 | - € 5,89 |
| Durchschnittliche Jahrestherapiekosten | | € 1 | | |

– **unter** Verzicht auf Saldierung der Negativwerte

| | | | | |
|---|---|---|---|---|
| Jahrestherapiekosten | € 0 | € 0 | € 530 | € 0 |
| Gewichtete Jahrestherapiekosten | € 0 | € 0 | € 37 | € 0 |
| Durchschnittliche Jahrestherapiekosten | | € 37 | | |

Der pU beantragt unter Zugrundelegung seiner Berechnungsmethode einen Betrag von 665 € für die Jahrestherapiekosten.

Die Schiedsstelle hat zunächst den Änderungsbeschluss vom 23.01.2014 als verspätet nicht berücksichtigt, da zu diesem Zeitpunkt die Vertragsverhandlungen zwischen GKV-SV und pU schon weit fortgeschritten waren. Dann hat sie den Rahmen, den der Beschluss des GBA gesetzt hat, soweit wie möglich ausgeschöpft und schließlich einen Betrag von gerundet 200 € für die Jahrestherapiekosten festgesetzt.

Vier Jahre AMNOG-Schiedsstelle – ein kritischer Überblick     177

*Tabelle 10: Mittlere Jahrestherapiekosten – Schiedsstelle*

**Berechnung der Schiedsstelle – unter Berücksichtigung**
➔ der maximalen, dem G-BA-Beschluss entsprechenden Dosierung
➔ der häufigsten Einnahmefrequenz
➔ der Obergrenzen der Spannen aus der zweckmäßigen Vergleichstherapie

| Für die Patientengruppe | Jahrestherapiekosten von | Gewichtete Jahrestherapiekosten von |
|---|---|---|
| (a) | € 105 | € 73 |
| (b) | € 34 | € 1 |
| (c) | € 749 | € 51 |
| (d) | € 408 | € 76 |
| Durchschnittliche Jahrestherapiekosten | | Gerundet € 200 |

Die Schiedsstelle hat sich dem Grunde nach der Berechnungsmethode des GKV-SV angeschlossen und diese auch als nachvollziehbar bezeichnet. Andererseits war sie jedoch der Auffassung, dass der Schlussantrag des GKV-SV nicht den vom Gesetzgeber intendierten angemessenen Ausgleich der Interessen der Versichertengemeinschaft mit denen des pU entspricht. Deshalb hat sie alle Variablen ausgeschöpft. Die Schiedsstelle hat in gewisser Weise bedauert, dass bei einem zu erwartenden Ausstieg von Lixisenatid aus dem deutschen Markt die Ausgaben für die Krankenkassen nicht gesenkt werden können, da andere Arzneimittel dieser Gruppe im Bestandsmarkt, die einer Zusatznutzenbewertung nicht unterzogen wurden, teurer sind als die Preisvorstellung des pU für Lixisenatid.

## Schiedssprüche vom 10.07.2014 (Wirkstoffe Vildagliptin, Metformin)

In beiden zu entscheidenden Fällen ist der Zusatznutzen nicht belegt. Die Arzneimittel wurden vor dem 01.01.2011 in Verkehr gebracht und gehören somit zum Bestandsmarkt. Das Bewertungsverfahren begann am 01.04.2013, der Beschluss zur Nutzenbewertung erfolgte am 01.10.2013. Durch das 14. SGB V ÄndG wurden Bestandsmarktprodukte ab dem 01.01.2014 von der Bewertung ausgeschlossen.
Am 01.04.2014 beantragt der GKV-SV die Festsetzung des Vertragsinhalts. Am 03.04.2014 stellte das pU Antrag auf Erlass einer einstweiligen Anordnung, der Schiedsstelle vorläufig zu untersagen, einen Erstattungsbetrag festzusetzen. Am 16.04.2014 bittet das LSG die Schiedsstelle um Zusicherung, bis zur Entscheidung

keinen Betrag festzusetzen, dem der Vorsitzende entspricht. Am 22.05. wird der Antrag vom LSG zurückgewiesen.

In der Schiedsstellenverhandlung stellt das pU den Antrag, die Festsetzung des Vertragsinhaltes abzulehnen. Mit Inkrafttreten der Gesetzesänderung am 01.04.2014 sei die Rechtsgrundlage für eine Bewertung der Bestandsmarktprodukte entfallen. Die Festsetzung eines Erstattungsbetrages setze eine Ermächtigungsgrundlage im Zeitpunkt der verfahrensbeendenden Entscheidung voraus.

Die Schiedsstelle betrachtet das Verfahren als zulässig. Die Rechtslage war bei Beratung des 14. SGB V ÄndG bekannt. Das BMG hat im Bundestag festgestellt: „Gefasste Beschlüsse vor dem 01.01.2014 behalten ihre Gültigkeit." Eine eindeutige Übergangsregelung ist allerdings nicht geschaffen worden. Der Bundesrat hat die Problematik erörtert, den Gesetzentwurf aber unverändert passieren lassen. Und schließlich spricht auch die Begründung zur Aufhebung des § 35b Abs. 6 SGB V für die Fortsetzung der Nutzenbewertung von Arzneimitteln, die vor dem 01.01.2014 aufgerufen worden.

Der sonstige Sachverhalt entspricht weitgehend dem Schiedsspruch vom 15.05.2014.

## Schiedsspruch vom 24.06.2014 (Wirkstoff Linaclotid)

Ein Zusatznutzen ist im Verhältnis zur zVT nicht belegt. Die zVT ist eine Ernährungsumstellung entsprechend ärztlicher Beratung sowie symptomorientierte Behandlung. Die Beratung ist durch eine Grundpauschale im EBM gedeckt. Ein Teil der zugelassenen Wirkstoffe für symptomorientierte Behandlung ist nicht verschreibungspflichtig, ein Arzneimittel mit fiktiver Zulassung nicht zu Lasten der GKV zu verordnen. Zum Kostenvergleich bleibt nur ein Arzneimittel übrig.

Der GBA hat die Jahrestherapiekosten nicht abschließend festgesetzt und damit nach Auffassung des pU den Vertragsparteien einen Interpretationsspielraum eingeräumt. Da für Ernährungsumstellung und symptomorientierte Behandlung naturgemäß aber Kosten entstehen, müssten diese von den Vertragsparteien ermittelt werden. Die Schiedsstelle hat sich dieser Argumentation angeschlossen und festgestellt: Falls der GBA unvollständig ermittelt hat, ist es den Vertragsparteien, und damit auch der Schiedsstelle, nicht verwehrt, diese „Leerstellen" zu ergänzen.

## Schiedsspruch vom 14.08.2014 (Wirkstoff Elvitegravir, Corbicistat, Emtricitabin, Tenofovirdisoproxil)

Der GBA hat für das HIV-Präparat einen Zusatznutzen in zwei Patientengruppen als nicht belegt bewertet.

In der Patientengruppe a) – therapienaive Patienten – hat der GBA ein Arzneimittel mit zwei Kombinationsvarianten als zVT bestimmt. Der GKV-SV sieht hierin Alternativen im Sinne von § 130b Abs. 3 Satz 2 SGB V. Der pU dagegen betrachtet das als Wahlmöglichkeit, da es sich nur um eine unterschiedliche Ausprägung einer zVT handele und deshalb § 130b nicht anwendbar sei. Die Schiedsstelle hat sich für Alternativen im Sinne von § 130b entschieden, da der GBA ausdrücklich die Fixkombinationen nennt und nicht nur exemplarisch anführt.

Für die Patientengruppe b) – therapieerfahrene Patienten – hat der GBA als zVT „individuelle Therapie in Abhängigkeit der Vortherapie(n), des Grundes für den Therapiewechsel, insbesondere Therapieversagen oder aufgrund von Nebenwirkungen" bestimmt. Der GKV SV vertritt die Auffassung, dass es sich bei den etwa 60 Wirkstoffkombinationen um gleichermaßen zweckmäßige Alternativen i.s.v. § 130b Abs. 3 handelt und somit die kostengünstigste Therapie für die Preisbildung herangezogen werden muss. Nach Ansicht des pU hat der GBA nur deshalb die individuelle Therapie als einheitliche zVT festgesetzt, weil er sich nicht in der Lage sah, die Aufteilung nach Patientenpopulationen vorzunehmen. Deshalb sei von verschiedenen Therapievariationen auszugehen und ein verordnungsgewichteter Monatsdurchschnitt der Abgabenpreise des pU aus allen Therapievarianten zu bilden.

Die Schiedsstelle betrachtet wie der pU alle Wirkstoffkombinationen als Gesamtheit zur zVT. Da der GBA keine explizite Vorgabe definiert hat, muss hier eine „Leerstelle" ausgefüllt werden. Die wirtschaftliche Alternative kann aber nicht der Mittelwert sein, sondern im Regelfall eine Wirkstoffkombination im unteren Bereich der Preisverteilung. Die Schiedsstelle betrachtet fünf mögliche Varianten und entscheidet sich für die „mengengewichtete Drittelung auf Basis der Verbrauchsdaten nach § 217f Abs. 7 SGB V als Schnittlinie zwischen dem preisgünstigsten und dem mittelpreisigen Drittel".

Unter Berücksichtigung der unterschiedlichen Berechnungsmethoden ergeben sich folgende Jahrestherapiekosten:

pU 13.717 €,  GKV-SV 6.700 €,  Schiedsstelle 11.052 €.

Der pU hat in dieser Verhandlung über ein Arzneimittel ohne Zusatznutzen – im Unterschied zu vielen anderen pU – nicht das europäische Preisniveau bemüht. Vielmehr hat er sich in der Systematik der Preisbildung bewegt, die die

Schiedsstelle in vergleichbaren Fällen für ihre Entscheidungen zu Grunde gelegt hat, und war damit relativ erfolgreich. Die Schiedsstelle hat sich offensichtlich bei ihrer Entscheidung für eine mengengewichtete Drittelung an der Festbetragsbildung für generische Arzneimittel orientiert. Das liegt durchaus in ihrem Entscheidungsspielraum.

## Schiedsspruch vom 04.11.2014 (Wirkstoff Pomalidomid)

Es handelt sich hier um ein Arzneimittel zur Behandlung eines seltenen Leidens (Orphan Drug). Der Zusatznutzen gilt in diesen Fällen durch die Zulassung als belegt, lediglich das Ausmaß des Zusatznutzens ist nachzuweisen. Der GBA stuft den Zusatznutzen im Verhältnis zu der durch das pU in der Zulassungsstudie gewählten Vergleichstherapie als beträchtlich ein.

Zur Zeit der Schiedsstellen-Verhandlung waren vier Packungsgrößen mit Wirkstärken von 1 mg, 2 mg, 3 mg und 4 mg pro Einheit in Vertrieb. GKV-SV und pU hatten sich für die Wirkstärken 3 mg und 4 mg auf einen einheitlichen Erstattungsbetrag von 8.500 € verständigt. Das pU beantragte auch für alle anderen auf dem Markt befindlichen Packungen einen Erstattungsbetrag von 8.500 €, da der GBA eine Differenzierung nach Wirkstärke nicht vorgenommen habe. Grund für eine Reduzierung auf 1 mg oder 2 mg sind Nebenwirkungen nach Therapiebeginn. Der GKV-SV beantragte eine lineare Bepreisung für Darreichungsformen unter 3 mg und eine Kappung ab 4 mg. Die Schiedsstelle hält einen einheitlichen Erstattungsbetrag ohne gleichwertigen Wirkungsnachweis für nicht plausibel, orientierte sich aber bei einer linearen Bepreisung an der 3 mg Packung, so dass der Erstattungsbetrag für die 1 mg Packung 2.833,33 € und für die 2 mg Packung 5.666,67 € beträgt. Der Hinweis des pU auf einen einheitlichen Erstattungsbetrag für alle Wirkstärken in anderen europäischen Ländern war von der Schiedsstelle nicht zu prüfen.

## Schiedsspruch vom 24.06.2015 (Wirkstoff Insulin degludec)

Der GBA hat den Zusatznutzen als nicht belegt bewertet. Von Interesse ist in diesem Fall nur, dass der pU die Auffassung vertritt, die Regelung des § 35a Abs. 1 SGB V erlaube die Ausweisung von zwei Erstattungsbeträgen; einmal den in der Lauer-Taxe und zum andere den effektiven Erstattungsbetrag für Krankenkassen. Die Schiedsstelle sah es nicht als notwendig an, die Frage zu klären, ob das geltende Recht die Ausweisung von zwei Erstattungsbeträgen zulässt. Eine Regelung mit zwei Erstattungsbeträgen setze wegen der damit erzeugten künstlichen Intransparenz sowie der Notwendigkeit zur Etablierung von Verfahrensabläufen, in die die einzelnen Krankenkassen eingebunden werden müssen, mindesten voraus, dass die Vertragsparteien über eine solche Regelung Konsens erzielen.

## Zusammenfassende Bewertung

Bei den Schiedssprüchen zu Arzneimitteln ohne Zusatznutzen fällt auf, dass sich die Schiedsstelle deutliche näher an den Anträgen des GKV-SV als an denen der pU bewegt hat. Dies spricht aber keineswegs gegen die Angemessenheit der Entscheidungen. Der Entscheidungsrahmen, den der Gesetzgeber der Schiedsstelle bei Arzneimitteln ohne Zusatznutzen gelassen hat, ist insbesondere nach der Neufassung des § 130b Abs. 3 Satz 2 SGB V, nach der bei mehreren Alternativen die wirtschaftlichste zu wählen ist, äußerst eng. Vor diesem Hintergrund hat die Schiedsstelle durchaus von dem verbleibenden Ermessen im Sinne eines fairen Interessenausgleichs Gebrauch gemacht. Die pU haben häufig versucht, in der Schiedsstellenverhandlung die Argumentation aus dem GBA-Verfahren fortzusetzen, was nicht erfolgreich sein konnte, da eine Überprüfung der GBA-Bewertung nur im Rahmen einer Klage gegen den Schiedsspruch vor den Sozialgerichten möglich ist. Dies erklärt möglicherweise auch die zahlreichen Klagen gegen die Schiedssprüche.

Bei den beiden Schiedssprüchen zu Arzneimitteln mit Zusatznutzen hat es eine weitgehenden Konsens über die Ermittlung der Preise vergleichbarer Arzneimittel und des europäischen Preisniveaus, trotz der schwierigen Justierung der tatsächlichen Preise, gegeben. Die Monetarisierung des Zusatznutzens ist aber weder bei den Anträgen des GKV-SV noch bei der Entscheidungsfindung der Schiedsstelle nachvollziehbar dargestellt geworden. Es besteht zwar weitgehend Einvernehmen darüber, dass es keinen Algorithmus für die Berechnung des Zusatznutzens geben kann, gleichwohl lassen die vom GKV-Spitzenverband eingeführten ungeraden Eurobeträge auf einen Rechenprozess schließen. Dagegen ist nichts einzuwenden, es hätte aber erwartet werden dürfen, diesen transparent zu machen. Die Schiedsstelle hat das bedauerlicherweise nicht aufgeklärt. Die pU haben sich erst gar nicht um eine Systematik bemüht, sondern im Wesentlichen argumentiert, ihr Preisangebot liege schon unter dem Niveau vergleichbarer europäischer Länder. Im Blick auf die Monetarisierung des Zusatznutzens gibt es für weitere Entscheidungen der Schiedsstelle noch Einiges aufzuarbeiten.

# Verzeichnis der Autoren

Professor
Dr. Dieter Cassel
Gerhard-Mercator-Universität Duisburg
Fakultät 3 – Wirtschaftswissenschaften
Lotharstraße 65
47048 Duisburg

Sabine Dittmar MdB
Deutscher Bundestag
Platz der Republik 1
11011 Berlin 1

Professor
Josef Hecken
Vorsitzender des Gemeinsamen
Bundesausschusses
Wegelystraße 8
10623 Berlin

Michael Hennrich, MdB
Büro Michael Hennrich, MdB
Deutscher Bundestag
Platz der Republik 1
10011 Berlin

Franz Knieps
Hauptamtlicher Vorstand
BKK Dachverband e.V.
Zimmerstraße 55
10117 Berlin

Professor Dr. Herbert Rebscher
Vorsitzender des Vorstandes der DAK
Nagelsweg 27–31
200997 Hamburg

Dr. Anja Tebinka-Olbricht
Spitzenverband der Krankenkassen
Abteilung Arznei- und
Heilmittel
Reinhardstraße 28
10117 Berlin

Frank Schöning
BAYER VITAL GmbH
Geschäftsführer Pharmaceuticals
Gebäude K 56
51368 Leverkusen

Gerhard Schulte
Kluckstraße 37
10785 Berlin

Johann-Magnus von Stackelberg
Mitglied des Vorstands
Spitzenverband der Krankenkassen
Reinhardtstraße 28
10117 Berlin

Dr. Sibylle Steiner
Kassenärztliche Bundesvereinigung
Dezernat IV
Herbert-Lewin-Platz 2
10623 Berlin

Dr. Dominik Graf von Stillfried
Zentralinstitut für die Kassenärztliche
Versorgung in Deutschland
Herbert-Lewin-Platz 3
10623 Berlin

Dr. Siegfried Throm
Verband Forschender
Arzneimittelhersteller e.V.
Geschäftsführer Forschung und

Entwicklung
Hausvogteigplatz 13
10117 Berlin

Professor Dr. Volker Ulrich
Universität Bayreuth
Lehrstuhl für VWL III
Postfach
95440 Bayreuth

STAATLICHE ALLOKATIONSPOLITIK IM MARKTWIRTSCHAFTLICHEN SYSTEM

Band 1 Horst Siebert (Hrsg.): Umweltallokation im Raum. 1982.

Band 2 Horst Siebert (Hrsg.): Global Environmental Resources. The Ozone Problem. 1982.

Band 3 Hans-Joachim Schulz: Steuerwirkungen in einem dynamischen Unternehmensmodell. Ein Beitrag zur Dynamisierung der Steuerüberwälzungsanalyse. 1981.

Band 4 Eberhard Wille (Hrsg.): Beiträge zur gesamtwirtschaftlichen Allokation. Allokationsprobleme im intermediären Bereich zwischen öffentlichem und privatem Wirtschaftssektor. 1983.

Band 5 Heinz König (Hrsg.): Ausbildung und Arbeitsmarkt. 1983.

Band 6 Horst Siebert (Hrsg.): Reaktionen auf Energiepreissteigerungen. 1982.

Band 7 Eberhard Wille (Hrsg.): Konzeptionelle Probleme öffentlicher Planung. 1983.

Band 8 Ingeborg Kiesewetter-Wrana: Exporterlösinstabilität. Kritische Analyse eines entwicklungspolitischen Problems. 1982.

Band 9 Ferdinand Dudenhöfer: Mehrheitswahl-Entscheidungen über Umweltnutzungen. Eine Untersuchung von Gleichgewichtszuständen in einem mikroökonomischen Markt- und Abstimmungsmodell. 1983.

Band 10 Horst Siebert (Hrsg.): Intertemporale Allokation. 1984.

Band 11 Helmut Meder: Die intertemporale Allokation erschöpfbarer Naturressourcen bei fehlenden Zukunftsmärkten und institutionalisierten Marktsubstituten. 1984.

Band 12 Ulrich Ring: Öffentliche Planungsziele und staatliche Budgets. Zur Erfüllung öffentlicher Aufgaben durch nicht-staatliche Entscheidungseinheiten. 1985.

Band 13 Ehrentraud Graw: Informationseffizienz von Terminkontraktmärkten für Währungen. Eine empirische Untersuchung. 1984.

Band 14 Rüdiger Pethig (Ed.): Public Goods and Public Allocation Policy. 1985.

Band 15 Eberhard Wille (Hrsg.): Öffentliche Planung auf Landesebene. Eine Analyse von Planungskonzepten in Deutschland, Österreich und der Schweiz. 1986.

Band 16 Helga Gebauer: Regionale Umweltnutzungen in der Zeit. Eine intertemporale Zwei-Regionen-Analyse. 1985.

Band 17 Christine Pfitzer: Integrierte Entwicklungsplanung als Allokationsinstrument auf Landesebene. Eine Analyse der öffentlichen Planung der Länder Hessen, Bayern und Niedersachsen. 1985.

Band 18 Heinz König (Hrsg.): Kontrolltheoretische Ansätze in makroökonometrischen Modellen. 1985.

Band 19 Theo Kempf: Theorie und Empirie betrieblicher Ausbildungsplatzangebote. 1985.

Band 20 Eberhard Wille (Hrsg.): Konkrete Probleme öffentlicher Planung. Grundlegende Aspekte der Zielbildung, Effizienz und Kontrolle. 1986.

Band 21 Eberhard Wille (Hrsg.): Informations- und Planungsprobleme in öffentlichen Aufgabenbereichen. Aspekte der Zielbildung und Outputmessung unter besonderer Berücksichtigung des Gesundheitswesens. 1986.

Band 22 Bernd Gutting: Der Einfluß der Besteuerung auf die Entwicklung der Wohnungs- und Baulandmärkte. Eine intertemporale Analyse der bundesdeutschen Steuergesetze. 1986.

Band 23 Heiner Kuhl: Umweltressourcen als Gegenstand internationaler Verhandlungen. Eine theoretische Transaktionskostenanalyse. 1987.

Band 24 Hubert Hornbach: Besteuerung, Inflation und Kapitalallokation. Intersektorale und internationale Aspekte. 1987.

Band 25 Peter Müller: Intertemporale Wirkungen der Staatsverschuldung. 1987.

Band 26 Stefan Kronenberger: Die Investitionen im Rahmen der Staatsausgaben. 1988.

Band 27 Armin-Detlef Rieß: Optimale Auslandsverschuldung bei potentiellen Schuldendienstproblemen. 1988.

Band 28 Volker Ulrich: Preis- und Mengeneffekte im Gesundheitswesen. Eine Ausgabenanalyse von GKV-Behandlungsarten. 1988.

Band 29 Hans-Michael Geiger: Informational Efficiency in Speculative Markets. A Theoretical Investigation. Edited by Ehrentraud Graw. 1989.

Band 30 Karl Sputek: Zielgerichtete Ressourcenallokation. Ein Modellentwurf zur Effektivitätsanalyse praktischer Budgetplanung am Beispiel von Berlin (West). 1989.

**ALLOKATION IM MARKTWIRTSCHAFTLICHEN SYSTEM**

Band 31 Wolfgang Krader: Neuere Entwicklungen linearer latenter Kovarianzstrukturmodelle mit quantitativen und qualitativen Indikatorvariablen. Theorie und Anwendung auf ein mikroempirisches Modell des Preis-, Produktions- und Lageranpassungsverhaltens von deutschen und französischen Unternehmen des verarbeitenden Gewerbes. 1991.

Band 32 Manfred Erbsland: Die öffentlichen Personalausgaben. Eine empirische Analyse für die Bundesrepublik Deutschland. 1991.

Band 33 Walter Ried: Information und Nutzen der medizinischen Diagnostik. 1992.

Band 34 Anselm U. Römer: Was ist den Bürgern die Verminderung eines Risikos wert? Eine Anwendung des kontingenten Bewertungsansatzes auf das Giftmüllrisiko. 1993.

Band 35 Eberhard Wille, Angelika Mehnert, Jan Philipp Rohweder: Zum gesellschaftlichen Nutzen pharmazeutischer Innovationen. 1994.

Band 36 Peter Schmidt: Die Wahl des Rentenalters. Theoretische und empirische Analyse des Rentenzugangsverhaltens in West- und Ostdeutschland. 1995.

Band 37 Michael Ohmer: Die Grundlagen der Einkommensteuer. Gerechtigkeit und Effizienz. 1997.

Band 38 Evamaria Wagner: Risikomanagement rohstoffexportierender Entwicklungsländer. 1997.

Band 39 Matthias Meier: Das Sparverhalten der privaten Haushalte und der demographische Wandel: Makroökonomische Auswirkungen. Eine Simulation verschiedener Reformen der Rentenversicherung. 1997.

Band 40 Manfred Albring / Eberhard Wille (Hrsg.): Innovationen in der Arzneimitteltherapie. Definition, medizinische Umsetzung und Finanzierung. Bad Orber Gespräche über kontroverse Themen im Gesundheitswesen 25.–27.10.1996. 1997.

Band 41 Eberhard Wille / Manfred Albring (Hrsg.): Reformoptionen im Gesundheitswesen. Bad Orber Gespräche über kontroverse Themen im Gesundheitswesen 7.–8.11.1997. 1998.

Band 42 Manfred Albring / Eberhard Wille (Hrsg.): Szenarien im Gesundheitswesen. Bad Orber Gespräche über kontroverse Themen im Gesundheitswesen 5.–7.11.1998. 1999.

Band 43 Eberhard Wille / Manfred Albring (Hrsg.): Rationalisierungsreserven im deutschen Gesundheitswesen. 2000.

Band 44 Manfred Albring / Eberhard Wille (Hrsg.): Qualitätsorientierte Vergütungssysteme in der ambulanten und stationären Behandlung. 2001.

Band 45 Martin Pfaff / Dietmar Wassener / Astrid Sterzel / Thomas Neldner: Analyse potentieller Auswirkungen einer Ausweitung des Pharmaversandes in Deutschland. 2002.

Band 46 Eberhard Wille / Manfred Albring (Hrsg.): Konfliktfeld Arzneimittelversorgung. 2002.

Band 47 Udo Schneider: Theorie und Empirie der Arzt-Patient-Beziehung. Zur Anwendung der Principal-Agent-Theorie auf die Gesundheitsnachfrage. 2002.

Band 48 Manfred Albring / Eberhard Wille: Die GKV zwischen Ausgabendynamik, Einnahmenschwäche und Koordinierungsproblemen. 2003.

Band 49 Uwe Jirjahn: X-Ineffizienz, Managementanreize und Produktmarktwettbewerb. 2004.

Band 50 Stefan Resch: Risikoselektion im Mitgliederwettbewerb der Gesetzlichen Krankenversicherung. 2004.

Band 51 Paul Marschall: Lebensstilwandel in Ostdeutschland. Gesundheitsökonomische Implikationen. 2004.

Band 52 Eberhard Wille / Manfred Albring (Hrsg.): Paradigmenwechsel im Gesundheitswesen durch neue Versorgungsstrukturen? 8. Bad Orber Gespräche. 6.–8. November 2003. 2004.

Band 53 Eberhard Wille / Manfred Albring (Hrsg.): Versorgungsstrukturen und Finanzierungsoptionen auf dem Prüfstand. 9. Bad Orber Gespräche. 11.–13. November 2004. 2005.

Band 54 Brit S. Schneider: Gesundheit und Bildung. Theorie und Empirie der Humankapitalinvestitionen. 2007.

Band 55 Klaus Knabner / Eberhard Wille (Hrsg.): Qualität und Nutzen medizinischer Leistungen. 10. Bad Orber Gespräche, 10.–12. November 2005. 2007.

Band 56 Holger Cischinsky: Lebenserwartung, Morbidität und Gesundheitsausgaben. 2007.

Band 57 Eberhard Wille / Klaus Knabner (Hrsg.): Wettbewerb im Gesundheitswesen: Chancen und Grenzen. 11. Bad Orber Gespräche. 16.–18. November 2006. 2008.

Band 58 Christian Igel: Zur Finanzierung von Kranken- und Pflegeversicherung. Entwicklung, Probleme und Reformmodelle. 2008.

Band 59 Christiane Cischinsky: Auswirkungen der Europäischen Integration auf das deutsche Gesundheitswesen. 2008.

Band 60 Eberhard Wille / Klaus Knabner (Hrsg.): Die besonderen Versorgungsformen: Herausforderungen für Krankenkassen und Leistungserbringer. 12. Bad Orber Gespräche über kontroverse Themen im Gesundheitswesen. 15.–17. November 2007. 2009.

Band 61 Malte Wolff: Interdependenzen von Arzneimittelregulierungen. 2010.

Band 62 Eberhard Wille / Klaus Knabner (Hrsg.): Qualitätssicherung und Patientennutzen. 13. Bad Orber Gespräche über kontroverse Themen im Gesundheitswesen. 20.–21. November 2008. 2010.

Band 63 Eberhard Wille / Klaus Knabner (Hrsg.): Reformkonzepte im Gesundheitswesen nach der Wahl. 14. Bad Orber Gespräche über kontroverse Themen im Gesundheitswesen. 12.-13. November 2009. 2011.

Band 64 Eberhard Wille / Klaus Knabner (Hrsg.): Dezentralisierung und Flexibilisierung im Gesundheitswesen. 15. Bad Orber Gespräche über kontroverse Themen im Gesundheitswesen. 18.-19. November 2010. 2011.

Band 65 Eberhard Wille / Klaus Knabner (Hrsg.): Strategien für mehr Effizienz und Effektivität im Gesundheitswesen. 16. Bad Orber Gespräche über kontroverse Themen im Gesundheitswesen. 2013.

Band 66 Timo Wasmuth: Gesundheitsausgaben: Determinanten und Auswirkungen auf die Gesundheit. Theoretische Modellierung und empirische Analyse. 2013.

Band 67 Eberhard Wille (Hrsg.): Wettbewerb im Arzneimittel- und Krankenhausbereich. 17. Bad Orber Gespräche über kontroverse Themen im Gesundheitswesen. 2013.

Band 68 Christian Maier: Eine empirische Analyse der Anreize zur informellen Pflege. Impulse für Deutschland aus einem europäischen Vergleich. 2015.

Band 69 Eberhard Wille (Hrsg.): Versorgungsdefizite im deutschen Gesundheitswesen. 18. Bad Orber Gespräche über kontroverse Themen im Gesundheitswesen. 2015.

Band 70 Anke Schliwen: Versorgungsbedarf, Angebot und Inanspruchnahme ambulanter hausärztlicher Leistungen im kleinräumigen regionalen Vergleich. 2015.

Band 71 Eberhard Wille (Hrsg.): Verbesserung der Patientenversorgung durch Innovation und Qualität. 19. Bad Orber Gespräche über kontroverse Themen im Gesundheitswesen. 2015.

Band 72 Eberhard Wille (Hrsg.): Entwicklung und Wandel in der Gesundheitspolitik. 20. Bad Orber Gespräche über kontroverse Themen im Gesundheitswesen. 2016.

www.peterlang.com

www.ingramcontent.com/pod-product-compliance
Ingram Content Group UK Ltd.
Pitfield, Milton Keynes, MK11 3LW, UK
UKHW021828210426
5322IPUK00004B/75